JN308253

楊仁山の「日本浄土教」批判

小栗栖香頂『真宗教旨』をめぐる日中論争

中村 薫

法藏館

楊仁山の「日本浄土教」批判＊目次

楊仁山の「日本浄土教」批判

――小栗栖香頂『真宗教旨』をめぐる日中論争――

凡　例

一、書名・経典名などには『　』を付し、学術雑誌名・論文名などには「　」を付した。
二、本文中の暦年は、原則として西暦年で示し、和漢暦を（　）にて示した。
三、巻数・頁数・西暦年などの数字は、単位語なしの漢数字を用いた。
四、典拠の表記は、次のように表わした。
　大正蔵三五・一二五中（『大正新脩大蔵経』、第三五巻、一二五頁、中段を意味する）。

　真聖全二・六七（『真宗聖教全書』第二巻宗祖部、六七頁を意味する）。

　定親全一・四七（『定本親鸞聖人全集』第一巻、四七頁を意味する。ただし『教行信証』のみ）。
五、引用文に関しては、その都度指摘しておいたが、楊仁山に関しては『揚仁山居士遺著』（金陵刻本版）によっている。
　又、引用文は、適宜新仮名遣い・新字体に改めた。
六、本文中、楊仁山『陽駁陰資弁』は『真宗教旨』の批判文であり、『評陽駁陰資弁』の評とあるのは再駁文を表わす。

第一章　日中浄土教論争の始まり

第一節　浄土真宗の基本的立場

仏陀の明らかにした縁起の理法も、時代社会の流れの中で、種々の相となって受容されてきている。一方では、教理として様々な宗派教学を生み出してきている。他方では、それぞれの時代、それぞれの国、それぞれの民族の中に深く根ざすことにより、習俗・儀式等として華開いている。我々はそれらを統合して仏教教理、あるいは仏教文化と称しているが、その実態は種々様々であるといってよい。

そのような意味からすれば、同じ仏教とはいえ、鎮護国家・加持祈禱を主とする仏教もあれば、それらを否定する仏教もある。殊に浄土真宗に限っていえば、親鸞自ら、

夫、諸の修多羅に拠って真偽を勘決して、外教邪偽の異執を教誡せば、『涅槃経』（如来性品）に言はく、仏に帰依せば、終に更た其の余の諸天神に帰依せざれ、と。略出　『般舟三昧経』に言はく、優婆夷、是の三昧を聞きて学ばんと欲せん者は、乃至　自ら仏に帰命し、法に帰命し、比丘僧に帰命せよ。余道に事うることを得ざれ、天を拝することを得ざれ、鬼神を祠ることを得ざれ、吉良日を視ることを得ざれ、と。已上また言はく、優婆夷、三昧を学ばんと欲はば、乃至　天を拝し神を祠祀することを得ざれ、と。略出(1)

と述べているように、『涅槃経』『般舟三昧経』の説を根拠とし、仏と法と僧の三宝に帰依する者は、他の鬼神を祠り、吉良日を選ぶことはないという。これらの経文解釈により、親鸞は神祇不拝に徹している。故に親鸞は、どこまでも人間の計らいとしての鎮護国家・加持祈禱をむしろ否定しているといってよい。ただ、その否定とは他を排除するためのものではなく、自らは数ある選択肢の中から「ただ念仏のみ」を選択することを決断したものである。だから、同行の人々に対しては「このうへは、念仏をとりて信じたてまつらんとも、またすてんとも、面々の御はからひなり(2)」というように、決して念仏以外を信じている人々を攻撃したり、また他の人々に念仏を強要するようなものではなかった。

そうした中で、親鸞は法然との出遇いにより、これまで学んできた仏教を改めて捉え直している。もちろん親鸞は比叡山で二十年間、堂僧としての修行も怠ることはなかったはずである(3)。また天台教学の基本的な解学と行学を学んでいたはずである。しかし、どうしても自己自身の悩みを解決するに至らず、苦しみもがいていた時、吉水に拠点をおく法然の念仏道場に出遇うのである。親鸞はその時、法然の説く本願念仏の教えに出遇い、これこそ真実の仏教であると受け止めていった。親鸞二十九歳のことである。その時の出来事を、

然に愚禿釈の鸞、建仁辛の酉の暦、雑行を棄てて本願に帰す(4)。

と、「建仁辛の酉の暦」と日時まで明記して、「本願に帰す」と宣言したのである。

もとより親鸞は、本願他力の教えと自力雑行の教えとを分けるのではなく、ましてや雑行を単純に劣位に見てはいない。むしろ雑行の限りを尽くした後、これしかないという本願の教え一つに出遇ったのである。棄てるとは、確かなものに出遇った上に成される行為である。本願に帰すことと雑行を棄てることは同時に成り立つものである。親鸞はその感動を、

元久乙の丑の歳、恩恕を蒙りて『選択』を書しき。同じき年の初夏中旬第四日に、「選択本願念仏集」の内題の字、ならびに「南無阿弥陀仏　往生之業　念仏為本」と、「釈の綽空」の字と、空（源空）の真筆をもって、これを書かしめたまいき。同じき日、空の真影申し預かりて、図画し奉る。同じき二年閏七月下旬第九日、真影の銘に、真筆をもって「南無阿弥陀仏」と「若我成仏十方衆生　称我名号下至十声　若不生者不取正覚　彼仏今現在成仏　当知本誓重願不虚　衆生称念必得往生」の真文とを書かしめたまう。(5)

と述べている。

親鸞は、師法然との出遇いを単に人間と人間との出遇いとして捉えていない。それは浄土宗独立の宣言書ともいえる『選択本願念仏集』（以下『選択集』と略す）の書写を許され、しかも内題まで授与されたことを感激をもって述べていることからも窺える。その点を鑑みると、改めて二人の出遇いは、本願念仏との出遇いとして捉えてよい。さらに法然は、善導の第十八願「加減の文」(6)を示したが、正しく親鸞も『教行信証』で、法然の偏依善導の立場を自身の信心の内に享受したといってもよいであろう。

その上親鸞は、『選択集』について、

真宗の簡要、念仏の奥義、これに摂在せり。見る者諭り易し。誠にこれ、希有最勝の華文、無上甚深の宝典なり。年を渉り日を渉りて、その教誨を蒙るの人、千万といえども、親と云い疎と云い、この見写を獲るの徒、はなはだもって難し。しかるに既に製作を書写し、真影を図画せり。これ専念正業の徳なり、これ決定往生の徴なり。仍って悲喜の涙を抑えて由来の縁を註す。(7)

と述べ、真宗の簡要であり念仏の奥義を開示したものであるという。その無上甚深の宝典の書写を許されたことを、涙を流して記している。

ところが、親鸞の感得した本願念仏の教えの解釈も、時代社会の流れの中で少しずつ変貌していく。例えば、後で詳しく述べるが、明治期になると「真俗二諦論」が盛んに説かれることになる。これから課題とする小栗栖香頂[8]にしても彼の著『真宗教旨』第十号「俗諦」では、

支那人は外国を目して夷狄と為し、外人は支那を以て野蛮と為す。二者を想わば、皆な非なり。倫常を践せざるを夷狄と為し、何ら内外を問わんや。[9]

と述べ、中国人が自国民以外を異民族とし、また外国人が中国人を野蛮だというのは、お互い倫常がないのであって、もっと偏見を問うことが大事という。ここでは「四海兄弟」「万国同心」等の語を用いて、盛んに「八紘一宇」の天皇制・皇国史観を植えつけようとしていることは明らかである。また同じく『真宗十講』では、

見真大師朝家の為念仏を要として説き、一生九十年間但だ這個二諦を説く。日本国皇上自ら開闢して以来、一系綿々にして万世を改せざるは、外国には没有なり。古往より今来まで没有なるは乱臣を好人とせざるなり。皇上が人民を愛愍するは、小孩子を愛するがごとし。国民が皇上を奉戴するは、譬えば母親の靠依するが如し。[10]

と述べている。

ここでも天皇を頂点として、国民を赤子とする万世一系の皇国史観を説いている。それは親子・主臣の関係を巧みに利用して、真俗二諦論に結びつけるものである。

ただ、親鸞も確かに『御消息集』で、

朝家の御ため国民のために、念仏まふしあはせたまひそふらはば、めでたふさふらうべし。[11]

と述べている。親鸞はまず自分の料簡のための念仏ではなく、朝家・国民のために念仏するように勧めている。ただ改めて親鸞が、この「朝家」「国民」についてわざわざ左訓を付していることには注意を要したい。すなわち、

親鸞は朝家に対して「オホヤケノオンタメトマウスナリ」と、国民に対して「クニノタミヒヤクシヤウ」とそれぞれ左訓を付しているのである。かかる左訓よりすれば、朝家とは公性を意味するのであり、決して天皇や朝廷のみを指すのでもない。また国民とは、一般庶民を意味するのであり、決して天皇に傅《かしず》く民のみを指すものでもない。実に親鸞の「世の中安穏なれ、仏法ひろまれ」（『御消息集』前掲に同じ）という普遍的な願いに対して、今、小栗栖香頂の場合は、朝家・国民を天皇・日本国民として受け止めているといってよい。つまり、小栗栖香頂に代表される大谷派教団は、念仏と忠孝を同時的に解釈し、明治政府に追随迎合して真俗二諦論を展開していくのである。この真俗の問題は、神祇の問題、如来と天皇の問題が課題となっているといってよい。

　これまで述べた親鸞の精神からすれば、神祇不拝であり、天皇のために礼拝しないことはもとより、吉良日を選ぶ必要はなかったはずである。そのような中、真宗教団は、封建社会において檀家制度の中に自らの存在性を喪失した長い歴史を経て、ますます親鸞本来の精神を希薄化していった。すなわち、徳川封建社会で保護されてきた真宗教団は、特に明治の近代国家の歩みを無視することはできなかった。例えば、これは全仏教に及んだことであるが、廃仏毀釈などにより真宗教団の存立すら危ぶまれた時代状況の中にあって、北海道開拓をはじめとして、明治政府に忠誠を尽くすことが強要されたといっても過言ではない。一方、教団の近代化は、中国などアジアの国々に対して開教・布教することが急務とされた。それは後のアメリカ、ブラジルなどへの日本人の移民に伴っての布教と異なっている。それは中国・朝鮮の人々に真宗浄土の教義を布教しようというものである。そのように海外布教を目的とした真宗の教えの要点をまとめたものの作成が急務とされていた。

　そこで一八七六年（明治九）東本願寺で刊行したのが、小栗栖香頂著『真宗教旨』である。内容的には、第一号「七祖」、第二号「伝灯」、第三号「判教」、第四号「三時」、第五号「四法」、第六号「三願」、第七号「隠顕」、第八号「本願名号」、第九号「他力信心」、第十号「俗諦」、第十一号「諸式」である。

これは追々述べていくが、明治の激動の時代に生きた小栗栖香頂によって著された『真宗教旨』とは、正しく親鸞の精神を具現したものかどうか、また、なぜ中国居士仏教者楊仁山(12)の批判を受けなければならなかったのか、この点が本書の主眼に他ならない。

第二節　明治維新と東本願寺

江戸時代末期、日本国内は、浦賀にアメリカのペリーが来航したことにより、開国を迫られる緊張した状況であった。そうした鎖国・開国の間の中で、桜田門外において大老井伊直弼が暗殺される変事が起きた。いよいよ倒幕の波が一気に打ち寄せる変動の激しい時代であった。それは長い徳川封建体制が崩壊して、明治政府が誕生する当にその時であった。明治という時代に入ると、これまで仏教徒として位置づけられていた天皇も現人神として、天皇制国家が樹立されていくのである。そして明治天皇は、神国日本の象徴として君臨することとなった。一方、既成仏教教団においても、明治に入ると、「政教一致」「神仏分離」等の政策の嵐が吹き荒れ、「廃仏毀釈」の声が天下に充満することになる。これまで幕府の保護政策の中にしっかり浸かっていた既成仏教教団は、国家政治といかにうまく共存していくかという新たなる生き残りの課題を突きつけられたのである。当然、東本願寺もその動乱を避けて通るわけにはいかなかった。明治政府は、まず廃仏毀釈により外的・表面的に仏教破壊を試みた。しかし、それだけではうまく事が運ばないことを知った政府は、一八七二年（明治五）三月、内的破壊として教部省を設置してさらなる迫害を加えていった。そこで東本願寺をはじめとする各宗僧侶たちが連署して、教務部に大教院の設立を申し出た。そこで仏教側では自主活動として、教導教化のための教育機関にしようとした。ところが現実的には、仏教側の思惑とは異なり、ますます神道的色彩が強くなっていった。具体的に三条教則等により諸々の規則が作られ、真宗の場合でも教えが拘束され、天皇制社会に追随迎合していくシステムが確立されていくのである。その三条教則とは、

三条教則
第一条　敬神愛国ノ旨ヲ体スベキ事
第二条　天理人道ヲ明ニスベキ事
第三条　皇上ヲ奉戴シ朝旨ヲ遵守セシムベキ事
右之三ケ条兼テ奉戴ノ上、説教等ノ節ハ尚能ク注意致シ、御趣旨ニ不悖様厚相心得可申候事。
壬申四月　（福羽歌仙大）輔
卿
権小教正宛各通(13)

という内容である。ここに見事に皇国史観に基づいた説教が強要されるのである。このように教導職が教化にあたる場合の心得を周知徹底させ、さらに教導職が教化すべき講題として、

神徳皇恩の説　人魂不死の説　天神造化の説　顕幽分界の説　愛国の説　神祭の説　鎮魂の説　君臣の説　父子の説　夫婦の説　大祓の説(14)

の十一兼題を立てていくのである。これは教導職に神道の知識を得させることが目的であることは明らかである。明治政府は僧侶に祝詞を唱えさせ、神道儀式への参加を強制していったのである。そこでは神主仏従の立場を変え

なかったことはいうまでもない。そしてさらに、

皇国国体　皇政一致　道不可変　制可随時　人異禽獣　不可不学　不可不教　国治民法　富国強兵　律法沿革
租税賦役　産物制物　文明開化　政体各種　役心投形　権利義務　外国交際(15)

と十七兼題を制定して、攻究の場所で、国政政策の御用説教を示すように強要し、時事問題に通達させるための規則を作っていくのである。

それに対して、大教院が仏教教団の独自性を拘束する状況下にあって、それを察知した東西両本願寺、その他各宗が大教院からの離脱を主張して、一八七四年(明治七)政教分離を願い出るのである。十月には教部省は太政官に分離許可の伺書を出し、一八七五年(明治八)五月、大教院は解散を命じられるのである。やがて三条教則は形骸化し、一八八四年(明治十七)八月、全廃される。(16)ただその間に培われた、皇国史観、真俗二諦論、邪キリスト教の概念はそのまま継続されていくのである。

そうした中、東本願寺は、一八五八年(安政五)阿弥陀堂と御影堂の両堂を焼失し、その後、仮本堂を再建したのも束の間、今度は一八六四年(元治元)「蛤御門の変」により、またもや焼失してしまった。一七八八年(天明八)の大火による焼失、一八二三年(文政六)の焼失と、七十六年の間に四度の火災に遭遇している。そのような事情もあり、当時の東本願寺は両堂再建の大事業を抱え、次第に愛山護法の名の下に明治政府に追随迎合し、やがて真俗二諦論(17)を確立して、神仏混合の大谷派教団に変貌していくのである。教団のためとは、同時に国家天皇のためにとすり替えられるわけである。小栗栖香頂の主張する報国論、真俗二諦論には、時代社会により要請された背景があったといえる。したがって、小栗栖香頂をはじめとする当時の真宗僧侶の多くは、三条教則、十一兼題、十七兼題の精神をしっかり身につけていたといえよう。(18)小栗栖香頂も当然そうした精神を持って中国布教に出かけるので

ある。

もとより、明治維新後の東本願寺教団において、石川舜台[19]、渥美契縁[20]を両巨頭として、彼らがその時代を担ったことは誰もが認めることであろう。石川舜台は、傑僧といわれ、特に教団の若手の人材養成、教育に情熱を注いだ。一方、渥美契縁は、両堂再建こそ教団の使命であると、経済的裏付けとして相続講[21]を作り出し、ひたすら募財を勧めていった。石川舜台は豪放で、渥美契縁は几帳面な性格であったかもしれない。しかし、この性格の異なる二人が、怒濤の如く押し寄せる廃仏毀釈の波を押し払ったことに間違いはない。

対外的には廃仏毀釈等による仏教社会の混乱と、同時に明治政府との関係の構築も大変な問題であった。また対内的には両堂再建という経済的にも困窮した中で大変な課題を背負った時代であった。まさに内憂外患の危機の連続であった。そうした中にあって、維新当時の東本願寺を背負って立った法主《ほっす》（門首）は、厳如（大谷光勝）であり、新法主は現如（大谷光瑩）であった。東本願寺は一八六九年（明治二）六月五日、明治政府に北海道開拓を積極的に願い出て、同年九月三日に許可が下ると、早速一八七〇年（明治三）老齢の厳如に代わって現如（大谷光瑩）が陣頭に立って北海道へ向かい、教団の進出を企てるのである。時に小栗栖香頂も、本山より越後巡化を命ぜられ力を尽くすことになった。

一方、現如は、一八七二年（明治五）八月十三日、当時の東本願寺最高職の「改正係」であった石川舜台ともくろんで、成島柳北、松本白華、関信三の随行[22]のもと秘密裏に欧州視察の旅に出るのである[23]。このことは後年、石川舜台自身

明治四年[24]九月十三日横浜ヲ御出帆アラセラレ、印度欧羅巴《ヨーロッパ》ヲ御巡廻ナサレ、宗教ノ視察ヲ遂サセラレ、始メテ教部省ノ模様モ改リ、今日ノ御盛大ニ為ツタ。即チ其ノ頃ノ御随行ヲ命ゼラレタモノハ、松本白華、関新蔵[25]

（此人は前講師雲英光耀ノ弟）成島柳北、其次ハ私モ随行ヲ命ゼラレタ。其頃ノ洋行ト云ヘバ、戦場ヘ臨ムヨリモ、恐ル、程ノ時節ニ、其中ヘ新御門跡ガ洋行セラルルト云ヘバ、御門末ガ誰一人トシテ、御止メ申上ヌモノハアルマヒ故ニ、寺務役員及左右ノ者ヘモ、御沙汰ナク恐レ乍ラ、御裏方ヘモ御沙汰ナシニ、御洋行ナサレタ。夫ヨリ終ニ仏教モ盛ンニナリ、此等ノ思召ヲ、新御門跡ヘ御諭ナサレ、及御連枝ヘモ御諭シアラセラレ、時勢ノ変遷ニ付テハ、殊ニ學事ヲ勉強シ、智徳ヲ研キ、夫ヨリ遠大ノ志ヲ立テテ、大ニ宗門ノ為ニ尽力セラル様ニト。(26)

と述べている。全く秘密裏に、しかも用意周到に実行された洋行であった。彼らの外遊における数々の視察は、後の東本願寺にも大きな影響を及ぼすものであった。その点は吉田久一氏も、

この第一回洋行が仏教の近代化に果たした役割は大きく、多くの西洋文化を吸収したが、中でも欧米キリスト教の近代社会における役割、西洋における印度学の位置、宗教制度や行事、近代市民倫理、ひいては近代国家における政治制度や社会制度を学んだ点は重要であった。(27)

と指摘している。

何れにせよ、これは後々の東本願寺の人材養成に大きな意味を持ってくるのである。例えば、大谷光瑩は視察中パリの博物館でサンスクリット経典を見た。そこで現如は早速、石川舜台にこれを翻訳するように命じた。ただ、そのころ当局において多忙を極めていた石川舜台は、その責を一八七六年（明治九）笠原研寿と南條文雄の両名に託しイギリスのオックスフォード大学に留学させ、サンスクリット語を学ばせることによって実現しようとした。石川舜台の思惑がどうであったにせよ、マックス・ミュラーに梵語を学んだ笠原研寿、南條文雄の両名が、後に日本のインド学・仏教学に与えた業績は絶大なるものであることは周知のことである。

第三節　清朝末期の仏教事情と楊仁山

一方、中国では清朝末期、イギリスとの間に勃発したアヘン戦争（一八四〇〜四二年）により、清国も長い鎖国政策から無理やり開国を迫られていた。それが前兆となって、一八五〇年には太平天国の乱が起き、中国国内は不安定な時代であった。その時代に生きたのが楊仁山であった。太平天国の乱は、洪秀全を天王とし、キリスト教が刺激となって生まれ出た現象であることは間違いないが、楊仁山も太平天国の乱によって十八歳の時、移住を余儀なくされている。そして二十八歳の頃、父の死を機縁にして読んだ『大乗起信論』によって仏教に目覚めるのである。それから十六年後、日本では明治維新が起きている。その明治維新後の東本願寺にとって、廃仏毀釈の問題もさることながら、さらなる大きな問題としてキリスト教侵入によって日本仏教全体が衰退していくという危機感があったのは事実である(28)。そこから活路を見出そうと海外布教が考えられたのである。そこには日中両国の、互いに仏教の衰退の現実を直視しながら、同時にキリスト教の侵略に繋がるのではないかという共通の危機感があったと考えられる。楊仁山は仏教復興のために仏教典籍の蒐集・出版に着手し、人材育成に力を注ぎ、近代仏教の振興を勧めていった。そこでは楊仁山と南條文雄の出遇いは、個人を超えた時代社会の要求があったのではなかろうか。だから中国浄土教と浄土真宗の教義の隔異は、どこまでも追求していくが、中国と日本の仏教が断絶するようなものではなかった。というのは、当時の中国の仏教の甚だしく衰退した事情を憂いた楊仁山は、

　蓋し試経の例が停してより、戒の禁が弛く伝し、以て釈氏の徒に到っては、賢愚を論ずること無く、概して度牒を得るなり。経、律、論に於いて、豪して知るところ無きに、居然として方丈と作し期を開きて戒を伝す。

之と論を談ずると、庸属として堪えられず士大夫は従して之を鄙すなり。西来的旨も津を問う処無きや。(29)と述べている。もともと中国には、人々の出家や僧尼の身分が国家により公認される試験制度があり、そうした経典の読誦や理解力を試す試験に合格した者には度牒が与えられていた。ところがその試験制度が、清代になると終焉を迎えるのである。(30)ここに清代末期の仏教について、楊仁山は、経典の試験の習慣もなくなり、経律論ともに廃れ、授戒の規定もなくなり、僧侶も学問をせず堕落して、当時の僧侶と話すとその卑俗さには堪えられず、士大夫からも軽蔑されている有り様である。だから西来の旨の真理を問うようなところもなくなってしまっていると悲嘆している。この楊仁山の言葉により、当時の仏教教団の様子がよく窺われるであろう。そして、同じく「般若波羅蜜多会演説四」でも、

支那の国中、試経の例が停してより、戒の禁弛が伝えられ、漸く釈氏の徒に到っては、学ばず術無く固陋に安んじる。(31)

と、僧侶たちの無学と派閥主義による偏見は牢固として破られない、という同様なことが記されている。もちろん、常州の東門外の天寧寺は、均しく治下に在り、亦宜しく僧学堂を開設し以て仏教を振興す。但し各寺の住持の僧は守旧に安んじて、維新を楽わず。(32)

と、僧学堂を開設して仏教の復興を願う寺もあるが、ほとんどの寺は旧態依然とした住持に安んじて、とても維新を願う者でなかったと述べている。そして、さらに南條文雄に対して、

近代以来門戸の見牢は破すべからず。支那境内は、禅宗一派は空腹高心にして、西来の大意は幾らか書餅と成る。台教の一派は、尚お能く経を講ずが、惟だ名相に泥し、亦古法には非ず。且つ諸方の名刹は、向かいて学堂も人才を造就することも無い。所以に日に趨にして下なり。貴宗は既に学寮講肆が有り、又普通学館を開き、

是れに世出世の法に兼ねて之を習い、人才を輩出し、何ら限量すべきや。(33)

と述べているように、楊仁山は、特に禅宗に至っては達磨大師の真意も絵に描いた餅のようであり、何ら意味のないものになってしまっていると憤慨している。天台宗も経論の講釈は一応しているが、とてもかつての活気あるものではないと嘆いている。それに対して真宗には学寮もあり、学館も開設しているので前途洋々であるという。ここに清代末の中国仏教界の衰退は、門戸の偏見と学堂の欠如であることを認めているのである。だから南條文雄等の多大な協力を得て逆輸入された経典を翻刻したり、祇園精舎を創設して人材養成の努力をしていくのである。そんな楊仁山であるので、小栗栖香頂の中国布教に関しては、非常に高い関心を持っていたと考えられる。

その点は、楊仁山の一八九九年（光緒二十五）における「金陵本願寺東文学堂祝文」を見れば顕著である。

惟れ光緒二十五年、歳の屠惟大淵献陬月の吉に在りて、日本浄土真宗本願寺は、金陵に東文学堂を特設し、以て華人を教う。一は言語学課、二は普通学課なり。誠に蓮経に、治世言語、資生産業等、皆な順正法と云う所の如し。遡れば、二十年前より本願寺を春申江上に創立し、今や大法主現如上人は、其の弟勝信公に属して、来華して本願寺を杭に設け、十人を以て之に居らしむ。復た、本願寺を呉に設け、三人を以て之に居らしむ。金陵は南朝の勝地にして、北方心泉上人を一柳等五人と居らしむ。上人は七祖の衣鉢を伝え、四賢の領袖たり。自ら知る所では、元魏に在りては則ち曇鸞法師あり、唐に在りては則ち道綽法師善導法師なり。三師の著作、華に伝わらずして、日本に伝う。今は則ち復た華に播く。豈時節因縁に非らざるや。留学の諸君子、或いは教旨を宣し、或いは和文を授く。微特にして出世の良因なり、抑して所世の勝縁なり。(34)

中国南京の金陵刻経処で、一八九九年（光緒二十五・明治三十二）日本浄土真宗東本願寺の特設東文学堂が開設された。そこでは中国人を対象として言語学科と普通学科が開講されていた。その開講の席に楊仁山は招かれ、祝辞を述べている。この東文学堂は、中国・日本両国の官民の援助によって開設されたものである。日本からは北方心泉[35]（北方蒙）、一柳知成[36]をはじめとして五人が参列していたという。そして、堂内には七高僧の、特に曇鸞、道綽、善導の衣鉢は伝授されているが、この時点においては、三師の著作は中国に伝わっておらず、日本にしか存在していなかった。それを今回、中国に伝えられたと述べている。これらは中国で今後仏教を学ぶ僧侶生徒にとって、「出世の良因」「所世の勝縁」となると述べている。

また、楊仁山は、

　今、浄土真宗法主に逢うに、仏教を振興せんが為に見起こせば、般若波羅蜜多会を創開す。鄙人、召に応じて前来し、支那仏教古今流伝の相を演説すべし[37]。

と述べているように、楊仁山にとって、この金陵東文学堂は単に中国の人たちの教育のみを目的にしたのではなく、日本の留学生を含めて金陵刻経所の発展を期してのものであったはずである。しかし実際は、諏訪義譲氏によれば、

　北方蒙氏が『学堂都監』として開学の趣意を述べ、教育勅語を拝読し『君が代』を奏し、学生代表の祝辞及び来賓華人の祝文があって饗宴に移った。この中、すでに学生代表として「孫叔栄」の名が出ている。又、一柳氏が『手琴』を以て『君が代』に和したとつたえる。何づれより考うるも純日本主義の教育方針であった事を注意すべきであろう[38]。

とあるように、金陵東文学堂は、楊仁山の思いとは裏腹に純日本主義の教育方針であったという。北方蒙の後に堂長になった一柳知成も、当初は『儒皮仏骨宗論』[39]を著して大いなる意気込みを持っていたが、やがて東本願寺からの送金も途絶え、一九〇〇年（明治三十三）七月には団匪事変で排日が盛んとなり、計画は中断することになったという[40]。その後堂長は、清川円成、藤分見慶、野浦斉、松本義成と続き、一九〇九年（明治四十二）夏季休暇を以

て学堂を閉鎖することになるのである。(41)それは楊仁山遷化の一年前のことである。

第四節　南條文雄と楊仁山の出遇いと交流

東本願寺の中国布教における日中の交流と、今ひとつ重要なことは、南條文雄と楊仁山との交流である。実は二人の対面は、南條の留学先であるロンドンより始まる。その出遇いの時期については未だ判然としない。南條文雄は、「楊文会氏を憶う」（上）で、

> 楊居士と初めて面会したのは明治十三年の四月であったと思う。其の当時英国倫敦《ロンドン》の我が公使館書記生で居られた末松謙澄君から手紙が参り、支那の公使館に仏教信者が居って是非君に会い度いと云うから会ってはどうかという知らせがありましてもし会うなら倫敦の自分の所で合ったがよかろうと云うことでありました。同学の笠原研寿君も居りましたが、同君は牛津《オックスフォード》から外へ余り出ませんので、私丈け倫敦へ参って末松君の紹介の方に会いました。其の人は即ち楊文会氏であります。初対面の時居士は支那で自分で翻刻せられた起信論義記を贈られて、起信論の梵本があるかと質問せられたけれども、未だ見たことが無いと答えました。すると居士は自分が仏教に入った起信論であったから是非梵本を欲しいと思って探して居った。貴方に会い度いと思ったのも起信論の梵本の存在が聞き度いからであったのだが、もし存在しないとすれば支那訳を大切にせねばならないと云うような話があったと思う。(42)

と述べている。

先ず二人の初めての対面は、一八八〇年（明治十三）に、ロンドンの末松書記生の居所で実現した。同学の笠原

研寿氏は、ほとんどオックスフォードから出なかったようで南條文雄一人で出かけた。ただ、その時期がいつであったかは定かでない。例えば、陳継東博士の報告によれば[43]、南條文雄の「学窓雑録」によって、一八八一年六月三十日と断定され、また、「南條文雄自叙伝」では一八七八年と推定できるとされている。筆者も『楊仁山居士事略』(以下『事略』と略す)により一八七八年頃でないかと考えてきた[44]。じつは楊仁山は面会する前に、南條文雄と笠原研寿の両名に、

弟滬上に在りて松本上人と談次し、真宗高士、西遊有る者、英に於いて秉払するを悉く得る。倫敦に到る頃、末松氏に晤い、詢に二公学地に退居し、梵文を清習するを知る。惜しくも都より離れ稍遠なり。訪して瞻仰高風を造するを獲ず。欽しんで佩靡し已む[45]。

と述べているように、書簡を送っていたのである。楊仁山は、上海別院の松本白華との談合により、南條文雄と笠原研寿の二人が、東本願寺の命で仏教を学ぶためイギリスへ遊学していることを知ったのである。その後しばらくしてロンドンへ行き、清国公使館に勤務している時、末松氏に会ったという。二人がオックスフォード大学で梵文を詳細に学んでいると聞いた。都のロンドンから大学までやや離れているため訪ねて高風にお会いする機会はないが、敬服して已まないという手紙である。その書簡に一八八〇年四月二十六日とあるので[46]、楊仁山から初めて書簡を貰ったのを、南條文雄が「明治十三年四月であったと思う」と面会日と勘違いしていたら、一八八一年六月三十日に初めて面会したということにもなる。いずれにしてもロンドンで二人は面会したことは事実である。そしてその後三十年余りに渡って交流が続くのである。その時の様子を南條文雄は『懐旧録』で、

当時駐英支那公使は侯爵会紀沢という人であった、この人は忠談を以て聞こえたかの曾国藩の長子で公使館の参賛官、陳遠済氏はその妹婿であった。また同公使館の書記生に仁山楊文会君がいて、非常な仏教信者であっ

た。私は末松謙澄君の紹介により、同君の愚居においてこの陳遠済および楊文会の二君に面晤したのである。もとより支那語ができないから筆談をはじめた。すると仁山君は自身の刊行せられた『大乗起信論序』一冊を私に贈り、この本によりて仏教に帰したる旨を告げてその梵本の存否をただされたが、私はまだその現存するものを聞かないので、ありのままに返答すると、仁山君はよほど失望の様子に見受けられた。[47]

と述べている。

その内容は、先の「楊文会氏を憶う」（上）とほとんど同じであるが、二人は筆談で自分の思いをそれぞれ伝え合った。南條文雄は楊仁山のことを「非常な仏教信者」と述べている。そして、自分で翻刻した『大乗起信論』を南條文雄に贈り、「梵本はないか」と尋ねるのである。[48]この時点で楊仁山が南條文雄に会いたかった唯一の目的は、『大乗起信論』の梵本が欲しかったからである。ところで、この『大乗起信論序』がどのようなものか不明確である。その点、先の「楊文会氏を憶う」（上）の中では、「初対面の時居士は支那で自分で翻刻せられた起信論義記を贈られて」と述べている。もし『大乗起信論序』が不明ならば、『大乗起信論義記』を貰ったとも考えられる。しかし、『大乗起信論義記』は、唐代中国華厳宗の大成者賢首大師法蔵の著書である。だから当然、梵本は現存しない。いずれにしても南條文雄自身にしか判明しないことであるが、じつは、楊仁山自身も「僕は馬鳴宗を建立して、大乗起信論を以て本と為し[49]」と述べているように、『大乗起信論』の信奉者であったことが理解できる。そして、「大乗の機は自ら馬鳴に啓かれ、浄土の縁は蓮池に因り、華厳の学は則ち方山に遵循[50]」と述べているように、『大乗起信論』により啓発され、蓮宗の雲棲袾宏により浄土教を学び、自らの教学は『華厳経』によっているというのである。この教浄一致は正しく中国浄土教の正統的な流れの中に身を置いていることを示している。かかる点は、南條文雄も「楊文会氏を憶う」（下）で、居士は華厳の法門に興味を有って居ったから華厳部のものも多く翻刻されました。華厳に興味があったのは居士が起信論に依って仏教に入ったと云う関係からでありましょう。[51]

と述べている通りである。また、重複するが、南條文雄は『懐旧録』で、

仁山楊文会氏は、英京の清国公使館員で帰国ののち南京において金陵刻経所を開いて数多の仏典を刊行した人である。華厳の学者で、とくに『起信論』を愛好し、私にその梵本の有無を尋ねられたことがあったが、「まだこれを見ない」と言うと、氏は非常に落胆の面持ちであった。[52]

とも述べている。

楊仁山は、また華厳の学者であった。これはまた追々述べていくが、華厳の円融無碍の世界観と浄土真宗の選択本願の世界観の対立が、日本・中国の浄土教の論争に繋がっていくのである。その対面をきっかけとして、後に南條文雄は楊仁山に経典を贈り、それを受け取った楊仁山は早速翻刻するのである。その典籍は、

一、讃阿弥陀仏偈　北魏曇鸞作
二、往生論註上下二冊　同　右
三、略論安楽浄土義　同　右
四、安楽集　唐道綽作
五、観無量寿経疏四冊　唐善導作
六、成唯識論述記二十冊　唐窺基作
七、閲蔵知津二十余冊　明藕益大師智旭作

の七部である。[53]

楊仁山はここで初めて日本浄土教の曇鸞・道綽・善導の書を手に入れたのである。南條文雄の「楊文会氏を憶う」（上）によれば、

支那で撰述せられた仏書で覆滅して居るのが沢山ありまして浄土門で云うと、曇鸞大師の往生論註とか、道綽禅師の安楽集とか、善導大師の観経四帖疏と云うのも元の時代、若しくは明の始めから無くなって居りましたのを居士が日本から取寄せて翻刻せられました。(54)

と述べられているように、楊仁山は素早く浄土教の典籍を翻刻したのである。これらの典籍は、元の時代以後見ることができなかったものであった。それを中国の人々に伝えたのである。

ただし、楊仁山は、

敝処創弁の始めより、公議の条例に、凡そ疑偽は刻せず、文義の浅俗は刻せず、乩壇の書は刻せず。(55)

と述べているように、金陵刻経所には、創設当初より公議によって「三不刻」という規則があった。一つには疑経や偽経、二つには浅薄にして低俗な書、三つには迷信卜占祭祀に関する外教の書、以上の三種の書は翻刻しなかった。そのため楊仁山は、

前に北方君敝処に属し将に七祖聖教全て刻すべしとに因り、遂に選択本願念仏集を検閲し、其の中、経の語に違すること甚だ多きことを覚え、略して批評を加える。復た将に真宗教旨詳覧一徧すべきに、遂に細かく批評し、北方君に送る。(56)

と述べているように、真宗七高僧の聖教の内、曇鸞の『浄土論註』、道綽の『安楽集』、善導の『観経疏』は素早く刊行した。しかし、特に法然の『選択集』は、経典に背くことが頗る多く、『評選択集』を著して批判した。同時に丁度その頃、中国布教のため刊行された小栗栖香頂の『真宗教旨』を読む機会もあり、改めて経意に反すること

が多くあったので批判を加え、『評真宗教旨』を著して、北方心泉に渡して南條文雄の所へ届けさせたのである。したがって、たとえ南條文雄から入手した聖教であっても『選択集』の翻刻はしなかったのである。むしろ、楊仁山にとっては、『真宗教旨』刊行が、日中浄土教論争発端の根源となった書であったのである。

さて、このように交流を深めていった二人ではあるが、その後は一度も会っていない。南條文雄は『懐旧録』で、明治三十五年仏領トンキンにおもむいたとき、仁山君を南京に訪うつもりで上海からその書状を提しておいたが、しかし、帰途上海に着したのはときすでに年末でもあり、また南京の寒気が甚だしいと聞いたので、ついにこれを断念し遺憾ながらその目的を達しえなかったのである。帰京してただちに同君の書状を送致したが、すでに老病中でもあったのか、以後再び同君の書信に接することはできなかった(57)。

と述べている。そのことを南條文雄は、「楊文会氏を憶う」(下)では少し詳しく述べている。

日本には仏教に関する古書が沢山あるから是非一度日本へ渡って書物を見たり学者に会いたいものだと屢々云って来られましたが、遂に見れませんでした。晩年に至りましてからは身体が弱ったから断念したと云って来られました。私は明治一三・四の両年英仏で会った以後一度も面会の機を得ませんでした。明治二十年に支那に参りました時、天台山に登り、杭州や蘇州へ出ましたが、居士の所まで行くことが出来ず、又た去三十五年仏領東京《トンキン》へ行きました時、帰りに上海から小田切領事に案内して貰って居士を訪ねる都合でありましたが、同行の高楠・藤島二君が帰国を急がるるのと小田切領事も年末で多忙だから案内が出来ぬと云うことで、本意なくもよう訪問致しませんでした。此の時に予め居士と約束して置きましたこととて非常に失望せられた様子でありました。其の後三十九年迄京都の蔵経書院の依頼で居士から仏書を借りる取次の為めに書面の往復は屢々ありました。三十九年以後は蔵経書院の中野君から直接に書面往復があるようになりました。昨四十三年五月我派の法主に随行して上海へ参りました時、南京に博覧会がありましたので、法主が南京に行かれましたならば私共も随行して参り、居士にも面会し消息を知り得るかと思って居りましたが法主は南京に参られませんでした。其の以前楊居士が亡くなられたと云うことを日本で聞いて居りましたから、上海に居ります時金陵刻経所へ宛て居士の安否を手紙で照会しましたが、返事がありませんでした。恁う云う風で、英国で別れましてから後は残念ながら一度も面会することが出来ませんでした。[58]

このように楊仁山とは英国で会ったきり二度と会うことはなかった。楊仁山もぜひ一度日本へ行くことを希望していたようであるが実現は叶わなかったようである。南條文雄も二度ほど中国へ行ったが再会する機会はなかった。しかし、二人は仏教の教えを通して三十五通ほど書簡を往復し、個人を超えた日本と中国の仏教交流をしていったのである。

南條文雄と楊仁山は何度も経典の交換を行っていたことはよく知られている。詳しくは第二章「南條文雄と楊仁山の典籍交換」で述べるが、その事実は複雑である。先ず楊仁山は『事略』では、[59]

蔵外の古失した著述を二百余り得る

と述べているが、『等不等観雑録』巻三では、[60]

計三百余種その中専ら浄土の書を談ず

とあり、[61]これは著述は全部で三百あり、そのうち二百が浄土教に関係する書であると見るべきであろうか。[62]この点に関しては、今、南條自身が一九一二年（大正元）九月に『大日本続蔵経序』で、

貴国亦印経の挙有り。約せずして同と謂うべし。彼此交換して将来し、最も便捷と為し、此弘教書院の縮刷蔵経の事なり。亦以て金陵刻経所の縁起を知るべきなり。明治二十四年以後、余は道友と相議し、居士に和漢内

典凡そ二百八十三部、而も居士は翻刻し却って贈来するは、殆ど十余部に及ぶ。曇鸞、道綽、善導、窺基、智旭の書、亦其の中に在り。居士は已に刊布の難を熟知し、而も蔵経書院に毎月未だ会てその発行の期を誤らず。是の居士の随喜して其の材料を供給する所以なり。而も居士は已に以て去年易簀し、君の成功を見ること能わず。是れ憾と為すのみ(63)

と述べていることにより、南條文雄が楊仁山に贈った和漢内外の経典の数は二百八十三部であることは明らかである。その中には既説したように中国では紛失してしまっていた曇鸞、道綽、善導などの浄土教の典籍も含まれていた。そして、楊仁山もその中から必要とするものを選んで翻刻していった。それは大変困難な仕事であるにもかかわらず、楊仁山が迅速に仕事をしていることを南條は驚嘆している。それはまた楊仁山の随喜するところでもあったが、残念ながら『大日本続蔵経』が世に出る一年前に楊仁山は命終した。これは南條にとっても残念なことであったに違いない。また、一九〇九年（明治四十二）の「中外日報(64)」では、「支那仏教の恩人」と題して、南條文雄と楊仁山との間に、日中互いに失って見られない典籍や、それまで互いに知ることのなかった典籍を交換しあっていたことが紹介され、楊仁山を中国第一等の仏教学者であり、中国仏教の恩人であると紹介している。

何れにしても楊仁山は、頌して、

真諦俗諦　如車両輪　扶桑震旦　歯之與唇
駕車来遊　以道伝薪　方言奇字　奥妙絶倫(65)

と述べている。楊仁山は、真俗二諦論は車の両輪であり、日本と中国は歯と唇のようなもので、切っても切れない関係であると述べ、日本の中国における仏教伝道を称賛するのである。それは正しく牛馬の車に乗って来遊し、道を通交して薪を配達するように、地方の珍しい聞き慣れないような言葉で、奥深く絶倫な布教をするようなものである。このように日本の中国布教に対して、楊仁山は違和感を持たず迎え入れている。しかし、このことは陳継東博士も指摘しているが如く「楊文会は全面的に真宗に同調したのではなく[66]」、この時期、例えば、『評真宗教旨[67]』で

十余年前、『真宗教旨』一巻を獲、悉心に研究せば、覚うるに経意と合せざるところ頗る多し。

と述べているように、十年来真宗の教えを学んでいるが、どうしても本来の経典の持つ意味と異なるところが多く見受けられる。仏教を学ぶ姿勢として、どこまでも経論に忠実でなければならないと主張するのである。例えば、大乗小乗というけれども、それは後の自身が大乗に属するという立場の人が、他をして小乗というのであって、自ら小乗と称する人はいないはずである。深く因果の道理に立てば、大乗の誹謗すらすべきでないと主張するのである。そのような意味から、今この『真宗教旨』について到底容認できないところがあるので、これから批評を加えたいというのである。その場合、注意しなければならないことは、楊仁山は真宗大谷派教団の批判というより、あくまでも法然・親鸞の浄土真宗の仏教に対して批判していることである。

ただそのような中で、楊仁山自身、

庶幾《こいねがわく》ば、支那の声名文物が、各国に器重せられん、野蛮の国と貶られるに至らざらんことを[68]。

と述べているように、やはり中国仏教の名声や尊厳が世界の各国で重んじられているため、決して中国が野蛮な国であると言わせてはならないというプライドがあったと考えられる。だから楊仁山は、南條から送られた経典の内から、逆輸入された中国撰述のみを翻刻し、決して日本撰述は翻刻しなかった。つまり、楊仁山は、真宗の中国布教に対しては、一応違和感なく受け入れているようであるが、その内実は、最初から日本浄土教批判の立場にあったといってよいであろう。

その時、その批判文章を南京の北方心泉に送って、南條文雄に手渡すよう依頼しているのである。この点を陳継

東博士は、「楊文会は、思想的立場の相違に関して真宗に妥協することはなかったが、現実の交流面ではむしろ積極的に協力していた」(69)と指摘しているが、やはり南條文雄を除いた、真宗との交流面でも内面的には批判的であったといってもよいであろう。このように「思想的相違」と「外面的交流面の協力」の二重性を持った楊仁山の姿勢は、実直にしてしかも教学を重んじる楊仁山の人となりを知るのに重要な事柄である。

その点に関して、南條文雄は『懐旧録』で、

のち陳、楊二君が私たちを訪ねてオックスフォードに来遊せられたので、私は前約のとおり両君を導いて牛津大学の出版所におもむき、さきにマックス・ミュラー博士の校訂で出版されたリグベダ梵字の活字を一覧したことであった。その後も仁山君とは久しく書信を往復し、或るときには同君の依頼で『阿弥陀経』の梵文の直訳を作って郵送したりしていたが、やがて仁山君は帰国して南京に金陵刻経所を開設して仏教書籍の刊行に力められしばしば私のもとにも書信を送って、支那にその所伝を失った日本現存の仏書の翻刻を志し、その援助を依頼されたので私もこれを壮とし、赤松連城君と謀りてできうるかぎりの便宜をとり計らったのである。同君が現代の支那仏教に遺された功績は全くこの点に存すると言ってよい。(70)

と述べている。

南條文雄の言動からすれば、とにかく楊仁山は梵本はもとより、既に中国で散失してしまった仏教経典の蒐集出版には、自身の心血を注いでいたといってよいであろう。南條文雄は楊仁山の金陵刻経所の出版事業に対して、中国仏教復興における多大な業績であると称賛している。

第五節　小栗栖香頂の中国開教布教

南條文雄との交流によって、新たに楊仁山と小栗栖香頂との間に教学論争が始まった。

先ず小栗栖香頂は海外布教の目的を果たすために、一八七三年（明治六）自ら上海経由で北京へ向かった。もちろんそれまでに陳善と無等という長崎の聖福寺の中国僧から中国語を学んでからである。五台山へ行き北京で中国の仏教事情をしっかり視察して帰国した。その時の様子を事細かに記しているのが、『北京紀事』『北京紀遊』の二冊の書である。(71) その書によれば、当時の中国（清国）の官僚百姓、商遊文士、市街風景、生活施設などの社会事情あるいは生活様式を見聞し、そして仏教事情などもしっかり把握し、人脈も確保していることがよく理解できる。そうした下準備をして上海に向かい、別院の設立に尽力をしたのである。

一八七六年（明治九）八月二十日、上海に「真宗東派本山東本願寺別院」設立に伴う入仏式が行われた。この時の様子は、『東本願寺上海別院開教六十年史』の「入仏式報告書」によれば、

龍華の十九僧一同に支那流の三拝九拝をなす。歓喜胸に満ち、勤行中、終に涙を掩うを得ず。有生以来、未だ此の如き嬉しき事は之あらず。仏祖の高徳を思うに付けても、私共の負膽に任うる様、黙祈猛省仕候。此日式畢て後、官員日本人一同へ非時を供し、龍華寺の僧には真宗教旨各一冊及び饅頭と素麺とを与え、清人一同には真宗説教一枚宛、及び饅頭を与う。(72)

とある。法要には、中国の儒者の人々がおよそ二百人、その他名を記さない人が、法要には千人を下らない人が参集したようである。谷了然、小栗栖香頂をはじめとした参列者は、皆一様に「感喜胸に満ち」と、その感動を語っ

ている。また、龍華寺の僧十九人が、一同に中国流の三拝九拝礼を捧げ、大変盛大に執り行われたようである。また、「龍華寺の僧には真宗教旨各一冊及び饅頭と素麺とを与え、清人一同には真宗説教一枚宛、及び饅頭を与う」(73)とあることよりすれば、この時、中国語で撰述した小栗栖香頂の『真宗教旨』が中国の人々に配布されたのである。したがって、楊仁山がこの『真宗教旨』を見たのはその前後とみてよいであろう。

ところで、『念仏圓通』は法然の『選択集』に端を発して提起されたものである。だから純粋な教学論争であるといってよい。ところが小栗栖香頂が『真宗教旨』を著した背景を考えた場合、当時の中国と日本の仏教の歴史的変遷を鑑みる必要がある。

かかる点を踏まえて、これより小栗栖香頂の中国布教の歴史的背景について若干の考察を試みようと思う。

まず真宗大谷派は、中国布教を始めるに当たり、上海の布教に着手した。そのような状況下にあって、小栗栖香頂による布教に対しては、中国側の僧侶の中には、ここまで積極的に受け入れた人がいれば、その後批判的な人もいた。そのような中で、太虚法師の高弟・芝峰(一九〇一～一九四九)は、全面的に受け入れている。一九四一年、上海で出版された小栗栖香頂著『白話真宗十講』(『清国俘虜説教』(74))に序文を寄せて高く評価しているほどである。

序文で、

小栗栖を上人という所以は、日本の明治維新の時期に在りて、仏教界の中、一個法門の龍象で在る。中国仏教は今日に到り、我は這様に想う。国の為、教老の為に益壮する人は、恐らく仍お其れ一二も得ること易からざるやと。(75)

と称賛している。

周知のように、小栗栖香頂といえば、西本願寺の大州鉄然、東本願寺の松本白華等と謀り、参議大隈重信に直接談判して、宗名回復の公布をさせた人物でもある(76)。そのことを芝峰は知っていたであろうが、明治日本の生んだ高僧として崇拝され、中国僧に尊敬されていたことがよく理解できる。仏教が中国から、あるいは朝鮮半島を経由し日本に伝播されて千三百年ほど経っている。それまでは、仏教、就中、文化も含め、ひたすら中国大陸から学ぶ一方であった。ところが、今、芝峰も言っているように、小栗栖香頂の中国布教は画期的なことであった。当時衰退していた中国仏教に対して、『真宗教旨』の内容は大変刺激的なものであったに違いない。

ただし一方で『真宗教旨』の内容は、後に手に入れた法然の『選択集』と同様に、楊仁山にとってはとても受け入れられるものではなかった。だから、楊仁山は、

仏教の衰えは、実に禅宗による。支那は固より然なり。而も日本は則ち浄土真宗に於いて衰える。近くに真宗の書を閲するに、経意と大相違背せり(77)。

と述べているように、中国の禅宗と日本の浄土真宗によって仏教は衰退するであろうとまで言い切っているのである。

そのような中、小栗栖香頂と谷了然が、上海別院を開設して海外布教する本音の部分はどこにあったのであろうか。当人たちは純粋に『真宗教旨』を中国に弘めようと思っていたかもしれない。もちろん先の十五年戦争のような侵略につながる布教ではないが、布教の裏には同化主義的な思惑がかんじられるのである。

その点を裏付けるものとして、南條文雄の次の文が挙げられるであろう。

石川舜台師の大政策すなわち抱負は、一言にして言えば全世界を仏教化しようとする汎仏教主義とでも称すべきものであった。明治七年、本山教育課長となり、高倉大学寮を貫練場と改称し、ついで育英、教師の二校の

設置は全く師の立案に成ったものである。また私たちの留学についても総務と石川師との決心でこれを断行せられたのであった。その他支局と編集局が設けられて、舟橋振氏の訳出せる『梵語小文典』、小栗栖香頂学師の『喇嘛教沿革』『真言宗大意』等の刊本が完成したのもまたこれ同師の力であった。石川師のかかる抱負が当時の支那問題、いな、東亜の局面にそそがれて師の対支、対蔵、対鮮の政策を大輪画に描かしめるようになったのである。簡単に言えば石川師は婚姻政策により清国宣統帝を大谷家の準連枝格となし、北京郊外のラマ教の寺院、雍和宮のごときは、この機会に宗教的にじゅうぶんに親和せねばならぬと言う意見のようであった。対鮮の意図についても、前のごとく婚姻によって仏化せんとする考えであったように聞いている。石川師の空想はどこまでも、いな、ほとんど無際限に大きかったのである。(78)

このような石川舜台の汎仏教主義は、後の対朝鮮、傀儡国家である対満州〔中国東北部〕に対して取った日本政府の同化政策と同じ考えといえる。それは後でも述べるが、小栗栖香頂が、一八七三年〔明治六〕に北京竜泉寺の本然上人に呈示した『北京護法論』「第十七護法策」(79)には、

香頂謹案す、日本支那印度三国、土地相依にして以て亜州の対面を全てとし、宛も鼎足の如く然なり。一国傷を受け、則ち二国病を蒙る。夫れ仏法は印度に起こり支那に伝わり日本に入る。三国僧侶同心協力して、護法護国にして、以て亜州の対面を全てとすべきなり。

と端的に示されている。小栗栖香頂は、さらに「護法案十三条」を示している。今その項目を列挙すれば次のようである。

第一「朝廷に奉請すること」

第二「京師に僧長を置くこと」

第三「十八省に副長を置くこと」
第四「各寺に某寺主を撰ぶこと」
第五「京師に大学林を建てること」
第六「各省に中学林を建てること」
第七「三道協力すること」
第八「三国同心たること」
第九「高僧伝を撰ぶこと」
第十「説法度生すること」
第十一「天下の人を検すること」
第十二「海を航し風を観ること」
第十三「仏閣を五大州に建立すること」

この内、第七「三道協力」では、(80)

仏と儒道とは兄弟なり。鬩墻有ること難し、亦外侮を禦ぐことを宣ぶ。方に今洋教にして方に殷、固より内訌の時に非らざるなり。儒を当に其の外にすべきで、道を使わしめ其の内に治せしめ、則ち外邪を入れず。若し夫れ孔老相拝せば、黄青相軋り、則ち蚌鷸《ボウイツ》の誹を免れざるや。

と述べ、また、第八「三国同心」では、(81)

日本支那印度輔車相依の勢いと為し、固より同胞兄弟なり親族は姻戚なり。互相来往し、互相切磋し、互相琢磨し、其の苦学を責し、其の実行を励み、患難を相救し、興敗相援するは、則ち仏法の正気なり。鬱か天に冲せんや。

と述べている。

小栗栖香頂は、儒教と道教と仏教は協力すべきであって、今は内輪もめして仲間同士争うべきでない。中国の仏教と日本の仏教の協力こそ、キリスト教をはじめとする邪教を排斥する道であると述べている[82]。そして、仏教を主とするインド・中国・日本が密接な関係を持ちながら同じ心になれば、それは兄弟であり親戚のようなものである。互いに苦難を乗り越えて協力することが、仏教の正気であるという。小栗栖香頂によれば、「先ず印度中国日本の仏教協力を軸にして、アジアの連帯を計る」というのである。このような考え方は江戸時代まで仏教にはなく、全く明治維新後の仏教の新しい論理である。それがたとえキリスト教を破邪することを目的にしていたとしても、この論理そのものは明治政府の外交におけるアジア進出策と同じ歩みとなったことは否定できない。また、前述した小栗栖香頂の「亜州の対面を全てとすべき」という言葉は、後の大東亜共栄圏的発想に繋がるものといっても過言でないであろう。このように小栗栖香頂は、天皇制国家を中心に仏教興隆をはかり、世界中に仏閣を建立して説法を繰り広げていくことが、護法策の中心であるというのである。

ここで明らかなことは、小栗栖香頂が、『真宗教旨』を漢文で著して中国布教を目指した意図は、そこに純粋に仏教伝道の願いがあったとしても、決して「護法護国」の両重の関係は抜き去ることはできないであろう。つまりは時の人として、明治維新後の日本政府のアジア進出の伏線から逃れることはできなかった。それと今ひとつは、小栗栖香頂自身も、

今耶蘇教が日本に闖入《ちんにゅう》し、有力者は之を防ぐこと能わず、拝仏の徒一新を以て機と為し我が仏法を斃せんと欲するなり。香頂悲泣して自勝すること能わず。（中略）仏法は天竺に興り支那日本に至る。方に今印度は先

ず衰え、支那之に次ぐ。日本なお取るべきありや。香頂三国同盟の事を企てんと欲す。日本支那印度一心協力せば、何事か成らざらん。

と述べているように、キリスト教進出に対して歯止めをする意味で三国同盟を打ち出していることである。維新以来、日本においてはキリスト教が侵入してきているが、国の有力者は、これを防ぐよりもむしろ廃仏毀釈のもとに仏教教団そのものを滅せんとする人々が多いのを歎き、しかもインド・中国においては仏教も衰えてしまっている。辛うじて、日本の仏教のみは存立を保っている。そこで日本を中心にしてインド・中国が協力して同盟を結んで、仏教復興を目指すべきであるとして、中国布教の意味付けをしている。だから、それは同時に柏原祐泉氏の、「初期の中国伝道は決して在留邦人への布教を主目的とせず、中国人伝道を目的とするものであり、そこには防邪意識や、三国仏教提携論まで秘められているが、直接的には中国への教団発展を目指すことによって、国権外交の国威宣揚路線に乗ることを目指したといってよい[83]」という重要な指摘を見逃してはならないであろう。

さて、これより小栗栖香頂と楊仁山の論駁について見ていくわけであるが、じつは小栗栖香頂と楊仁山は一度も対面していないのである。

小栗栖香頂は、明治維新によって、キリスト教を以って仏教に交代するというような論に反対して、破邪百条を記して、その書を『日本刀』と名づけているほどである。キリスト教を破邪することが報国の精神であるという立場に立っている。

そこで小栗栖香頂は、前述したように、中国布教に向けて明治六年、上海・北京の宗教事情の調査に出かけている。北京ではチベット仏教の活仏である雍和宮のトンカルフトクト、竜泉寺の僧本然と交友を深め、中国仏教の現実を認識するわけである。しかし、楊仁山との面識はない。そのような中、中国布教に向けて一八七五年（明治八）

十一月、『真言宗大意』を著している。

小栗栖香頂は、江戸時代の鎖国のため、長い間日本の僧が訪れることのなかった中国へ布教に出かけるのである。鎖国以来、宋代には多少の交流はあったにせよ、清代になって日本人として初めての訪中であるため、小栗栖香頂は心に期すものがあり、そこに遣唐使であった空海の思いを自身の胸に秘めていたのかもしれない。

今、当時の東本願寺の改正掛の石川舜台の懐旧談によれば、

わしらの洋行から帰ったのが明治七年ぢゃ。帰っては来たがそれに大変世話になった三條實美・江藤新平の諸卿は、内閲の騒動で退いて仕舞った。そこで江藤の代りに大久保利道に話し込んで、これから先は、日本ばかりにいると外教が入るばかりぢゃ、それでこれは攻むるを以て防御とせねばならぬ。その手初めは隣国露西亜からする。露西亜が一番いかん。そのギリシャのお祭をするあんばいが仏教によく似ている。それに法王が先方の皇帝じゃ。これは最も恐るべきものである。で、これからやって仕舞はんならん。その次は羅馬教ぢゃが、それは後でよろしい。急に露西亜をやらんならんが、丁度これはやれるやうになっておる。それは、満洲蒙古が皆仏教ぢゃ。西の方へ行くに従って喇嘛仏教ぢゃ。それで、此の喇嘛教と聯合露西亜へ布教に出かけるという考へぢゃ。あの北京に雍和宮がある。それはもと清朝の世宗が、龍潜藩邸を蒙古の喇嘛に喜捨して寺にしたんじゃ。そこへ、活仏の副のような大喇嘛が駐在して居たんぢゃ。それは清朝の朝廷にも大変勢力のあろうものぢゃったから、それも目当てに行ったのが小栗栖と谷了然だ。小栗栖は、真言密教に詳しいやつで、随分大きい事を考へてゐた。さうしたら大変具合よく行った。(84)

とある。

石川舜台にすれば、ロシアが一番厄介である。しかし先ずチベット仏教の雍和宮と手を組むため、小栗栖香頂と

谷了然が派遣されるのである。小栗栖香頂の真言密教に詳しいことが、石川舜台には既に知られていたのである。

また、長崎では三日間、雨乞いのため、祈禱までするのである。その時、小栗栖香頂は、呪願文を作って、船に乗って弘法大師の前で焚香呪願したら、大雨が俄に降ったという。頼まれたとはいえ、あるいは方便とはいえ、真宗僧侶でありながら真言密教の雨乞いの祈禱をする小栗栖香頂は、やはり破天荒というのか従来既存の僧侶らとは一線を画するスケールの大きい人物であったのであろうか。[85]

何度も述べるが、『真宗教旨』とは正しく中国に浄土真宗の教えを宣布するために書かれた書である。と同時にそれは小栗栖香頂の個人的な書ではなく、海外布教、特に中国布教の眼目となるべき大谷派教団あげての書であることはいうまでもないことである。[86]ゆえにそれは中国の人々が読むための書であるので漢文で書かれている。この『真宗教旨』に対しては、中国仏教者のうち、楊仁山が『評真宗教旨』を著して批判している。一方、芝峰は、『真宗十講』(『清国俘虜説教』)の序文まで書いているが如く大いに評価している。[87]また、岡崎正純の日記『支那在勤襍志』によれば、[88]一八七七年(明治十)十月二十三日、廬山流の燃臂念仏者浙江省僧古崑が、『真宗教旨』を読んで『真宗教旨序』一篇を作り持参し、筆談で真宗談義をしたとある。あるいは専修念仏者浙江省人の沈善登と会って、[89]「仏法の真は支那国にあり、美は欣慕に堪えるなり」というような交流もあったという。ただ日本の仏教教義ならびに仏教文化が中国より千五百年近くにわたって伝播されてきたことを思えば、当時いかに清国が衰えた国であったとしても、傲慢極まりないことは何人も否定できないであろう。それはやがて、中国をはじめとするアジアの国々への侵略の橋渡しに繋がったといってもよいであろう。

それは前述したように、東本願寺は、明治に入っての両堂再建の完成には莫大な費用を要す状態であった。そこで、渥美契縁が中心となって考えられたのが、相続講というシステムであった。特に明治の天皇制国家の中で相続講を推進していくためには、どうしても「真俗二諦説」が必要であった。天皇（神）と法主（阿弥陀如来）の絶体性と「真俗二諦説」の二重構造に組み合わせていったのである。そこで門徒の懇志の意識を煽り立てていった。それは先の中国・朝鮮半島への侵略戦争時下においては、「生きては天皇の子として、死しては阿弥陀如来の国に生まれる」と説かれ、かかる戦争をも聖戦として位置づけていったのである。天皇を神とし、法主を生き仏として、両者を神聖にして犯すべからざる存在として作り上げていった。それは親鸞の、「いしかわら礫のごとくなる我ら」という無辜の大衆とともに念仏した精神とは、ほど遠いものになってしまったことはいうまでもない。

ところで、『真宗教旨』には、同じ題名で、しかも内容はよく似ているが、全く異なった二冊がある。一つは一八七六年（明治九）十二月、真宗東派本願寺教育課発行のものである。罫紙十一枚程度のものである。奥書には、編集者小栗栖香頂、校閲兼出版人石川舜台とある。本願寺改正掛であった石川舜台はその時大谷派の宗務総長であった。故にこの書は、既説したように小栗栖香頂の個人的著作というより、真宗大谷派教団の中国布教のための書といえよう。(90)

今ひとつは、一八九八年（明治三十一）九月二十八日法藏館蔵版の『真宗教旨』（小栗栖香頂校閲、小栗憲一著で、これも漢文で書かれている）である。(91)前者のものとは編纂内容に異なりがある。

今、法藏館蔵版は、前書きとして「本書は畏くも十月二日枢密院副議長正二位勲一等東久世伯を経て直ちに天皇陛下並びに東宮殿下電纜の光栄を得たり」とあり、さらに当時の大谷派の総務である大谷勝縁の序文が記されている。

何れにしても、この両『真宗教旨』とも、明治の時代性（廃仏毀釈等の歴史）を考慮しなければならないことであるが、特に法藏館蔵本の「第九章二諦相資」は、天皇制国家に忠誠を尽くす、いわば神仏混合の仏教として説かれている。およそ親鸞の念仏の教えをねじ曲げたものといってもよいであろう。それは皇国史観に基づいた、大谷派教団の教学の負の歴史に荷担した書といったら言い過ぎであろうか。今、木場明志氏の言葉を借りれば、「小栗栖の意図は護法的使命感による弘教拡張であり、東本願寺の意図は自己目的完遂のための国家接近であり、日本国家の意図は仏教界をも駆使しての大陸侵略であった[92]」というのが、一八七六年（明治九）の上海別院創設の意図といえるであろう。

註

（1）『顕浄土真実教行証文類』（以下『教行信証』と略す）（定親全一・二二七・原漢文）。

（2）『歎異抄』第二条（真聖全二・二〇二）。

（3）親鸞が堂僧であったことは、『恵信尼消息』の文に「殿の比叡の山に堂僧つとめおはしましける」（東本願寺『真宗聖典』六一八）とあることにより知ることができる。少なくとも学生ではなかったと考えられる。

（4）『教行信証』（定親全一・三八一）。

（5）前掲に同じ。

（6）親鸞が書写を許された『選択集』の本願の真文は、善導の『往生礼讃』より引用したもので、『大経』の第十八本願文と比べると言葉が削られたり加えられたりしている。これを伝統的に「本願加減の文」といっている。具体的には、『大経』の「説我説仏」と「至心信楽欲生」の三信と「乃至十念」、それに抑止の文を減じて、「若我成仏」と「称我名号下至十声」の文を加えている。ここに善導は、称名の願こそ仏教の根本であることを示しているといえる。それが法然・親鸞と伝授されたのである。

（7）前掲に同じ。

（8）小栗栖香頂の生涯については、拙著『日中浄土教論争』第一章第三節「小栗栖香頂の生涯」（一九～二四頁）を参照されたし。著書については、同じく二七頁の註（30）の項を参照されたし。

（9）『真宗教旨』（明治九年・東本願寺本・八右）。
（10）『白話真宗十講』（上海仏学書局刊・一九四二年・三頁）。
（11）『御消息集』（真聖全二・六九七）。
（12）楊仁山の生涯と著書に関しては、拙著『日中浄土教論争』第一章第二節「楊仁山の伝記と著書」を参照されたし。
（13）「教化研究」（第七三・七四号・真宗大谷派教学研究所刊・一九七五年）一六八頁。
（14）前掲「教化研究」三五〇頁。
（15）前掲に同じ。
（16）『真宗史料集成』十一巻「維新期の真宗」の森竜吉の「解説」の「三政教論」一九頁参照。
（17）今、「教化研究」（第七三・七四号・真宗大谷派教学研究所刊・一九七五年・三五八～三六〇頁）を参考にしてみると、真俗二諦説について、

A、二諦の説（細川千厳）

仏教の法理広しと雖もすれば真俗二諦の外ならず・（以下に中観論の諸経論から語義を求めて）・此等皆真俗の称は同一と雖も所宗の諦は異れり二諦は因より一具の法なり偏執すれば共に失あり真俗に異なるものあり、真は転迷開悟に名く他力の信心を得て来世の得脱を期するにあり、俗は修身明倫に名く　王法を本として人道を守らしむるにあり　真と俗とは相依相資にして真は自ら俗を資け俗は必ず真に依る。（以下に『浄土論註』の二諦を引く）。

B、真俗二諦　井上甫水演説（明治十五年）

凡そ我が真宗の二諦相依の教といふは　信心を本として王法を末とする義にも非す　王法を本として信心を末とする義にも非す　外形を正しくするが俗諦の教　之を王法為本といふ　又　内心を正くするのが真諦の教　之を安心といふ　慧燈大師の御遺訓に殊に　外には王法を以て表とするとあるは俗諦のこと（『開導新聞』）

と述べられてある。この時点ではまだ露骨におおみ心と如来心を対峙させるような皇国史観は出ていない。しかし、これから述べる小栗栖香頂の『真宗教旨』では真俗二諦論が強調されていることは確かである。
（18）特に小栗栖香頂の報国・真俗二諦の考え方は、本書第三章第九節「俗諦」の項で詳しく論じている。
（19）真宗大谷派僧侶。宗務総長を歴任。石川舜台の生涯に関しては、常光浩然『明治の仏教者　上』（春秋社刊・一九六八年）の「石川舜台」（一六二～一七三頁）に紹介されている。なお、先行論文としては、一、多屋頼俊「石川舜台と東本願寺」（『講座近代仏教』第二巻・法藏館刊・一九六一年・一五三～一七〇頁）。二、森龍吉「本願寺宗政論」（森龍

吉編『真宗史料集成』第十二巻「解説」五三〜六〇頁・同朋舎出版刊・一九九一年刊）。三、辻村志のぶ「石川舜台と真宗大谷派の東アジア布教—仏教アジア主義の形成—」（『近代仏教』十三・三〇〜五〇頁・二〇〇七年）などがある。今、石川舜台の行実の資料としては『東本願寺上海開教六十年史』を参照。

(20)　真宗大谷派僧侶。宗務総長を歴任。渥美契縁に関しては、『真宗人名辞典』（法藏館刊・一九九九年）の「渥美契縁」（十一頁）参照。

(21)　今、相続講趣意書を見てみると、

「今般相続講御設立ノ儀ハ　善知識ノ尊慮ヨリ御発示アラレセラレタル事ニ付　御門末一同ニ厚ク御趣意ヲ敬承可到事ニ侯　其御趣意ハ去ル明治十三年両堂再建御発示ノ際ニ当リ　御消息ヲ以テ申示サレシ如ク　此再建ヲ因縁トシテマスマス法義ヲ興隆シ　自他一味ノ領解ニ基キ　往生極楽ノ素懐ヲ遂サセラレタキ尊慮ヨリ　爾後シバシバ諸国へ学師布教使等ヲ派遣セラレ　二諦相依ノ宗教ヲ御宣布遊バサレ候」（「教化研究」第七三・七四号・真宗大谷派教学研究所刊・一九七五年・三六〇〜三六一頁）

とある。

ここでも真俗二諦論を説き、両堂再建のための懇志を依頼していくシステムを作り出すのである。そこでは全門末から男子講員は二円、女子講員は一円の拠出を求めた。明治二十五年度には相続講の拠金は五十一万六千円にのぼり、本山負債の償却に当てたのである。この相続講は今日の本廟護持の意味を持って続けられている（『教団の歩み』東本願寺出版部・一〇三頁参照）。

(22)　随行三名については、成島柳北は、海外渡航の経験もあり、英語も話し、外交的手腕にも長じていた。松本白華は、金沢松任出身で詩文に長じ、政府要路の知人が多く、海外旅行免除の獲得に好都合であった。関信三は、もと東本願寺の末寺の出身で三河国安休寺猶竜と称していたが、還俗して姓を改め、かつ米人へボンについてキリスト教を研究した（常光浩然『明治の仏教者』上・四〇頁）。

(23)　試みに西本願寺では、既に一八七二年（明治五）一月二十七日、連枝梅上沢融、島地黙雷、赤松連城、堀川教阿、満田以然の五名が欧州視察に出かけている。

(24)　この明治四年は石川舜台の思い違いで、明治五年が正しい。

(25)　関新蔵は、関信三が正しい。僧名は雲英猶竜。愛知県一色町の安休寺雲英晃曜の弟。

(26)　『東本願寺上海開教六十年史』（東本願寺上海別院刊・一九三七年）二八九頁。

(27) 圭室諦成監修『日本仏教史Ⅲ』(法藏館刊・一九七二年)所収「第二章　明治期の仏教」三三〇頁。
(28) 特にキリスト教に対しては「教化研究」七三・七四号の「三　切支丹対策」で、教団としての取り組みが提示されている。なお具体的な事象については、註(82)を参照されたし。
(29) 『等不等観雑録』巻一「釋氏学堂内班課程芻議」(『楊仁山全集』黄山書社刊・二〇〇〇年・三三三頁)。
(30) 詳しくは、陳継東「清代における試経制の廃止とその影響」(『印仏研究』第五〇巻第二号・八三〇頁)を参照されたし。
(31) 『等不等観雑録』巻一「般若波羅蜜多会演説四」(『楊仁山全集』三四二頁)。
(32) 『等不等観雑録』巻五「與陶矩林書」(『楊仁山全集』二〇〇〇年刊・四三八頁)。
(33) 『等不等観雑録』巻八「與日本南條文雄書二十二」(『楊仁山全集』五〇二頁)。
(34) 『等不等観雑録』巻一「金陵本願寺東文学堂祝文」(『楊仁山全集』三三八頁)。
(35) 北方心泉は、一八五〇年(嘉永三)四月二十八日、金沢の真宗大谷派常福寺に生まれる。名は祐必のち蒙、心泉と号す。石川舜台の慎憲塾・松本白華の遙及社で学び、清国布教として上海別院に勤務する。一八九八年(明治三十一)に再び渡清し、東本願寺が南京に設立した学校、金陵東文学堂の堂長を勤める。一九〇二年(明治三十五)、本山の内紛のため僧籍を剝奪され、のち回復す。南京在任中、小栗栖香頂と南條文雄の意思疎通を図る(川邉雄大「常福寺所蔵・「岸田吟香書翰(北方心泉宛)について」(『東アジア文化交渉研究』第三号・五九六頁参照)。
(36) 一柳知成に関しては、北方心泉と同様に『東本願寺上海開教六十年史』にその名をよく見る。その生涯と業績に関しては、諏訪義譲『尾張教学先覚伝考』(文光堂刊・一九七四年)「一柳先生の学校経営」(一七四〜一八四頁)に詳しく紹介されている。なお一柳には「清朝末期に於ける選択集の評難並びに引」(『真宗学報』第五号・一九二九年　真宗専門学校発行・一〜二〇頁)という楊仁山の浄土教批判に応答する貴重な論文がある。この東本願寺の中国布教に関しては、川邉雄大『東本願寺中国布教の研究』(研文出版刊・二〇一三年)に詳細に論じられている。
(37) 『等不等観雑録』巻一「般若波羅蜜多会演説一」『楊仁山全集』三三九頁。
(38) 諏訪義譲『尾張教学先覚伝考』(文光堂刊・一九七四年)二九七頁。
(39) 『東本願寺上海開教六十年史』(東本願寺上海別院刊・一九三七年)三一八頁の資料一七号参照。
(40) 前掲八九頁。
(41) 諏訪義譲『尾張教学先覚伝考』(文光堂刊・一九七四年)「南京学堂の経営」二六四〜二七一頁参照。

(42)「中外日報」(明治四十四年十一月十二日)。
(43)陳継東『清末仏教の研究』(山喜房佛書林刊・二〇〇三年)一二五頁。
(44)拙著『中国華厳浄土思想の研究』(法藏館刊・二〇〇一年)「第五章　楊仁山の日本浄土教批判」二六〇頁。
(45)『等不等観雑録』巻七(『楊仁山全集』四七二頁)。
(46)陳継東『清末仏教の研究』(山喜房佛書林刊・二〇〇三年)一二五頁。
(47)南條文雄『懐旧録』(平凡社刊・一九九五年)一三九頁。
(48)この『大乗起信論』は、今日では、インド撰述説、中国撰述説と二分している。中国説であれば梵本は無いはずである。ただこの頃はインド撰述と思われていたので梵本を求めたのかもしれない。楊仁山自身も半ばあきらめて「もし存在しないとすれば支那訳をたいせつにせねばならない」(先掲「中外日報」)と考えたかもしれない。
(49)『等不等観雑録』巻五「與李小芸処二」(『楊仁山全集』四三九頁)。
(50)『等不等観雑録』巻七「與日本南條文雄書二」(『楊仁山全集』四七八頁)。
(51)「中外日報」(明治四十四年十一月十四日)。
(52)南條文雄『懐旧録』(平凡社刊・一九九五年)二〇〇頁。
(53)前掲一四〇頁。
(54)「中外日報」(明治四十四年十一月十二日)。
(55)『等不等観雑録』巻六「與郭月楼道直書」(『楊仁山全集』四六七頁)。
(56)『等不等観雑録』巻八「與日本南條文雄書二十二」(『楊仁山全集』五〇二頁)。
(57)南條文雄『懐旧録』(平凡社刊・一九九五年)一三九～一四一頁。
(58)「中外日報」(明治四十四年十一月十四日)。
(59)『楊仁山居士遺著』第一冊「楊仁山居士事略」十二帖右。なお『楊仁山全集』の「楊仁山居士事略」(五八三頁)では、「厥の後海外由り来たる蔵外の書籍二三百種を得る」とある。
(60)『等不等観雑録』巻三「彙刻固逸浄土十書縁起」(『楊仁山全集』三六九頁)。
(61)南條文雄によれば、「而も居士は翻刻し却って贈来するは、殆ど十余部に及ぶ曇鸞、道綽、善導、窺基、智旭の書、亦其の中に在り」(「大日本続蔵経序」・『卍続蔵経』蔵経書院刊・一九一二年)とあるが如く、浄土教の祖師の翻刻をしている。

(62) 南條文雄は、前掲「大日本続蔵経序」では「明治二十四年以後、道友と相議し、居士に和漢内典凡そ二百八十三部贈れり」と、明確に二百八十三部としている。そして、その中に法然の『選択集』があり、これが『真宗教旨』とともに後々の日中浄土教論争のもととなるのである。
(63) 『大日本続蔵経総目録』(蔵経書院刊・一九六七年)三五頁。
(64) 「中外日報」(明治四十二年十月十二日)。
(65) 『等不等観雑録』巻一(『楊仁山全集』)三三九頁。
(66) 陳継東『清末仏教の研究』(山喜房佛書林刊・二〇〇三年)二四〇頁。
(67) 『評真宗教旨』(『楊仁山全集』)五二三頁。
(68) 『等不等観雑録』巻一「支那仏教振興策二」(『楊仁山全集』)三三三頁。
(69) 陳継東『清末仏教の研究』(山喜房佛書林刊・二〇〇三年)二四〇頁。
(70) 南條文雄『懐旧録』(平凡社刊・一九九五年)一三九〜一四〇頁。
(71) 現在この二書は、中華書局より近代日本人中国遊記『北京紀事・北京紀遊』(陳継東・陳力衛整理・二〇〇八年刊)として出版されている。
(72) 『東本願寺上海開教六十年史』(東本願寺上海別院刊・一九三七年)二四八頁。
(73) この『真宗教旨』と同年十二月に出版された『真宗教旨』(編集者・小栗栖香頂、校閲兼出版人・石川舜台・好文堂印刷)と同じであると思われるが、八月刊本は残念ながら所在不明である。
(74) 今『真宗十講』と『清国俘虜説教』と同じ内容であることは、小島勝・木場明志編著『アジアの開教と教育』「中国における真宗大谷派開教」(四五〜五一頁)による。
(75) 『真宗十講』(著述小栗栖香頂、校訂釋芝峰・上海仏学書局刊・一九四二年)一三頁。
(76) 小栗栖香頂の宗名問題との関わりについては、木場明志氏が、二〇〇八年大谷派安居で「『宗名往復録』註解」(東本願寺)を著して詳しく論じている。
(77) 『等不等観雑録』巻六「與夏穂卿書」(『楊仁山全集』四四八頁)。
(78) 南條文雄『懐旧録』(平凡社刊・一九九五年)二七三頁。
(79) 『北京護法論』(一九〇三年)・五十帖左。なお明治三十六年刊の『北京護法論』(『北京紀遊』を改編して刊行)には、大谷勝尊の「北京護法論序」が掲載されている。大谷勝尊は、東本願寺の二十一世光勝の七男で、朝鮮などの海外布教に尽力した人物である。また、奥書には矢尾板正の文があり、矢尾板正は品川弥二郎と関係する人物であるので攘夷派の人物である。したがって、小栗栖香頂も攘夷派に関係していたとも考えられる。

（80）『北京護法論』（一九〇三年六月）五十三帖右。

（81）前掲に同じ。

（82）このようにキリスト教の排斥、あるいは宣教に対する危機感は、小栗栖香頂に限ったことではない。試みに愛知県では「邪宗予防の盟約」（明治十四年）が出されている。

起約要領

一　近年内国大に耶蘇天主の邪教蔓延当三河国の如きも已に岡崎駅等に侵入　逐次盛んなる景況に付　自然近隣に波及する哉も量り難く当和泉村の如きも亦距離遠きに非れは　将来万一該邪教に隔入る者なきを保せす　これに依て本村に向後永々侵入の憂を免れん為に明治第十五年一月村民一般協議の上　各自愛国の哀情より堅く盟約を結ぶ所なり（中略）

一　我等村民は真宗の教法を信じ、二諦の宗義に依り　現当二世の幸福利益を受くる者なり

村民一般の約定

第一条　耶蘇教に帰入すべからず

第二条　同教講義上に立入り聴講すべからず

第三条　宣教師又は該当の信者と親しく交際すべからず

但し職務営業上止を得さる場合面会応接は此の限に非す

第四条　宣教師又は該教の信徒を誘導し　或は自宅に止宿せしめ　又は講談演説等をなさしむべからず

誓約書

今般村内一同協議の上前四箇条の盟約を定め　今後該約中一条たりとも違戻致し候者は縦ひ親類縁者と雖も更に村民一般の交際を為さす　神事仏事総て祝ひ事等は無論　盗難大難等非常の際と雖も該家（村民約定違戻の家）には立入申間敷候　条後日の為め　一村の住民一人も残らす連署を以て約定書差上置候也

愛知県三河国碧海郡和泉村

早川房造

神木（神本の間違いか）勘四郎
以下三百廿一名
本村
永隆寺（本龍寺の間違いか）住職樋口兼隆殿
（前掲「教化研究」七三・七四号「真宗と国家」三五九頁）。

これを見る限り、かなり過激であるが、少なくとも当時の仏教教団は神道による廃仏毀釈もさることながら、キリスト教の布教伝道に対しても危機感を持っていた一例と見てよいであろう。

(83) 柏原祐泉「明治期真宗の海外伝道」（『仏教研究論集』橋本博士退官記念・清文堂刊・一九七五年）八三五頁。

(84) 『東本願寺上海開教六十年史』（東本願寺上海別院刊・一九三七年）二七五〜二七六頁。

(85) 小栗憲一『小栗栖香頂略伝』（明治館刊・一九〇七年〈明治四十〉）二二頁参照。

(86) この『真宗教旨』は、一八七七年（明治十）、奥村円心が釜山に本願寺別院を開設した時にも教本として使用されている。その点からしても、『真宗教旨』が東本願寺あげて海外布教をする目的を持って作成された書であることがよく理解できる。

(87) 今、真宗大谷派教学研究所所有の『白話　真宗十講』（『清国俘虜説教』）によれば、著述者日本小栗栖香頂、校訂者釋芝峰、発行者上海仏学書局代表沈彬翰、発行所上海仏学書局、発行日一九四二年（民国三十一）三月十五日とある。芝峰は一九三六年（民国二十五）に一五頁にわたって序文を書いている。芝峰は『真宗十講』（『清国俘虜説教』）の中に『真宗教旨』（十一号諸式のみ省略）を附刊する必要性について、「極めて簡略と雖も但已に真宗の要義と見るべし。互いに相い参閲する必要があるが故に此を附刊するなり」（一五頁・原漢文）と述べている。また、『真宗十講』（『清国俘虜説教』）本文には、日本小栗栖香頂口講、男龍蔵筆記（龍蔵は小栗栖香頂の子であり、蔵龍の間違いと思われる）、中国訳芝峰校閲とある。そして、跋には「辛巳仲冬観如謹識」とあることよりすれば、一九四一年（民国三十）に、江安安義の高観如（一九〇六〜一九七九）の謹識により、一九四二年（民国三十一）に発行されたことがわかる。

(88) 『真宗史料集成』第十一巻（四二四・四三三頁）

(89) 沈善登（覚塵）は、楊仁山の友人で生没年は不詳である。彼は居士として仏教を信じていた。著書に『報恩論』（卍続一一〇）がある。

(90)『真宗教旨』の発行に関しては、①一八七六年十二月十六日発行の『真宗教旨』、②一八八三年九月発行の『真宗教旨』、③一九四二年三月十五日発行の『真宗十講』所収の『真宗教旨』(ただし十一号諸式は省略)などがある。以下、詳細については拙著『日中浄土教論争』第一章註(35)註3(三十頁)を参照されたし。

(91)この法藏館版『真宗教旨』は、別に発行所が台湾三重市安慶街一九一号の海賊版も流布している。台湾版には、前書きや大谷勝縁の序文などはなく、かわりに大谷派講師の廣陵了栄の「題辞」が記されている。また同じく台湾の慧浄法師(大谷大学に留学していた)編訂『浄宗教旨』(法藏館版の第十章大師略伝は割愛)も『真宗教旨』と同じ内容である。初版が一九九三年(民国八十二)十月二千冊、六版一九九四年(民国八十三)五月三千冊とあることよりすれば、現在でもかなり読まれている書といえよう。

(92)木場明志「明治前半期における東本願寺の中国布教」(『親鸞大系　歴史編』第十巻・法藏館刊・一九八九年)所収・三六一頁参照。

第二章　南條文雄と楊仁山の典籍交換

第一節　日本より中国へ送られた書籍

南條文雄と楊仁山の書籍交換は、ロンドン時代から始まっていることは周知のことである。その後は両者を中心に、多くの人々が協力して交換が行われた。それは中国と日本の仏教者による国際的交流へと発展するものであった。それでは南條文雄と楊仁山との間で交換された書籍はどのようなものであったのか。じつは三年間にわたり、何度も書簡の往復が為されており、すべてを把握することは困難である。ただ近年、陳継東博士の研究成果により、新たな資料も発見され、かなり明確になってきた(1)。そこで先ず楊仁山から南條文雄に注文した経典のリストを『贈書始末』『与日本南條文雄書十』などから参照すると、次の五つの仏書目録が挙げられる。

別単　十八種　（一八九一年〈明治二十四〉三月）
甲字単　二十一種　（一八九一年九月）
乙字単　六十四種　（一八九一年九月）
丙字単　百十八種　（一八九二年〈明治二十五〉九月）
丁字単　二十種　（一八九六年〈明治二十九〉八月）

このリストの元になったのは、大典顕常の目録による。今、『贈書始末』六編によれば、南條文雄は、

日本寛政五年癸丑は、当に貴国乾隆五十八年、西暦千七百九十三年となるべし。則ち距すること今より一百年前、臨済宗沙門顕常号大典、天台宗沙門慈周号六如の二僧有り。将に逸書一百部を貴国に寄贈し各藍せんとし、学匠と亀鑑とを以て文章及び目録を作すとも遂に果たせず。是れ千古の遺憾と為すなり。

と述べているが如く、かつて百年前、大典、六如の二師によって中国へ一百部の内典を送るために目録と副束《ふっかん》の文が制作された。それにもかかわらず、ついにそれが果たされることはなかった。そこで期せずして百年後にまた中国の楊仁山から仏教経典を求めてきたので、これこそ時機到来と思い、早速大典の目録を楊仁山に渡し、寄贈する準備に取りかかったという。

時に一八九一年（明治二十四）[2]であった。南條文雄は、楊仁山の請求に応じるため、赤松連城、町田久成、島田蕃根、東海玄虎の四氏と図り、代購したり、一部を割愛したりして、写本・版本を問わず、送致する準備に取りかかるのである。

じつは南條文雄は、楊仁山への送致の前に沈善登からも依頼されており、一八八七年（明治二十）五月に無量寿経義疏二冊などを五部送っていたのである。その時南條文雄は、既に中国では多くの経典が紛失してしまった事実は知っていたから、なおさら典籍交流の意義の深いことを自覚していたと思われる。

そこで今、我々はその意義を確認しつつ、これより『贈書始末』『清国楊文会請求南條文雄氏送致書目』（いずれも石川文化事業財団お茶の水図書館所蔵）により、経典交流の内容を逐次明らかにしていきたいと思う[3]。

（送致目録の一番下段の数字番号・記号・名前などは、南條が中国に送った時の書籍番号並びに寄贈者名であ

る。したがって番号のついていないのは送っていないと考えられる。いずれも『贈書始末』『清国楊文会請求南條文雄氏送致書目』による。また日本などの国名、隋などの時代名、慧因などの人名は（　）で筆者が附記した。窺基は「（窺）基」と記した。）

一、別単十八種（一八九一〈明治二十四〉年三月）

一、大日本校訂大蔵経目録　一本　一
二、蓮門経籍録　二本　十
三、七祖聖教一帙　三本、中有往生論註、安楽集、善導観経疏　金陵　二
　観経疏四本　金陵　六十五
四、大経会疏　十本　日本真宗僧峻諦述　三
五、科註法華経　十本　宋守倫註　日本翻刻　四
六、註維摩経　二本　後秦僧肇註　同　五
（右十八種中之六種なり。ただし、蓮門経籍録二本は十）
　維摩経義疏　五本　日本聖徳太子　六
　大経望西沙　七本　（日本）了慧　七
　大乗義章　二十三本　（隋）慧遠　八
　閲蔵知津　二十本　（明）智旭　金陵　九
（右の七祖聖教以下八種は、弟に二部有り、故に各一部を寄す。五月十八日）

蔵外目録　一本（写本）　十一
因明正理門論科本　一本　十二
因明入正理論科本　一本　十三
因明三十三過本作法科本　一本　十四
法宗源　一本　十五
七十五法名目　二本　十六
七、釈摩訶衍論　十二本　金陵　十七
八、阿弥陀経通賛　二本　十八
九、般若心経幽賛　二本　十九
一〇、弥勒六部経　七本　二十
一一、成唯識論述記　二十本　二十一
一二、大乗法苑義林章　七本　二十二
一三、因明入正理論疏　三本　金陵　二十三
一四、妙法蓮花経玄賛　十本（唐基）　二十四
一五、瑜伽論略纂　十五本（窺）基　第十六巻　一冊　ワ南條　二十五
一六、善導大師伝　一本　二十六
一七、八宗綱要　一本　二十七
一八、浄土論註顕深義記　五本　二十八

二、甲字単二十一種（一八九一年〈明治二十四〉九月）

（内の経籍二十一種は刻本の如し、即ち代購を求む、否な則ち人の書写を請い、工を資して幾何ぞ、先の議定を祈す）

一、無量寿経義疏　二本　隋慧遠　二十九
二、観無量寿経義疏　二本　同　三十
三、阿弥陀経疏　一本　隋智顗　東海①
四、華厳経文義綱目　一本　唐法蔵　東海②
五、金剛般若経疏　二本　唐（窺）基　東海③
六、勝鬘経宝窟　三本　唐吉蔵　三十一
七、同経　述記　三本　唐（窺）基　東海④
八、入楞伽心玄義　一本　唐法蔵　三十二
九、大乗密厳経疏　四本　同　東海⑤
一〇、同経　述讃　三本　唐（窺）基　東海⑥
一一、華厳遊心法界記　一本　唐法蔵　三十三
　阿弥陀経義記　一本　隋智顗　赤松手写之本　a赤松
一二、義海百門　一本　同　金陵　b赤松、東海⑦
一三、発菩提心章　一本　同　e赤松、東海⑧

一四、華厳問答　一本　同　三十四
一五、五教止観　一本　(唐)杜順　c赤松、東海⑨
一六、華厳五十要問答　一本　唐智儼　三十五
一七、一乗十玄門　一本　同　d赤松、東海⑩
一八、華厳略策　一本　(唐)澄観　金陵　東海⑪
一九、不空心要　(唐)不空　八十六
二〇、無畏禅要　(唐)善無畏　八十七
二一、悉曇字母表　(唐)一行　三十六
(右二十一部は皆な蔵外目録に見える)

三、乙字単六十四種（一八九一年〈明治二十四〉九月）

(内の経籍六十四種、祈して各書を肆ね尋覓に向う、刻本を得るが如し即ち代購を請う)

一、無量寿経義疏　一本　隋(嘉祥)吉蔵　三十七
二、同経　連義述文讃　三本　新羅憬興　七十八
三、(釋)観無量寿経記　一本　(唐)法総　ル南條、⑫
四、同　疏　一本　(唐)法蔵　⑬
五、同　義疏　四本　宋元照　三十八
六、同経　正観記　三本　宋戒度　三十九

七、同経　扶薪論　一本　同　四十
八、阿弥陀経義疏　一本　(宋) 元照　⑭
九、同　聞持記　三本　(宋) 戒度　⑮
一〇、華厳経捜玄記　十本　(唐) 智儼　⑯
一一、華厳経探玄記　二十本　唐法蔵　A、四十一
一二、華厳経刊定記　二十本　(唐) 慧苑　⑰
一三、妙法蓮花経疏義記　八本　梁法雲　四十二
一四、同経　疏　十二本　唐吉蔵　七十九
一五、同経　遊意　二本　同　四十三
一六、同経　玄論　五本　同　四十四
一七、涅槃経三徳指帰　十九本　宋智円　四十五
一八、大日経疏　二十本　唐一行　四十六
一九、同経　義釈　十四本　同　四十八
二〇、同経　疏　二本　唐不思議　四十七
二一、同　序　一本　(唐) 崔杖　⑱
二二、金剛頂経義決　一本　唐不空　C、⑲
二三、仏頂尊勝陀羅尼経疏　二本　宋法崇　東海⑳
二四、大般若経遊意　一本　(隋) 吉蔵　21

一二五、同　広疏十本　同　22
一二六、般若心経崆峒記　三本　（宋）守千　23
一二七、維摩経義記　八本　隋慧遠　四十九
一二八、同経　垂裕記　十本　宋智円　五十
一二九、同経　広疏　十四本　隋灌頂　五十一
一三〇、同　略疏　五本　（唐）吉蔵　24
一三一、無垢称経疏　六本　唐（窺）基　五十二
一三二、勝鬘経義疏私鈔　六本　唐明空　Ⅶ、25
一三三、楞厳経釈要鈔　六本　宋懐遠　五十三
一三四、楞伽経通義　六本　宋善月　五十四
一三五、解深密経疏　十本　（唐）円測　金陵　26
一三六、金光明経疏　十本　唐慧沼　金陵　八十
一三七、梵網経戒本義疏　三本　唐法蔵　五十五
一三八、同　義記　十本　（晋）慧遠　27
一三九、四分律行事鈔（資持記）四十二本　唐道宣・宋元照　五十六
一四〇、無量寿経論疏　十四本　（唐）慧影　28
一四一、十地論義記　八本　隋慧遠　八十一
一四二、中論疏　二十本　唐吉蔵　八十二

四三、百論疏　九本	同		八十三
四四、十二門論疏　四本	同	金陵	八十四
四五、瑜伽論記　四十八本	唐遁倫	金陵	五十七
四六、成唯識論枢要　四本	唐窺基	金陵	八十五
四七、弁中辺論述記　四本	同		五十八
四八、二十唯識論述記　三本	同		五十九
四九、百法（明門）論疏　一本	唐普光	金陵	六十
五〇、倶舎論記　三十本	（唐）普光		九十
五一、同　疏　三十本	（唐）法宝		九十一
五二、順正理論述文記　二十四本	元瑜		30
五三、異部宗輪論述記（発軔）三本	唐（窺）基	金陵	六十一
五四、華厳伝記　五本	（唐）法蔵		31
五五、纂霊記　六本	（唐）慧苑		32
五六、禅門章　一冊	（隋）智顗		B、33
五七、三観義　一本	同		六十二
五八、悉曇字記　一本	唐智広	金陵	六十三
五九、不空表制集　六本	唐円照		八十八
盧山蓮宗宝鑑　六冊			八十九

（その後余の代購せし書有り・九十一、九十二）

（近日東海君より左の数部を寄贈せられたり、此は楊氏の贈書に酬ひられたものである）

守護国界章　三本　最澄　九十二
秘密曼荼羅十往心論　十本　空海　九十三
真言十巻章　十本　空海　九十四
興禅護国論　一本　栄西　九十五
元亨釈書　十五本　師会（錬）　九十六

（右九十六部は已に送致し了れり）

六〇、大乗玄論　五本　（唐）吉蔵　六十四
観経疏　四本　唐善導　金陵　六十五
法事讃　二本　同　六十六
法事讃私記　二本　（日本）良忠　六十七
法事讃見聞　一本　六十八
観念法門　一本　（唐）善導　金陵　六十九
観念法門私記　二本　（日本）良忠　七十
観念法門見聞　二本　七十一
往生礼讃　一本　（唐）善導　七十二

往生礼讃私記　二本　（日本）良忠　七十三
往生礼讃見聞　二本　七十四
般舟讃　一本　（唐）善導　七十五
般舟讃私記　一本　（日本）良忠　七十六
般舟讃見聞　一本　七十七
（以上三項の書籍は、〈二十九～七十七〉の四十九部、二百八十八本、明治二十四年十月十日なり）
（別に善導著書〈六十五〉有り、及びその註解十三部〈六十六～七十六〉二十三本、此の中、最初の観経疏は、楊君の要求せられる別本なり。今之れ不可分なるが故に全部購得す、分けて二十三本左の如し）

六一、勧発菩提心集　三本　（唐）慧沼　XI、34
六二、雑集論述記　十本　（唐）基　29
（右六十一部見于『蔵外目録』）
六三、往生浄土論　六本　道安　35
六四、廬山集　十本　（隋）慧遠　36
（右二部は『蓮門経籍録』に見られる）

四、丙字単百十八種（一八九二年〈明治二十五〉九月）

阿弥陀経義疏　一冊　隋元照　（一）

一、阿弥陀経疏　二冊　唐基　（二）

二、同　義疏　一本　唐善導

三、妙法蓮花経義決　一本　唐慧沼

四、同　玄讃　十本　唐基

五、仁王般若経疏　三本　唐嘉祥吉蔵　（三）

六、同　疏　四本　唐円測　（四）

七、同　疏　七本　（唐）良賁　(6)

八、同　法衡鈔　六本　（唐）遇栄　（五）

九、金剛般若直解　一本　唐慧能

一〇、同　六祖解義　二本　唐普覚

一一、維摩経略疏　十本　隋智顗　リ島田

一二、同　玄義　三本　同　（七）

一三、同　経記　二本　唐湛然　（六）

一四、同　広疏　六本　唐《ママ》（隋）吉蔵

一五、同　遊義　一本　同

一六、楞厳経集解熏聞記　六冊　宋仁岳　（八）
一七、弥勒上生経疏　二冊　唐窺基　（九）
一八、同　新記　二本　宋元照
一九、金光明経順正記　三冊　宋従義　（一〇）
二〇、同経　疏　一本　唐吉蔵　（一六）
二一、薬師本願功徳古跡　二冊　（新羅太賢）　（一一）
二二、梵網経述記　四冊　唐勝庄　G、(7)
二三、同　疏証　三本　宋与咸　D
二四、同　疏　三冊　（晋）義寂　H、(8)
二五、同　注　二本　智因《ママ》（慧因）
二六、同　古跡記　二冊　（新羅）太賢　金陵　（一二）
　四分律含住戒本疏　二冊　道宣　（一三）
二七、四分律律妙《ママ》批（行事鈔批）　二十八本　（唐）太覚
二八、同　済縁記　八冊　宋元照　（一四）
二九、同　行宗記　八冊　同　（一五）
　（此の三部は不離の故に今戒本疏を加える）
三〇、同　飾宗記　十本　（唐）定賓
三一、十地論疏　一本　唐法蔵

三二、同　玄義　一本　唐《ママ》（隋）吉蔵　（一七）

三三、十二門論疏宗致義記　二冊　唐法蔵

三四、法華論疏　十三冊　唐《ママ》（隋）吉蔵　（一八）

三五、瑜伽論略纂　十六本　唐基

三六、応理宗戒図　十三本

三七、成唯識論演秘　十四冊　唐智周　（二一）

三八、同　義蘊　七本　（唐）道邑

三九、同　義演　十三本　（唐）如理

四〇、同　古跡　八本　亡名《ママ》（新羅太賢）

成唯識論枢要　四本　唐（窺）基　八十五、（一九）

四一、同　了義灯　十三冊　（唐）慧沼　（二〇）

（此れ唯識三箇疏と為す故に枢要を加える、〈一九〉、〈二〇〉、〈二一〉）

四二、因明入正理論義断　一本　（唐）慧沼　Ⅱ

四三、因明前記　二本　（唐）智周

四四、同　後記　二本　同

四五、同　纂要　二本　（唐）慧沼　Ⅲ

四六、倶舎論疏　五冊　（唐）神泰　I、(9)

華厳一乗分斉章義疏　五冊　道亭　J、(10)

四七、倶舎論頌疏　十四冊　唐円輝《ママ》（暉）　（二二）
四八、同論記　十二冊　遁《ママ》麟　（二三）
四九、同論鈔　六冊　（唐）慧暉　（二四）
五〇、同　序記　一本　盈《ママ》法（智証）
五一、遺教経論住法記　二冊　宋元照　（二五）
五二、釈群疑論　七冊　唐懐感　（二六）
五三、遊心安楽道　一冊　新羅元暁　金陵　（二七）
五四、無量寿讃　十一本　宋元照
五五、義苑疏　十本　宋遊亭
五六、五教章復古記　六本　（宋）師会　Ⅳ
五七、集成記　六本　（趙宋）希廸
五八、析薪記　二本　（宋）観復
五九、焚薪　二本　（宋）師会
六〇、華厳経骨目　二冊　唐湛然　（二八）
六一、発微禄　一冊　宋浄源　（二九）
六二、賢首伝　一冊　新羅崔致遠　（三〇）
六三、大乗止観法門宗円記　五本　宋了然　Ⅴ
六四、玄妙門　一本　隋智顗

六五、法華伝記　三冊　唐増祥　（三一）
六六、増修教苑清規　四冊　隋自慶　（三二）
六七、法門大義　一本　晋羅什
六八、二諦章　三冊　唐《ママ》（隋）吉蔵　K、(11)
六九、決択章　二本　唐智周
七〇、法苑補闕章　三冊　唐慧沼　（三三）
七一、慧日論　四冊　同
七二、四分律比丘尼鈔　三本　唐道宣　（三四）
七三、仏制六物図　一本　宋元照　（三五）
七四、義楚六帖　二十六冊　宋義楚　（三六）
七五、祖庭事苑　二冊　宋善郷　（三七）
七六、芝園集　三本　宋元照　カ南條
（以上七十六種は蔵外目録に見える）
七七、八宗綱要講解　六　（和文）福田義道
七八、浄土源流章　一冊　（日本）凝然　（三八）
七九、略述法相義　三冊　聞証　（四〇）
八〇、三国仏法伝通縁起　一冊　（日本）凝然　（三九）
八一、称讃浄土経駕説　四冊　月筌　L、(12)

八二、易行品冠注　（日本）単冏　VI
（以上六種は西村空華堂書目に見える、是れ支那文、即ち代購を請う）
八三、三談（論《ママ》）玄義　二冊　吉蔵　（四一）
八四、阿毘達磨倶舎論図　一本（枚摺）（日本）大嶺　VII
八五、諸宗総係譜図　一本　（枚摺）（日本）大嶺　VIII
八六、唯識略解　十冊　吉蔵（日本良光）　（四二）
八七、法苑義鏡　四冊　（日本）善珠　（四三）
八八、華厳五教章（傍注）一冊　（唐）法蔵　（四四）
八九、同　冠注　十冊　（日本）観応　（四五）
九〇、華厳孔目章　四冊　（唐）智儼　M、(13)
九一、悉曇蔵　四本　（日本）安然　（四九）
九二、悉曇揃　五本　E、
九三、法相大乗玄談　二本
九四、起信論義記　三冊　（唐）法蔵　（四六）
九五、同　別記　一冊　（唐）賢首　N、(14)
九六、同　海東別記　二冊　（新羅）元暁　O、(15)
九七、同　海東疏　二冊　同　（四七）
九八、同　慧遠疏　二本

九九、同　一心二門大意　一本　（隋）智顗　Ⅸ
一〇〇、同　教理抄　十冊　（日本）湛睿　（四八）
一〇一、略摂八転義　一冊　（日本）法住　（五〇）
一〇二、釈浄土群疑論（唐懐感撰）
一〇三、律宗綱要　一本　（日本）凝然　X
一〇四、八宗論　一本　（和文）
一〇五、仏法簡要捷経録　二本　（和文）
一〇六、梵網経要解　六本　同
一〇七、書籍目録　六本　同
一〇八、日本往生全伝　六冊　P、(16)
一〇九、迦才浄土論　三十一冊　（唐）迦才　（五一）
一一〇、雑集論述記　十冊　Q、(17)
（景祐天竺字源）　R、(18)
（以上二十八種は、文昌堂蔵版目録に見える。是れ支那文、即ち代購請う）
一一一、華厳隋文手鏡　一百本　唐證観
一一二、禅源語経集　（唐）宗密（蔵内の右序僅かなり、比の集に約数十本有り。貴国に有存するは請購の一部の如し）
一一三、楞伽経疏　七本　唐法蔵（入楞伽心玄義の代購を承るは、即ち此疏の前なり）

一一四、法華経疏　七本　同
一一五、法界無差別論義疏　一冊　同　（五二）
一一六、華厳策林　一本　同
一一七、同　三昧観　一本　同
一一八、華蔵世界観　一本　同
（以上一一三～一一八の六種は賢首伝に見える）
（右丙字単内の（一）～（五二）部合計二百四十三冊なり。右は壬辰九月二十五日）

附、その他楊仁山の請求にはなかったけれども送致した書籍を左に掲げると次の如くである。

一、華厳行願品疏鈔併科文　七冊　（唐）澄観
二、十二門論疏　四冊　（唐）（窺）基
三、因明論大疏　三冊　窺基　ロ赤松
四、因明大疏瑞源記　八冊　（唐）（窺）基・（日本）鳳譚　タ南條
五、因明論十題　二冊　宋知礼　ハ赤松・レ南條
六、四明十義書　二冊　宋知礼
七、一六、大唐内典録　八冊　（唐）道宣
八、四分律含住戒本疏　二冊　（唐）道宣　（一三）
九、梵語千字文　一冊　義浄

一〇、五会法事讃　一冊　（唐）法照　イ赤松
一一、羯磨疏　八冊　唐南山　ヨ南條
一二、景佑天竺字源　三冊　写本　（唐）賛寧
一三、僧史略　一冊　（唐）賛寧　金陵　ト赤松
一四、四書籍益解　一冊　智旭
一五、倶舎論疏　四冊　写本　神泰
一六、略述法相義　三冊　聞証
一七、選択決疑針　五冊　良忠　ネ南條
一八、起信論義疏　五冊　良忠
一九、大乗対倶舎鈔　十四冊　源信
二〇、顕戒論　三冊　最澄　ヌ島田
二一、講演法華儀　二冊　円珍　ソ南條
二二、日本往生全伝　六冊
二三、成唯識論義蘊　二冊　道邑
二四、阿毘達磨倶舎図　一枚　大嶺
二五、観心覚夢鈔　三本　良遍　f赤松
二六、護法漫筆　一本　松平冠山　g赤松
二七、続日本高僧伝　二冊　道契　チ赤松

二八、阿弥陀経幣帯録　三冊　慧鐺　ニ赤松
二九、辟邪集　二冊　ホ赤松
三〇、辟邪集管見録　二冊　ヘ赤松
三一、蔵外目録　一冊　写本　十一
三二、航西詩稿　一冊　南條文雄
三三、龍蔵目録　一本　h
三四、法輪宝懺　八本　i
（此の書既に全蔵提要するが故、或は閲蔵に属し津之類と知る、果然の如く則ち一本請恵す）
三五、釈教最上乗秘密蔵陀羅尼集　三十六本　行琳　37
三六、法苑義林西玩記　六本　唐（窺）基　38
三七、因明入正理論過類疏　一本　同　39
三八、百法明門論決頌　一本　同　40
三九、大乗瑜伽劫章頌　一本　同　41
四〇、新編随順往生集　二十本　非濁　42
四一、百法論疏　二本　義忠　43
四二、大方広仏華厳経疏随品讃　十本　御制　44
四三、大方広仏華厳経論　百本　霊辨　45
四四、広品歴章　三十本　玄逸　46

四五、金剛宜演疏　六本　道氤　47
四六、瑜伽師地論帙記　二十本　崇邁　48
四七、法論　十六帙百三巻　宋明帝勅中書伺郎陸澄撰　49
四八、神変疏鈔　50
四九、曼孥羅疏鈔　51

（右の外晋の道林、道生の顕す所の諸論の名を記して、切に之を得んことを楊氏より請い来れり、其書信は今は余の許に無し、故に其諸論の名を記すること能わず、之を要するに漢土の諸師の著述にして其書目を知りて其書を見ること能わざるより求めくることとなれば、願わくば其望に副い、併せて本邦の大乗相応の法城たることをも知らしめんと欲する而已、顕常、慈周二師は百年前に自ら発起して寄贈せんとせしも、時未だ至らずして止めり、今や彼土より求め来る、豈時機純熟の秋と謂わばさるべけんや、故に課余に筆を奔して此贈書始末を記し、余の知己者に示すこと爾り、時維明治二十四年十二月五日夜、東京麴町区元園町爪雪処に識す（完結））『贈書始末』第一編

五、丁字単二十種（一八九六年〈明治二十九〉八月二十日）

（『与日本南條文雄書十』『贈書始末』第八編による。「丁字単を求め代購するは章疏開列の後なり」）

一、法華五百聞論　三巻　湛然　刻本　南條1
二、略止観　六巻　梁粛（世に刪定止観と称す）　刻本　南條2
三、禅門要略　一巻　智者　赤松・前田2
四、随自意三昧　一巻　台山（此れ恐らくは縮刷大蔵経陽帙第四巻天台宗章疏第二法華経安楽行義と同本、仏

祖統起《ママ》（「仏祖統紀」）南岳伝に南岳安楽行義を随自意安楽行と為す故に云う）

五、金剛般若疏　二巻　（窺）基　　未詳其存否1

六、般若心経疏　一巻　靖邁　写本　　南條6

（右六部南條文雄贈呈）

七、対法論鈔　七巻　窺基　　未詳其存否2

八、華厳雑章門　一巻　法蔵　（此れ寄贈三宝章等七章と同じ故此を省く）

九、三聖円融観　一巻　澄観　刻本　　金陵　赤松・前田1

一〇、心要　一巻　澄観　合巻・写本　　赤松・前田3

一一、五蘊観　一巻　澄観　　未詳其存否3

一二、金剛般若略疏　一巻　　未詳其存否4

一三、註金剛般若　一巻　僧肇　（謄写にて将に成ずべし）

一四、龍女成仏義　一巻　源清　　金陵　赤松・前田4

普賢観行法門　法蔵　合巻　写本　　赤松・前田5

（赤松君云く、普賢願行法門は丁字単内所に記せず、以て其れ法蔵に係わると作すが故に之を加える）

（以上十四種、諸宗章疏に照らし、録内栴圏有る者を録出す）

一五、金七十論校註　三巻　　南條3

一六、起信論校註　一巻　　南條4

一七、八宗綱要考証　二巻　　南條5

（以上）三種東華和尚著述）

八、大乗起信論義記　法蔵　　未会合の本　　　　　未詳其存否5

九、観無量寿仏経疏　元照　　未会合の本　　　　　未詳其存否6

二〇、大乗密厳経疏　三巻　法蔵（此の書原に四巻有り、現存此写本にして、その第一巻を缺す、未だ謄写を成ぜず）

以上、送致した典籍の目録をまとめてみると次のようである。

一、右甲単内の①〜⑪は楊氏の甲字単内の書である。

二、右二十九〜三十六の八部は同じく甲字単内の書である。

三、右a赤松〜e赤松の五部は閣下の甲字内の未得の書なりである。

四、右　ワ南條、a赤松〜e赤松、東海①〜東海⑪とは、南條文雄、赤松連城、東海玄虎の各氏が購入して別に送ったものである。

五、乙字A〜Cは乙字単内の書である。

六、右三十七〜六十四の二十八部は乙単内の書である。

七、右乙単⑫〜⑳、21〜36は、楊氏の乙字の単内の書である。

八、丙字単内の⑹〜⒅は、十八部八十八冊である（十月十二日）。

九、一〜十は右甲字単内の書である。

十、三十七〜六十四の二十八部は乙単内の書である。

十一、右丙字単イ赤松～チ赤松の八部は、赤松連城君寄贈。
十二、右丙字単の島田リ・ヌ島田の二部は、島田蕃根君寄贈合計二十部七十三冊三月二十六日『贈書始末』第六編。
十三、右丙単の南條ル～南條ネの十部は南條文雄寄贈。
十四、以上右丙単のイ～ネ二十部は七十三冊である。
十五、右37～51は、十二月五日（『贈書始末』第八編）。
十六、右A～Rの十八部八十八冊は十月十二日（『贈書始末』第三編）。
十七、右Ⅰ～Ⅻの十部二十九冊、並びに図二枚の合計十二部は十一月十日（『贈書始末』第三編）。
十八、aないしlの中、fgは日本人の著者、a～eの五部甲単内の未得の書ですべて十二部は、十二月四日送致（『贈書始末』第四編）。なおj～lの三部は楊仁山から送られてきているのでそちらの方に入れた。
十九、金陵とあるのは金陵経刻所で翻刻されたものである。

なお、一八九二年十二月十六日時点で、南條文雄は、

甲乙丙、及び別単書目の中で、未得者は、尚六十四部。東西二京に書肆を切して之れ有らず。今後当に得に随い贈に随うなり。

と述べているが如く、東京と京都の本屋で探しても六十四部が未だに入手困難であるが、今後入手次第送るつもりであるというのである。たまたま丁字単の書籍の送致は、一八九六年八月であった。それでもこの時点で百六十種近くが送られたことになる。

第二節　中国より日本へ送られた書籍

（一八九一年八月二日　奉贈経五十本、左に開列する）

一、夢遊集　二十本
二、観楞伽記　四本
三、起信論纂註　一本
四、起信論直指　一本
五、居士伝　六本
六、善女人伝　一本
七、老荘註解　四本
八、一行居士集　四本
九、中庸直解　一本
一〇、仏爾雅　一本
一一、肇論略註　二本
一二、円覚経近釈　一本
一三、心賦註　四本

（一八九一年九月二十六日）
一四、閲蔵知津　十本
一五、六妙法門　入楞伽心玄義　一本
一六、弥陀疏紗　五本
一七、竜蔵目録　一本
一八、徽墨　四盆
一九、茶叶　四瓶
（以上一四〜一九は南條文雄宛）
二〇、閲蔵知津　十本
二一、六妙法門　入楞伽心玄義　一本
二二、徽墨　四含
二三、茶叶　四瓶
二四、弥陀疏紗　五本
（以上二〇〜二四は東海玄虎宛）
二五、竜蔵目録
二六、法輪宝懺　八本
二七、中庸直指　一本
二八、仏爾雅　一本

二九、四書小参　一本　1

三〇、藕益四書解　三本

三一、閲蔵知津　十本

三二、弥陀疏鈔　五本

三三、六妙法門、入楞伽心玄義　一本

（以上二五～三三は赤松連城宛）

三四、往生（浄土）論注《ママ》（註）附略論浄土義讃阿弥陀仏偈　日本刊本翻刻　金陵　魏曇鸞著

三五、勝鬘経義疏　三冊　日本上宮太子疏　金陵　唐明空

三六、無量寿経義疏　日本刊本翻刻　金陵　隋慧遠撰

三七、観無量寿経四帖疏会本　日本刊本翻刻　金陵　唐善導集記

三八、安楽集　日本刊本翻刻　金陵　唐道綽撰

三九、三論玄義　日本刊本翻刻　金陵　唐《ママ》（隋）吉蔵撰

四〇、成唯識論述記上下二函　二十冊　日本刊本翻刻　金陵　唐窺基撰

（以上三四～四〇は、先に送ったものを再度翻刻して送られてきた書）

四一、華厳十明論　一本

四二、弥陀要解　一本

四三、華厳決疑論　二本

四四、三経約論　一本

四五、華厳呑海集　一本
四六、竜舒文　二本
四七、華厳要解　一本
四八、念仏警策　一本
四九、賢首五教儀　二本
五〇、浄土聖賢録　六本
五一、五教開蒙　一本
五二、楽邦文類　五本
五三、御選語録　十四本
五四、梵室徹悟　一本
五五、禅林僧宝伝　三本
五六、西帰直指　一本
五七、智証伝　一本
五八、西方公據　一本
五九、高峰語録　一本
六〇、紫柏集　十本
六一、禅源諸詮序　一本
六二、続原教論　一本

六三、林間録　二本
六四、一乗決疑論　一本
六五、妙玄節要　二本
六六、浄土十要　四本
六七、楞厳合轍　十本
六八、浄土指帰　二本
六九、金剛決疑　一本
七〇、省菴語録　二本
七一、金剛宗通　二本
七二、念仏百問　一本
七三、金剛破空　一本
七四、東林高賢伝　一本
七五、梵網合註　五本
七六、式本箋要　一本
七七、四十二章三経解　一本
七八、四十二章仏道教守遂註　一本
七九、帰元鏡　一本
八〇、入楞厳蒙鈔　二十本

八一、釈氏稽古略　五本
八二、選仏譜二本附図一枚
（以上四一～八二の四十二部一百二十三本、図一枚は、南條文雄に奉贈）
八三、起信裂網疏　二本
八四、法句経　一本
八五、翻訳名義集選　一本
八六、造像量度経　一本
八七、道徳経解　二本
八八、荘子内篇註　二本
八九、無量寿三経論　一本
九〇、一切経音義　四本
九一、釈迦仏坐像　一張
九二、霊山法会　一張
（以上八三～九二の八部十四本又図二張は、赤松連城に奉贈）
九三、御選語録　十四本
九四、宗鏡大綱　五本
（以上九三・九四の二部十九本は、島田蕃根に奉贈）

大小乗釈経部　（左記は提供者）

九五、楞厳経集注　十本　宋思坦　懐寧叶子珍
九六、楞厳秘録　十本　写本　一松　石埭楊文会
九七、法華大竅　八巻　摺本　明通潤　四川僧玉
九八、法華文句纂要　十四巻　清道霈　石埭陳鏡清
九九、法華大成　九巻　清大義　金陵秦谷
一〇〇、法華玄讖証釈　十巻　智詮　天台僧敏義
一〇一、金剛経疏記科会　十巻　唐圭峰疏　宋長水記
明大　科会　石埭陳鏡清
一〇二、金剛三昧経通宗記　十二巻　清震　金陵費蓉生
一〇三、大乗本生心地観経浅注　八巻　清来舟　揚州尼宝来
一〇四、観無量寿仏経疏鈔会本　三巻　智者疏　知礼鈔
明真覚会巻　金陵尼円音
一〇五、四十二章終疏鈔　五巻　清続法　金陵尼円音
一〇六、金剛経輯　二巻　明広伸　金陵僧空浩
一〇七、金剛経演古　一巻　清寂焰　金陵僧彼岸
一〇八、心経略疏小鈔　二巻　唐法蔵疏明銭謙益鈔　杭州僧一願

大小乗釈律部
一〇九、梵網経直解　四巻　明寂光　石埭楊文会
大小乗釈論部
一一〇、大乗起信論続疏　二巻　写巻　明通潤　石埭楊文会
一一一、成唯識論集解　十巻　明通潤　石埭楊文会
法相宗著述部
一一二、唯識開蒙　二巻　元云峰　揚州釈観如
律宗著述部
一一三、毘見関要　十六巻　清徳基輯　金陵釈月霞
一一四、四分戒巻約義　四巻　清元賢述　金陵釈空浩
一一五、沙弥合参　三巻　清済岳彙箋　揚州釈清梵
浄土宗著述部
一一六、角虎集　二巻　明済能　金陵釈彼岸

禅宗著述部

一一七、宗鏡録具体　二十四巻　明陶爽齢座　明史孝復記　石埭女士明悟

一一八、宗門占古彙集　四十五巻　清浄符彙集　石埭女士深

一一九、馬祖百丈黄檗臨済四家語録　六巻　明解寧刻　石埭楊文会

一二〇、万峰蔚和尚語録　一巻　明普寿集　石埭楊文会

一二一、笑岩宝禅師南北東　二巻　明曇芝編輯　明真景記録　石埭楊文会

一二二、先覚集　二巻　清陶明潜輯　石埭楊文会

史伝部

一二三、釈氏通鑑　十二巻　宋本覚　秋浦女士郎宛卿

一二四、南宋元明僧宝伝　十五巻　続禅林僧宝伝後　清自融　杭州沈明哉

一二五、補続高僧伝　二十六巻　明明河　北京龍泉寺

一二六、五灯全書　百二十巻　清超永編輯　石埭楊文会

雑著部

一二七、仏法金湯征文録　十巻　明姚希孟輯　高郵釈普航

増寄釈典六種

一二八、	御制　束魔辨異録	四本	雍正皇帝	普陀僧印光
一二九、	金剛般若経解	一本	唐慧能	長沙曹顕宗
一三〇、	法華撃節	一本	明徳清	石埭楊文会
一三一、	華厳合論簡要	二本	明李贄	石埭楊文会
一三二、	仏祖宗派世譜	二本	清悟進	焦山僧昌道
一三三、	徹悟禅師語録	一本	清際醒	

（以上九五～一三三の三十九部は、蔵経書院へ寄贈）

以上で明らかなように、楊仁山から日本に送られてきたものは、明朝・清朝時代当時の日本ではこれまで見ることができなかった仏教以外の典籍（ただし経典は『法句経』『造像量度経』のみ）も含め百三十三本の書籍であった[4]。そして、南條文雄と楊仁山の書籍交換は、単に両名の個人的交流にとどまらず、日本からは赤松連城、島田蕃根、東海玄虎、中野達慧。中国からは金陵、廬山、揚州、四川など各地の僧侶も加わり、日中の仏教交流に発展するものであった。

今、南條文雄と楊仁山の書籍交換に関しては、『大日本続蔵経』編纂委員の中野達慧も、

先ず是れ南條博士を介して金陵仁山楊君に請うて秘籍を捜訪す。未だ幾して得ずして浙寧廬山寺の式定禅師と法門の交を結び、雁魚往来すること幾十回か知らず。二公皆此の挙を嘉ぶ。或いは親自ら検出し、或いは人を派し旁捜し、以て目録未収の書を集め而も寄送されることを見ば、前後数十次、幸にして多くの明清両朝の仏

典を獲る。予一書に接する毎に歓喜頂受するは趙壁を獲た如くで、礼拝薫誦し、釈手に忍ばざるなり。(5)(6)

と述べている。中野は、先ず楊仁山の献身的な業績をたたえている。『大日本続蔵経』編纂の時には、南條文雄を通して、楊仁山からなかなか入手困難にして、なおかつ珍しい書物を送ってもらった。そしてさらに廬山寺の式定禅師との出会いを通して中国の禅関係の典籍も送って貰い、その間、書簡の往復は数十回であったという。中野達慧は、楊仁山と式定禅師の二師により、それまで日本にはなかった明清両時代の貴重な典籍を何十回となく送って貰ったことに深く歓喜を以て感謝しているのである。

最後に、筆者にとって意外であったことは、南條文雄等から送られた経典の内、金陵刻経所で翻刻されたのは僅かに二十一部の経典のみであったことである。もとより法然・親鸞の著書の翻刻は、楊仁山の教理上できなかったかもしれない。前掲の三四『浄土論註』(『往生論注』)より四〇『成唯識論述記』を日本に送ってきたが、それにしても金陵刻経所の翻刻を少なく感じるのは筆者のみであろうか。

註

(1) 陳継東『清末仏教の研究』(山喜房佛書林刊・二〇〇三年)資料篇の、Ⅰ『学窓雑録』、Ⅱ『贈書始末』、Ⅲ『清国楊文会請求南條文雄氏送致書目』参照。じつは、特にⅡ『贈書始末』、Ⅲ『清国楊文会請求南條文雄氏送致書目』の二書は、石川文化事業財団お茶の水図書館のご厚意で閲覧を許されたが、限られた開館時間と、名古屋の遠隔地からの閲覧は不便を感じていた。そんな中、陳継東博士のご尽力により同書が公開され、大いに学恩に浴すことができた。

(2) 赤松連城(一八四一~一九一九)は、浄土真宗本願寺派の僧。ヨーロッパ留学の後、島地黙雷らと本願寺改革運動を断行する。町田久成(一八三八~一八九七)は、幕末の薩摩藩士で、イギリス留学の後、東京国立博物館の初代館長に就任。後出家して三井寺光浄院住職となる。島田蕃根(一八二七~一九〇七)は、仏教学者。弘教書院を設立し、『縮刷大蔵経』を刊行。東海玄虎は（佐藤茂信）と改名、詳細不明。いずれにしても南條文雄の交友の広さが知られる。

（3）南條文雄と楊仁山との書籍交流については、前掲『清末仏教の研究』「第三章南條文雄らとの交流」に詳しく論じられている。

（4）これらの交流の経緯については、陳継東博士が詳しく調査して報告している。前掲『清末仏教の研究』の第三章「南條文雄らとの交流」の第二節「日本伝来の仏教典籍」の、第一項「『清国楊文会請求南條文雄氏送致書目』と楊文会の四つの書目」（一四八頁）と、第二項「南條文雄らへの送致書目」（一五七頁）、第三節「南條文雄への寄贈書目」の第一項「『贈書始末』における楊文会からの送致書目」（一六〇頁）と、第二項「日本『卍続蔵経』と楊文会」（一六七頁）をそれぞれ参照。

（5）『大日本続蔵経総目録』（蔵経書院刊・一九六七年）四二～四三頁。

（6）『大日本続蔵経編纂印行縁起』四三頁。

第三章　『真宗教旨陽駁陰資弁　全』における論争

はじめに

中国清代末期の居士仏教の代表者楊仁山（楊文会）は、日本仏教、就中、浄土真宗に対して仏陀釈尊の教説と異なる点があると種々指摘して批判を加えている。そして、楊仁山と小栗栖香頂は国を超えて、何度も書簡を往復して論争を繰り返していったことは既説の如くである。

具体的には、法然の『選択集』に対して、先ず楊仁山が『評選択集』を著して批評すると、小栗栖香頂は『念仏圓通』を著して反論した。すると楊仁山は『評小栗栖念仏圓通』で再び駁論するのである[1]。

一方、小栗栖香頂が、中国開教のために①『真宗教旨』一八七六年（明治九）を出版した。

それに対して楊仁山が②『評真宗教旨』一八九八年（明治三十一）を著して、日本浄土教を批判した。

続けざまに、今度は小栗栖香頂が③『真宗教旨陽駁陰資弁』（以下『陽駁陰資弁』と略す）一八九九年（明治三十二）の五月から六月に著して反論した。

すると楊仁山が④『評小栗栖陽駁陰資弁』（『評陽駁陰資弁』と略す）一九〇〇年（明治三十三）を著して再び反論するのである。

そして、これらの論争を合本の形式にして発刊されたのが、⑤『真宗教旨陽駁陰資弁』（大谷大学所蔵の写本、一八九九年（明治三十二）五月三十日起草、六月七日卒業）である。

その後、小栗栖香頂が病に伏したので、今度は飛騨高山の龍舟（俗名内記）が⑥『陽駁陰資弁続貂』（以下『続貂』と略す）一九〇一年（明治三十四）を五月に著して反論するのであるが、楊仁山はこれ以上論争を繰り返しても平行線をたどるだけであると判断して、書簡を返還して議論を謝絶したのである。

筆者は、これまでの著作の中で、小栗栖香頂の『真宗教旨』に対する楊仁山の批判書『評真宗教旨』の一部について考察してきたが、(2)今回、小栗栖香頂・楊仁山の論争の合本『真宗教旨陽駁陰資弁　全』（『続貂』も含む）により、『真宗教旨』第一号「七祖」から第十一号「諸式」までを順を追って考察し、楊仁山・小栗栖香頂・龍舟の論争の展開を確認していくこととする。

第一節　真宗七高僧の師資相承

以上こうした歴史的背景より出版された『真宗教旨』の第一号「七祖」（附篇一九五頁参照）について検討していくこととする。

『真宗教旨』では、

第一祖龍樹菩薩

祖其作易行品。而不祖其講布華厳中論。

第二祖天親菩薩

祖其作浄土論。而不祖其講布倶舎唯識。

第三祖曇鸞大師

祖其作往生論註。而不祖其講布四論。

第四祖道綽禅師

祖其作安楽集。而不祖其講布涅槃経。

第五祖善導大師

祖其一向専称弥陀仏名。而不祖其持戒禅定。

第六祖源信和尚

祖其念仏為先。而不祖其講布天台部。

第七祖源空大師

祖其念仏為本。而不祖其円頓戒。

と述べている。

ここでは真宗の七高僧そのものを紹介する。一瞥して理解できるように、真宗では七祖の教学の中で自力聖道に関する内容はすべて排除している。つまり、七祖の教学に対して取捨選択が行われているのである。故に楊仁山は『陽駁陰資弁』で、

上句を存し、下句を刪らば、聖道を掃拂する弊を免れるべし。

と批判するのである。

楊仁山は、一方を取って一方を捨てることは間違いであると強く主張するのである。

じつは小栗栖香頂は、法藏館本『真宗教旨』第三章「七祖要領」では、七高僧について詳しく述べている。[3] つまり、七祖の教判を難行・易行、聖道・浄土、漸教・頓教の三点に分類して、言葉はそれぞれ異なるが意味は同じであると説いている。

先ず初祖龍樹は、

仏法に無量の門有り、世間の道に難有り易有り、陸道の歩行は則ち苦しく、水道の乗船は則ち楽しきが如し。菩薩の道も亦是くの如し。或いは勤行精進のもの有り、或いは信方便の易行を以て疾く阿惟越致地に至る者有り。[4]

と述べているが、小栗栖香頂は「六度万行」を「難行」として、「念仏」を「易行」として捉えている。

次に第二祖天親は、

菩薩は是の如く五門の行を修し、自利利他にして速やかに阿耨多羅三藐三菩提を成就したまえることを得たまえるが故に。[5]

と述べているが、これも小栗栖香頂は、「速得」を易行道に配し、「非速得」を難行道に配して、易行道を挙げて影で以て難行道を明かすことは、全く初祖と同じであるという。

次に第三祖曇鸞は、

難行道は謂わく、五濁の世に於いて、無仏の時に於いて、阿毘跋致を求めるを難と為す。（中略）唯是れ自力にして他力の持つ無し。斯くの如き等の事目に触るるに皆是なり。譬えば陸路の歩行は則ち苦しきが如し。易行道とは、謂わく但だ信仏の因縁を以て浄土に生ぜんと願ずれば、仏の願力に乗じて便ち彼の清浄の土に往生を得。仏力住持して即ち大乗正定聚に入る、正定は即ち是れ阿毗跋致なり。譬えば水路に船に乗ずれば便ち楽しきが如し(6)。

と述べ、これも龍樹の難行陸路・易行水路の二道の判釈と同じであるという。

次に第四祖道綽は、聖道・浄土の二門を立てて一代を判教するのである。

大乗の聖教に依るに、良に二種の勝法を得て以て生死を排らわざるに由りてなり。是れを以て火宅を出でず。何者をか、二と為す。一には謂わく聖道、二には謂わく往生浄土なり。其の聖道の一種は今の時に証し難し。一には大聖を去ること遙遠なるに由る。二には理深く解微なるに由る。是の故に『大集月蔵経』に云く「我が末法の時の中に億億の衆生、行を起こし道を修せんに未だ一人も得る者有らじ。当今は末法にして、現に是れ五濁悪世なり。唯浄土の一門有りて、通入すべき路なり(7)」と。

と述べている。

法然もこの文により「此の中に難行道というは、即ち是れ聖道門なり。易行道というは即ち是れ浄土門なり(8)」としている。五濁悪世の末法の時代に生きる衆生は、唯浄土の門に通入するより方法はないという。

次に第五祖善導は、

今この観経は、菩薩蔵に収む、頓教の摂なり(9)。

とか、

瓔珞経の中には漸教を説けり、万劫の功を修して不退を証す、観経弥陀経等の説は、即ち是れ頓教なり菩提蔵なり(10)。

と述べている。

ここでは聖道門を漸教と為し、浄土門を以て頓教として、それこそ難易二道と同じ根拠を以ていうのである。小栗栖香頂は、善導は浄土門を釈迦教要門と弥陀教弘願に分けて説いていると指摘している。

次に第六祖源信は、

夫れ、往生極楽の教行は濁世末代の目足なり。道俗貴賤誰か帰せざる者あらん。但し顕密の教法は其の文一に非ず。事理の業因は其の行惟れ多し。利智精進の人は未だ難しと為さず、予が如き頑魯の者は豈敢てせんや。是の故に念仏一門に依りて、聊か経論の要門を集む。之を披き、之を修するに、覚り易く行じ易し(11)。

と述べている。小栗栖香頂は、顕密教法を聖道難行、念仏を浄土易行としている。それが覚り易く行じ易いことであるという。

最後の第七祖法然は、

設い先に聖道門を学せる人なりと雖も、若し浄土門に於いて其の志有らば、須く聖道を棄てて浄土に帰すべし。例せば、彼の曇鸞法師は四論の講説を捨てて一向に浄土に帰し、道綽禅師は涅槃の広業を閣きて、偏に西方の行を弘めしが如し。上古の賢哲猶お以て此くの如し。末代の愚魯、寧ろ之に遵わざらんや(12)。

と述べている。

法然に至ると、聖道浄土の判釈から一歩進めて、聖道を棄てて浄土に帰すべしと、より厳しい取捨選択の立場に徹していくのである。

龍樹より源信までは容認できても、法然は絶対受け入れることができないというのが楊仁山の一貫した考え方であることは、『評選択集』を見れば明らかである(13)。つまり、廃立は決して認められないということがよく理解できる。それに対して『真宗教旨』は、真宗七祖の師資相承の趣旨を述べたものである。曇鸞・道綽ですら聖道を棄てて浄土に帰したのであれば、末代の愚鈍のものが従わないわけにはいかないであろうと法然はいうのである。

第二節　龍樹の難易二道に関する論争

楊仁山は、『評真宗教旨』で、[14]

十余年前、真宗教旨一巻を獲、悉心に研究せば、経意と合せざる所頗る多し。遂に末議に参じ、以て芻蕘之採に備う。鄙人直心の道を論ず。忌諱を避けず、謂う所の箇の中の人、方に箇の中の事を談ず。

と具体的に批判を加えるのである。今ここでは、浄土真宗の教判と伝統を踏まえ、難易二道について考察していく。

楊仁山は、『楊仁山全集』（二〇〇〇年刊・黄山書社）の至る所で仏教を学ぶ姿勢としては、どこまでも経典に忠実でなければならないと主張している。そしてさらに、日本の真宗教学は、経典を重要視するというより、高僧の註釈に重きを置き過ぎるというのである。この楊仁山の主張は一理ある。例えば、親鸞は善導の、

寧ろ今世の錯りを傷みて仏語を信ぜよ。菩薩の論を執して、以て指南とすべからず。[15]

の文を以て、どこまでも「仏語」によれ、論釈の指南によることなかれということは十分承知しているはずである。この点は後の第六号「三願」に関する項で詳説するが、親鸞はどこまでも本願念仏の歴史の中に参画することにより、それが強いては善き人法然に出遇い、七高僧の歴史と出遇うのである。仏語によることの重要性を知りつつ、仏語の真理そのものを受け止めていった具体的な人々の歴史的・社会的変遷を大切にしていったのが親鸞である。ところが、楊仁山は、そのような親鸞的理解を承けて書かれた『真宗教旨』に対して理解できなかった。そこでこれから『真宗教旨』に対して批評を加えたいというのは当然の成り行きといえる。だから、楊仁山は、自己の信念・主張を曲げることはしないが、「芻蕘」「鄙人」[16]の表現よりすれば、小栗栖香頂に対して自身を卑下し、また謙

遜しながら、なおかつ敬意を表して論を進めていることが筆者にもよく理解できる。楊仁山は、それぞれの人にそれぞれの事柄があってもよいというのである。

楊仁山の実直な意見に対して、小栗栖香頂も、同じく『陽駁陰資弁』で、

箇の中の人は、箇の中の事を談ず、余情恋々として、貴君の厚情を知るに足れり。経意と合せざるの言に至りては、余輩また直心に道を論じて忌諱を避けず。請して之を諒せよ。

と柔和に反論している。

小栗栖香頂も、個人個人のそれぞれの考えを尊重する楊仁山の厚情に感謝し、誠実に仏道の教えに照らして論じていく基本的姿勢を表明している。

そこで楊仁山は、龍樹の教学の問題に入る前に、難易の問題について、『陽駁陰資弁』で、

末法の時の人は、業重く、障深くして聖道を修習するに、進み難く退き易し。人を尽くして之を知れり。但し、諸を語言文字に形す。祇に隠含にすべし。顕露にすべからず。若し直ちに言い捨てれば、則ち聖教に違す。聖教に違すれば、便ち往生を障うや。

と、真宗に対する批判を述べるのである。

周知の如く仏教では、正像末の三時が説かれる。殊に末法の時代に生きる人々は、重い宿業を背負い、深い障碍に覆われているのが現実といえよう。そうした中で、楊仁山は、聖道を修習するのは難しく、なかなか進むことができず、ともすれば安易に退きがちであることを自省し、それを知ることの必要性を強調している。つまり、言語文字の形態を考えた時、奥に隠されている意味が大事であって、あまり表面に顕われたことに執すべきでないことは理解できる。文字は決して一義的でないはずだからである。故に、龍樹の難易二道を安直に捉えて一方を取り一

方を捨てるようなことをすれば、それこそ聖教に違い、往生の障げとなるのではないかというのが楊仁山の主張である。

すると今度は、小栗栖香頂が、『陽駁陰資弁』で、

> 本宗は之れ一代教を視るに二門有り。一には差別門。二には平等門。差別門は、則ち聖道門の外に別に浄土門を立つ。平等門は則ち浄土門の外に別に聖道門無し。一代八万四千の門は、尽く念仏の門戸と為すなり。此土入聖を聖道門と為す。浄土往生を浄土門と為す。此土の成仏と他土の成仏と、天淵夐に別なり。この差別門を以て、化を内外に施す。勢い聖道を捨てて浄土に入らざるを得ず。末法重障なれば、此土入聖は則ち難し。浄土得生は則ち易し。本宗は其の難を捨て其の易に就くなり。断々や、顕露の言語文字は、老婆心の切なるに拠る。若し之を曖昧模糊の中に葬らば、末代幼稚にして、其の方針を喪失せんや。

と反論するのである。

小栗栖香頂は、八万四千の仏教の法門を差別門・平等門に分けて、浄土・念仏門を明らかにしている。末法に生きる衆生は、此の土における入聖は難しく、したがって難を捨てて易に就いて浄土往生を願うのである。小栗栖香頂は、言語の大切さはわかるが、あまり老婆心が先行して曖昧模糊の中に葬るようなことにでもなれば、少し幼稚で、仏教の大切な方針を見失ってしまうであろう、と反論するのである。

そして、小栗栖香頂は、さらに『真宗教旨』第二号「伝統」の項（附篇一九二頁参照）で、浄土真宗の伝統について、法脈、血脈、在家、出家など、多方面より明らかにし、就中、親鸞の肉食妻帯について紹介している。

すると楊仁山は、『陽駁陰資弁』で、

> 貴宗は仏教門の中において専ら浄土を重んじ、浄土門の中において専ら他力信心を重んじるは、簡にして亦簡、

　捷として亦捷と謂うべし。

と再び反論するのである。

　楊仁山は、真宗の人は浄土とか他力信心を重く見すぎるあまり、少し大まかで早急すぎないか、というのである。そして、楊仁山は『評真宗教旨』でも同じく、

　此法在家の二衆は之を行じ相宜す。出家五衆は自ら清規有り。若し一概に之を效せば、則ち住世の僧宝は断ず。末法の万年の儀を表せば廃すべからざるなり。

と述べて、浄土真宗の伝統を考えるに当たり、楊仁山は、開祖である親鸞の肉食妻帯に対して考えた場合、それは在家の人にとっては適当であるが出家の人に対しては相応しくない、と非難するのである。

　一方、小栗栖香頂は『陽駁陰資弁』で、

　貴君既に之を知れり。何ぞ下の陽駁を用いるや。然ればこの文の表面は之を褒じて、しかも下に至って皮肉を刺衛す。吾輩も亦た骨髄を挙げて貴君に示さざるを得ざるなり。

と述べるのである。

　小栗栖香頂は、『真宗教旨』第三号「判教」(附篇一九四頁参照)で、浄土真宗の特徴である、聖道門・浄土門の二門、権実・顕密、竪超・竪出、横超・横出、自力・他力、念仏往生・諸行往生などの判教を述べている。すると楊仁山は、『評真宗教旨』で、

　聖道は、十方利土を解脱の門経と為す。西方浄土の人に生まるるもまた、聖道に由り妙果を証す。諸行を修する者は、若し念仏廻向せずんば、往生を得ず。

と、相変わらず西方浄土にある人も聖道門によって妙果を証する、と主張するのである。

そこで、小栗栖香頂はイライラしながら諭すように、楊仁山の用いる陽駁に対して、表面的に褒めておきながら、皮や肉を刺したり衛ったりするに至っては、もう貴方に骨髄を提供しないわけにはいかない、と反駁するのである。少しお互い感情的になりながら、いよいよ龍樹の難易二道の問題に入るのである。

楊仁山は、『陽駁陰資弁』で、

龍樹が難行易行の二行を説くは、[17]是れ活法なり。聖道の中に於いて、浄土の一門を開出し、後学を接引す。此れを同中の別と謂うなり。利根は現生の中において念仏三昧を得て即ち聖道門に証入す。鈍根は往生後において華開きて仏を見て、亦聖道門に証入す。此れを別中の同と謂うなり。聖教を闡揚する者は、須く将に死法をして活法を成ずべし。将に活法をして死法成ずべからず。仏教の命脈は僅かに懸絲の如く耀れざるべけんや。

と批判を加えている。

楊仁山は、龍樹の難行易行を説くのは、聖道の中に浄土を開示することで、それを「同中の別」といっている。そしてさらに難易二行を利根の行者と鈍根の行者とに分け、前者は現世に念仏三昧を得て聖道門に入るものであり、後者は往生の後、見仏して聖道門に入るもので、これらを「別中の同」といっている。楊仁山は、どこまでも生活の中の仏教、就中、仏教を生活の中で活かすことが大切である、という。だから、仏教はどこまでも基本的には聖道門を排すべきでない、と主張するのである。

それに対して小栗栖香頂は、『陽駁陰資弁』で、

(Ⅰ)龍樹の難易二道を開くは、難中の易を開くに非ざるなり。聖道の中に浄土を開くに非ざるなり。聖浄二門拚々区別せりや。天親の浄土論は正しく浄土を明かす。而も龍樹の易行品は傍らに浄土を明かすのみなり。(Ⅱ)同中の別とは、仏教の中に二門見えるなり。別中の同とは、二門異なると雖も、其の所証の真如は一なり。(Ⅲ)

仏法に死法無し。尽く皆活法なり。若し強て死活を以て之を目せば時機と合するものは活法、時機と合せざるものを死法と為す。Ⓘ方に今聖道の一門時機に合せざるなり。独り我が真宗のみ何肉周妻し、国家の為に奔走す。啻に出離の法を説かず、併して忠君愛国の事を説き、毫として深山に坐しⓋ法性を照らす余力を剰せざるなり。単に仏力に依り浄土に往生するのみ。（記号Ⓘは筆者付加・Ⓘと⑤は『楊仁山居士遺著』では省略）

と述べている。

Ⓘの龍樹が難易二道を開くのは、難の中で易を開くのではなく、ましてや聖道の中に浄土を開くのではないという。故に聖道と浄土とは、はっきり区別されるべきであるというのが小栗栖香頂の主張である。

Ⓘの同中の別と別中の同については、前者は仏教の中に二門を立てたのであり、後者は二門の異なりがあったとしても、真如そのものは一つであるという。

Ⓘは仏法はすべて活法であり、すべて時機相応するものである。

Ⓘは今聖道門は時機に合しないという。ただ浄土真宗のみ出離の法を説かず、肉食妻帯、忠君愛国を説くという。これは小栗栖香頂個人というより、明治時代の社会的背景より生じる考えも含まれていると筆者は思う。

Ⓥはただ仏力により浄土往生を願うことが強調されている。

小栗栖香頂は、時機相応ということの必要性を述べているが、筆者は忠君愛国まで仏教としてしまうと、権力社会に追随迎合しなければならない状況も生じるかもしれないと思う。

楊仁山は、Ⓘに対して、『評陽駁陰資弁』で、

仏法開合の妙は識らずして、聖道浄土を見て両途を判然すれば、経意を改変して以て自宗に合せざるを得ず。天親往生論は、依正荘厳の後において、一法句に摂入し、浄土は聖道の外ならざるを明かすなり。曇鸞之を釈

すること甚詳なり。

と再駁している。

ここでまた、最初の「経意に違す」真宗のあり方の批判に戻ってしまっている。楊仁山は、曇鸞は仏法を聖道・浄土に判然としているが、決して聖道を離れることは説いていない。むしろ天親の「後一法句」に摂入しているではないかと反論するものである。それに対して、今度は龍舟が反論する。龍舟は、『続貂』で、

按ずるに、高見は似乎として、聖道を以て総と為す。而も浄土を其の中に開かんと欲する者なり。聖浄の判を仰するは、昉として道綽においてのみ。

と述べるのである。

龍舟は、楊仁山が聖道門の中に浄土門を開くことに対して批判するのである。つまり、それは道綽によって明らかにされていると、道綽の『安楽集』の、

大乗の聖教に依るに、良に二種の勝法を得て、以て生死を排わざるに由てなり。是を以て火宅を出でず。何者をか二と為す。一には謂く聖道、二には謂く往生浄土なり。(18)

の文を引用している。この文から明らかなように、道綽は、聖道浄土は判然と二途になっている、といっている。故に楊仁山の、聖道の中により、浄土を開くのは間違いであるという。聖道門と浄土門はその歩みは判然として異なるのである。だから龍舟によれば、浄土真宗は、決して経意を改変していないと主張するのである。

同じく、(Ⅱ)に対して、『評陽駁陰資弁』で、

真如は即ち是れ聖道なり。既に同じく真如を証することを知る。奈何ぞ聖道を捨すと唱言するや。

と述べ、楊仁山は真如は聖道門そのものであるので捨てるべきではないと再度言うのである。すると龍舟が『続

貂』で、

按ずるに、真如は是れ所証の理なり。聖道は是れ能証の因なり。高見は乃ち一にして能所を混ぜざること無からんや。

と述べ、真如を所証の理、聖道を能証の因とに分けることを主張している。真理は真理であって、具体的事実ではない。どこまでもその自内証は言葉で表現できるようなものではない。それに対して能証に至る因は、説示することができる。龍舟は、楊仁山はこの能所を混乱しているから間違うと指摘する。

同じく、Ⓘに対して、『評陽駁陰資弁』で、

悉達太子は金輪王位捨て、入山修道して後人の傍様と為す。我が輩は学ぶこと能わざると雖も、心は常に之を羨む。今、貴宗是の如く心の存するを知る。所謂、道は不同不相を謀と為すなり。

と再駁している。ゴータマ・シッダッタは、国を棄て王位を捐てて沙門となったはずである。今、たとえ我々が仏陀となった行道を学ぶことはできなくても仏となった道理は行ずることはできるはずである。それこそ聖道そのものである。楊仁山はさらに心に訴えるように反論するのである。すると龍舟は『続貂』で、

按ずるに、俗を脱して入道するは、美にして則ち美なりや。我輩は爰に之を羨とせず。但だ時に機劣が衰え、神山瑤宮にして、奈を望むべきして何に就くべからざるや。

と述べている。釈尊が出家して仏道を求めることは大変素晴らしいことである。しかし、龍舟は、自分自身は単純に羨ましくは思わない。今この機根の衰えた時代にあって、釈尊と同じように出家することが目的ではなく、釈尊の説いた法を受理することが望みであるからであるという。それこそが浄土門を歩むことであるという。

そして、最後に小栗栖香頂は、『陽駁陰資弁』で、

> 一、浄土門の中に於いて二門有り。一には諸行往生、二には念仏往生なり。二、弥陀の本願は諸行を取らずして独り念仏を取る。三、故に念仏を以て宗と為し諸行雑修を許さず。教人は、其の明々白々を要し、決して模稜の言を挿しむべからざるなり。四、本宗に二門有り。一には学門、二には行門なり。学門に約せば則ち一切経を学すべきなり。五、一切経を学ばざれば則ち浄土の法門を解すべからず。若し行門に約せば、則ち単に念仏の一行に拠れ。豈に一代仏教を攘拝せんや。六、貴君其れ之を体せよ。(前掲に同じ一、三、六は省略)

と述べている。

小栗栖香頂は、浄土門を諸行往生と念仏往生とに分け、弥陀の本願は諸行を取らずに念仏を主とするという。そしてさらに学門と行門とに分け、学門は一切経をすべて学ばなければならないが、行門はただ念仏一つで一代仏教の豊穣な礼拝の意味が明らかになるという。ここに念仏往生を主とするのが浄土の行門であるというのである。

楊仁山は、二、に対して、『評陽駁陰資弁』で、

> 四十八願は普く諸行を摂するに、何ら不取と云うや。念仏は即ち是諸行の中の一行なり。専修念仏は、所謂一門に深入し、而も世俗の事務を以て、其の間の夾雑す。往生を得と欲するも、亦難ざらんや。

と反論する。

楊仁山は、弥陀の四十八願は普く摂取する仏の願いであるから、不取ということはなく、念仏は万行中の一つである。それなのになぜ念仏一門に限定しなければならないのか。社会生活は、種々雑多であるので、往生を得るのに念仏一つに限る必要はないのではないかという。楊仁山は一貫して、たとえ経論に難易二道が説かれているとしても、廃立という教説はないと主張する。これは居士仏教者楊仁山にとっては当たり前の考え方である。これに対して、龍舟は『続貂』で、

按ずるに栖師は、所謂、弥陀本願とは、即ち正しく第十八願を指すなりと。語は稍として汎爾なり。

と述べ、小栗栖香頂は弥陀の本願を第十八願と捉えているからである。言葉は時として少なからず汎論になることもある。楊仁山は、四十八願を四十と八としているためにこのような疑いが起きるのではないかというのである。じつは、浄土真宗では四十八願の中に真実と方便があると説くのである。

同じく、四、に対して、闡教編『評陽駁陰資弁』で、

学と行の両は不相なれば、則ち学は無用の学と成る。教典を閲し、須く一々銷として自性に帰すべし。方に有益と為すべし。栖君の言、経を閲するを以て所学と為し、而も所行に非ず。則ち学と行との両相渉せず。所学は即ち無益に属するなり。

と反論する。

楊仁山は、どこまでも学と行とは相容れないという立場をとっている。学問と修行は、必ずしも一つでないという。どれだけ学問しても修行が伴わなければならないし、いくら修行しても学問が伴わなければならない。楊仁山は、どこまでも学と行とを混乱させてはならないという。これも社会実践を目標とする楊仁山の特徴ある考え方である。これではどこまでも平行線をたどるしかない。すると龍舟は、善導の『観経疏』「散善義」の、

行者当に知るべし。若し解を学ばんと欲はば、凡より聖に至るまで、乃至仏果まで、一切礙無く皆学ぶことを得ん。若し行を学ばんと欲はば、必ず有縁の法に藉れ。(19)

の文により、学問をする場合、凡夫から聖者に至るまで碍り無く学問することが大切であるという。そして学問することは、同時に有縁の法によるべきであるという。そして、有縁の法に関しては、同じく善導の『往生礼讃』の、

諸仏の所証は平等にして是れ一なれども、若し願行を以て来し収むるに因縁なきに非ず。然るに弥陀世尊、本

深重の誓願を発して、光明・名号を以て十方を摂化したまう。[20]

の文により、「有縁の法による」ことを本願念仏と押さえている。浄土真宗が、学門と行門の二門に分けている理由がここにある。ただ、行は必ず解を要求するが、解は必ずしも行を要求しない。仏教は凡夫から聖位に至るまで学ぶことは大切なことであるが、さらに重要なことは浄土往生であることが浄土真宗の強調する点である。だから我々が一切経を学ぶことは同時に、如来の教化によって往生成仏することであると主張するのである。

　同じく、五、に対して、

　　不学の下三十五字は、恰も我が意に合するなり。

と、初めて意見の一致を著している。

　以上ここまで楊仁山と小栗栖香頂・龍舟の論争について見てきたわけであるが、中国仏教の浄土往生と日本仏教の伝統の中で培われてきた浄土往生との違いが、まざまざと露見しているといえよう。言葉を換えれば、難行と易行、聖道門と浄土門などを対立し相容れないものとして見るか、あるいは全体として両方を円融的に見るか、どちらの見方を取るかということである。つまり一方を廃して一方を存する立場として選択するのか。あるいは両方を融合し全体として見るのかということの違いである。当然、選択の立場が浄土真宗であり、円融の立場が楊仁山である。

第三節　正像末の三時

　小栗栖香頂は『真宗教旨』第四号「三時」の項（附篇二〇三頁）で、正像末の三時により、聖道を捨てて浄土に帰すことを明かしている。

この三時の年次区分については、経論によってそれぞれ異なって説かれているが、小栗栖香頂は次のように説明している。

仏滅後五百年を正法とし、教行証共に存在する。五百年の後の千年を像法とし、教行は有るが証が無い。千五百年の後一万年間を末法とし、教のみ有って行証が無いという(21)。そこで小栗栖香頂はまず『真宗教旨』で、

聖道を践すること能わずして而も大果に登る。是の所以に聖道門は振ぜざるなり。以て行ずべからざるの法なり。強いて行ずる能わざるの人なり。

と述べ、末法の時代には、聖道門は難行の道であり、聖道を実践することのできない凡夫は、それを捨てて易行の道である浄土門に帰すべきであるという。この難行を捨てて易行に立つ教えは浄土真宗の基本的立場であることは周知の如くである。それが末法の自覚である。

小栗栖香頂は、もはや聖道の道は全く振るわず、行ずる法も、行ずることのできる人もいなくなり、廃れたと見ている。そして、さらに『真宗教旨』で、

鶏の迫して水に入るは豈に理とならんや。但だ弥陀仏の本願なり。三時に亘り、五乗に該するなり。行ずべからざること無きの時、行ずる能わざること無きの人なり。

と述べ、鶏が追われて水に入るのは自然の道理であると、いっている。

ただ弥陀の本願は、三時にわたって五乗すべてに該当し済度するという。それは人々の資質が劣化し、暗闇に眼を閉ざされている末法において、弥陀の本願によって斉しく救われるべきであるという。

小栗栖香頂は、末法の世でありながら、しかも行ずることのできないこの時機において、およそ行ずることので

きる人はいないという。そこで道綽の『安楽集』に出ている、

若し是れ実の凡夫ならば、唯だ恐らくは自行未だ立たず、苦に逢えば即ち変じ、彼を済わんと欲せば相い倶に没しなん。似し鶏を逼めて水に入らしむるが如し。豈に能く湿わざらんや。(22)

という「迫鶏入水」の喩で、小栗栖香頂は、聖道門は今の人に合わないのに勧めるのは、凡夫である鶏を末法の聖道水辺に追い詰める難行と同じではないかと説明を加えている。

道綽は、聖道門を勧めるのは、鶏を追い詰めて無理に水の中に入れるようなものであり、たとえ入れたとしても潤うことはないという。それは凡夫が自ら行じようとしても立ち上がることのできないような苦にあって、なお人を救おうとしても共に苦の中に埋没してしまうようなものであるという。ここに聖道門の自力の限界性を説くのである。そしてさらに道綽は、

譬えば四十里の氷に、如《も》し一人有りて一升の熱湯を以て之に投ずれば、当時は少しく減ずるに似如たれども、若し夜を経て明に至れば、乃ち余の者よりも高きが如し。凡夫此に在りて発心して苦を救ふも、亦た是の如し。(23)

と龍樹の『大智度論』(24)の文を取意して述べる。

四十里四方の氷を溶かそうと一升の熱湯を掛けると、一時は氷は溶けて減ずるが、夜が明けて朝になったら、一升分の氷が高くなっていたという喩である。これは凡夫である人間の努力の限界性を説いたものである。凡夫が自ら発心して、苦しみから救われようと努力しても、できることとできないことがある。自力の計らいの無力さである。そこで小栗栖香頂は、自力の行為の為すべき機会のない人こそ救いの目当てであるという。そして『大経』の、

当来の世に経道滅尽せんに、我れ慈悲を以て哀愍し、特に此の経を留めて止住すること百歳せん。(25)

の説示により、浄土の真証は今こそ盛んであるという。

『大経』によれば、来るべき末世に一切の経道が滅し尽くしてしまったとしても、この『大経』だけは「如来は我が慈悲心を持って、永遠にこの世に留めておくことであろう」と説いている。ここでいう百年とは人間の寿命と見てよいであろう。だから人間の生きている間はなくならないと考えてよいであろう。故に小栗栖香頂は、阿弥陀の教えは末法の後まで止まり、教と時と行とは、永遠に割り符となるという。そのような意味からすれば、今日この経に遇えて、その説を信じたならば、いつの世であっても仏教は盛んなものであるという。さらに小栗栖香頂は『真宗教旨』で、

末法に入り、而も尚お聖道を恋するは、当に夏に裘を着、当に冬に葛を着るべし。豈に理ならんや。

と、聖道門に拘っていたならば、夏に皮の衣を着て、冬に帷子の衣を着るようなもので、どうしてそれが自然の道理に適ったものといえるのかというのである。

それに対して楊仁山は『陽駁陰資弁』で、

道綽、鶏を迫めて水に入れしむるの喩、形を穢土に留むる人の為に説く。聖道を修する者の為に説くに非らざるなり。

と反論する。

道綽の『安楽集』における「迫鶏入水」の譬喩は、浄土往生の道を歩む者のためではなく、どこまでも穢土に留まっている者のために説かれたものである。したがって決して聖道を修する者のために説くようなものではないという。水鳥が水に入っても水の潤いにはならないのと同じように、発心した人々が穢土に処しながら、苦しみから解脱しようと堪え忍んでいるようなものである。凡夫の身では、ただ自分で仏道修行の実践をするのは難しく、むしろ解脱しようとすればするほど互いに苦しみの中に埋没してしまうという。ここで楊仁山自身、浄土門を歩む者

と聖道門を歩む者との矛盾を露呈するものとなっている。だから、この「迫鶏入水」の喩え自体が、楊仁山の主張と合わないものとなり、排除すべきであるという。そして、たとえ難しい聖道門であろうが浄土門の資糧になるはずである。これまで聖道門を修して堕落した者はいないではないかという。もちろん浄土門を修することに間違いはないが、それは同時に聖道門は修さないということではないと主張するのである。

それは先述した「一升の熱湯」の喩のような人間の自力の計らいの限界性を表すものである。そこで小栗栖香頂は、さらに『陽駁陰資弁』で、

　道綽已に大集経を引きて曰く、「我れ末法の時の中、億億の衆生、行を起こし道を修すれども、未だ一人も得る者有らず」と。是れ瞭然として、聖道は之れ修すべからざることを示すなり。貴君其れ是れを味え。

という。

小栗栖香頂は、道綽が『安楽集』に『大集経』の文[26]を取意して、末法の時には、何億の衆生が仏道実践の行を起こして聖道を修習したとしても、未だかつて一人も得度した人はいないと説かれている。五濁悪世の今日においては、ただ浄土の一門のみが通入すべき道であるという。小栗栖香頂は、この点を取ってみても、聖道を修することは不可能ではないか、どうかあなたもこの『安楽集』の説を味わって頂きたい、と切望するのである。

すると楊仁山は『陽駁陰資弁』で、

　鶏を迫めて水に入らしむるは、即ち遭て淹没するも、未だ聖道を修して而も堕落する者を聞かず。蓋し聖道は速証し難しと雖も、亦た浄土の資糧と作す。弥陀因地と同一の修途なれば、自然に果位光明と相接せん。

と反論する。

楊仁山は、「迫鶏入水」の喩は、そういう状況に遭遇すれば水中に埋まってしまうであろうが、これまで聖道を

修して堕落した者がいるなど聞いたことがないと、少し居直ったように見える発言をしている。また、楊仁山は、聖道の修行は迅速に覚証を得ることはできないかもしれないけれど、聖道そのものは浄土の資糧とはなるはずであり、もともと聖道そのものは、阿弥陀如来の因位の修行と同一であるので、自ずから果位の光明とは相い引接するはずであるという。楊仁山は、どこまでも聖道・浄土は相俟って意味があり、聖道門のみを廃するのは間違いであると主張する。つまり、聖道門は浄土門によって相俟っているのであって、反対に聖道門を廃してしまったら浄土門も成り立たないのではないかというのである。

すると今度は、小栗栖香頂は聖道門について『陽駁陰資弁』で、

穢土の成仏を聖道門と為す。正像の時、此の事を作すべし。末代に至りては則ち此の事を作すべからず。舎利弗は六住にして尚お乞眼に逢う、況んや末代の下根をや。聖道の行は浄土の資粮と為る。可なり。観経序正二分に定散の二善を説く。是れ聖道の機を引きて、浄土の念仏に入らしむるなり。流通して見るべし。善導の判は、皎然として人を照す。

と述べる。

小栗栖香頂はどこまでも穢土の成仏を聖道門に見ている。楊仁山の聖道門そのものは浄土門の資糧になるという考え方は、それはそれでよいのであるが、あくまでもそれは正像の二時のことである。たとえば、長老としての仏弟子であった舎利弗ですら、菩薩の行位からしても六種住の位に住し、如来の法眼を乞うようなことであった。ましてや末法の世の煩悩具足の凡夫が、どうして聖道の道を歩めるであろうかという。そこで小栗栖香頂は、善導の「定散二善」により、聖道門の機を誘引して浄土の門に回入していることを述べるのである。

そこで今、少し善導の定散二善の教説について明らかにしておきたい。先ず善導は定散二善を説くに当たり、

「玄義分」で、

問うて曰く、定散二善は誰の致請に因るや。答えて曰く、定善の一門は韋提の致請にして、散善の一門は是れ仏の自説なり[27]。

と述べているように、『観経』で説かれる定善の一門は正しく韋提希の懇請によって説かれ、散善一門は凡夫のために仏が自ら説いたものである。ここに定善・散善の発起の異なりを明らかにしている。そして、その散善の一門は、『観経』に、

仏、韋提希に告げたまわく、汝今知るや不や。此の三種の業は、過去・未来・現在の三世の諸仏の浄業の正因なり[28]。

と説かれているように、成仏の行であるので、基本的には聖道門における行である。『観経』の真意は、どこまでも定善はもとより散善すらできない凡夫のために本願廻向の念仏の信を顕すと見たのが善導である。今、親鸞は『教行信証』「化身土巻」で、

然に常没の凡愚、定心修し難し、息慮凝心の故に。散心行じ難し、廃悪修善の故に。是を以て立相住心尚を成じ難きが故に縦い千年の寿を尽くすとも言へり。法眼未だ曾て開けず。何に況や無相離念、誠に獲難し。故に如来懸に末代罪濁の凡夫を知ろしめして、立相住心、尚得ること能はじと。何に況や、相を離れて事を求めば、術通無き人の空に居いて舎を立てんが如きなり[29]。

と『観経』を以て領解している。

親鸞は、過去より長いあいだ迷い続けてきた愚かな凡夫の身では、とても定善の行を修めることはできないともいう。それは心を一つに集中して浄土を観想することだからである。もちろん散善の行ですら行ずることはできな

い。それは悪を廃して善を行ずることに他ならないからである。このように仏の相好や浄土の事相を観じて、心を集中させることは困難である。重複するが善導は、『観経疏』で、

縦い千年の寿を尽くすも、法眼未だ曾て開けず。[30]

という。つまり、たとえ千年という長い寿命を経たとしても、真実を見る智慧の目は開かないという。ましてや色も形もない真如法性の理を観じて、真理と一体となることなどはできない。そしてさらに善導は『観経疏』で、

如来懸に末代罪濁の凡夫を知ろしめして、相を立て心を住すも、尚得ること能わず。何に況んや相を離れて事を求めんは、術通無き人の空に居て舎を立てんが如似きなり。[31]

と述べていることは既に述べた。つまり、釈尊は、永遠に末法の世の煩悩に汚れた衆生のことを、仏や浄土の相を観じて思いを一つに集中することなどできない者と見通している。だから善導は、すべての相を離れて真如法性を観じようとするなら、それは、神通力のないものが空中に家を建てようとするものであり、決してできるはずがないという。

親鸞はこの善導の『観経疏』により、如来が定散二善により往生の因果を詳しく示されたのは、ただ一念に阿弥陀仏の名を称えよと衆生に勧めることが本意であったと領解している。

今、小栗栖香頂も、聖道門から浄土門に転じて入る一点は善導の教判に歴然としているので、どうか参照してほしいという。

すると楊仁山は、聖道門と浄土門の区別は、経論を見れば詳しく説かれている。ただ「専修念仏」の言葉そのものはそれでよいが、だからといって、「不修聖道」の言葉自体を説くべきでないという。聖道門は八万四千といわれる無量の門の中の一門である。浄土の教えを修することは、そのまま一切の聖位を摂取することであるという。

そしてさらに、楊仁山は『陽駁陰資弁』で、

所謂、他力信心とは、自を廃し他を顕すなり。自他の相対を許さざれば、即ち絶待円融の法門を成せんや。実を剋して之を論ぜば、信心なるものは、自心の起こす所なり。他力なるものは、自心所見の他力なり。現前の一念を除却せば、復た何か有らんや。

という。

楊仁山は、本来の他力信心は、自力を廃して他力を顕すものである。もし自力と他力というものの相対性を許可しなければ、どうして絶待円融の法門が成り立つことができるのか。実際に即していえば、信心とは自身の心より起こるものである。他力といっても同じように自分の心より見られるものである。現実にある一念を取り除いてしまえば、そこに一体何が残るのかという。楊仁山には「如来より賜りたる信心」ということがどうしても理解できないのである。ましてや近代真宗教学の、「我は我なり　如来は我なり　されど我は如来に非ず　如来我となりて我を救いたもう[32]」ということは、到底受け入れられるものではないと想像できる。如来の一人働きということは、到底考えられない。自力・他力といってもそれは仮名である。だから仮名の自力を廃して、仮名の他力を立てるのは唐突なもので、まるで「亀毛を以て兎角と易える」ようなもので、決して「聖道門を廃する」ことに執着することなく実法と為すというのが、楊仁山の主張である。

すると小栗栖香頂は、『陽駁陰資弁』で、

貴君の膏盲の病は、此の一仮に在り。一には、聖道の外に浄土門の有ることを知らず。二には、自力の外に他力有るを知らざるなり。此の土の入聖を聖道門と為す、他土の得生を浄土門と為すなり。歴々と区別せり、一混すべからず。

という。

何度も繰り返し堂々巡りをする聖道・浄土二門に関して、少し皮肉を込めて楊仁山にそれはもう治らないかもしれないけれど少し病的だとまでいうのである。

小栗栖香頂は、問題は楊仁山のいう一仮に在るという。その問題について二点にわたり指摘するのである。一点目は、楊仁山は「聖道門の外に浄土門があることを知らない」こと。二点目は、同じく「自力の外に他力のあることを知らない」ことであるという。すなわち、聖道門は、この土においてゴータマ・シッダッタのように修行し覚りを開くことである。それに対して、浄土門とは、『阿弥陀経』（以下『小経』と略す）に説かれているように、阿弥陀如来の本願のはたらきによって、念仏して十万億土の西方極楽に往生することである。これらは歴然として区別すべきで、混乱してはならないというのが小栗栖香頂の反論である。

すると楊仁山は少し感情的になりながら、小栗栖香頂に対して、貴方は聖道がわからないだけでなく浄土も正しく理解していないというのである。本当に浄土を知ろうとすれば、『大経』に説かれる真実の教を以て浄土の因を知るべきであるという。楊仁山は、『大経』の、

国を棄て王を捐て、財色を絶去し、自ら六波羅蜜を行じ、人を教えて行ぜしむ(33)。

の文により、法蔵菩薩は無上正覚の心を発こし、菩提心を以て、六波羅蜜の修行をして、また人に指南して修行の大切さを説き、因位の修行をしているではないかという。そしてさらに、楊仁山は『評陽駁陰資弁』で、

弥陀浄土(34)は、皆な聖道を修行するに因り、成就することを得るを知れば、奈可ぞ定んで聖道を捨することを要とせんや。修行を判ずれば、邪定聚にして化土に生ずると為すなり、修行せざる者は、正定聚にして報土に生ずると為すなり。顚倒謬乱なり。

と反論を加えるのである。

楊仁山によれば、阿弥陀の浄土は、偏に聖道の修行をすることを因として成就することは明白である。それなのにどうして聖道を捨てることが重要というのか。それならば修行する人が「邪定聚の位」と為し、修行しない人が「正定聚の位に住す」ということがあれば、それこそ本末顚倒の謬乱そのものでないのか。自分は毎日経文を読誦し、巡業し経文を墨で書写しているので全く理解できないと主張するのである。

それに対して龍舟は『続貂』で、

> 法蔵の慧眼は能く之を知る。是の故に五劫思惟し、永劫修行し、能く超世の願を成ずるなり。而後、其の所を以て之を修して行ずるなり。念仏の中に之を摂して、衆生に之を回施するなり。我輩は当に其の願に乗じ、其の力に憑む。其の土に生まれ、而も聖果に至るなり。自力の行を修するを要とせず。聖道の門に依るなり。此れは之れ捨と曰う。乃ち不要の義なり。三聚の説。栖師は下分に於いて之を弁ず。然るに高見は但だ謂く、以下行ぜざる者は、正定聚の為に、修行者を邪定聚と為す。故に顚倒して謬乱の疑有り。本宗の意は則ち不然なり。仏智を信じ、仏願に順じ、而も他力の行を修する者は、正定聚と為す。仏智を了せず。仏願に順ぜず。而も自力の行を修する者は、邪定聚と為す。正に之れ邪と乃び褒貶の辞のみなり。

と述べている。

龍舟は、楊仁山が法蔵菩薩の発心修行を以て聖道としているのに対して、自分は下劣な身であるのでとても聖道を修することができない。だからこそ『大経』に、

> 時に彼の比丘、仏の所説を聞き、厳浄の国土、皆悉く覩見し、無上殊勝の願を超発す。其の心寂静にして、志所着無し。一切の世間に能く及ぶ者無し。五劫を具足して、荘厳仏国の清浄の行を思惟し摂取せり。(35)

と説かれているのである。

法蔵菩薩が因位の時、世自在王仏の所で、二百一十億の諸仏の国土中より、粗悪なものを選び捨てて、善妙なものを選び取り四十八の無上殊勝の願を建立し、大弘誓を超発された。そして、五劫のあいだ思惟し摂受されたのが弥陀の本願である。故に龍舟は、その願力に順じて聖果に到るのであって、自力の行を修する必要がない。そのような意味から、自分は「捨」とか「不要」というと述べている。

次に龍舟は、三聚について答える。そもそも三聚とは、正定聚（必ず証悟するに定まるもの）、邪定聚（畢竟証果することなきもの）、不定聚（二者の中間にあって縁あれば証悟し、縁なければ証悟しないもの）ということである。今、龍舟は、小栗栖香頂は下分で三聚を解釈しているのに、楊仁山は修行できないものを正定聚、修行者を邪定聚とするから顚倒謬乱するのである。だから浄土真宗の意がわからないのである。どこまでも仏智を信じ、仏願に順じ、他力の行を修することこそ本宗でいう正定聚と為すのである。反対に仏智を了知せず、仏願に順ぜず、自力の修行をする者を邪定聚と為すというのが龍舟の主張である。だから邪と及び褒貶の言葉しかないという。

また、小栗栖香頂は『陽駁陰資弁』で、

本宗の絶待円融を談ずるに二途有り。一には弥陀本願一乗の外に、大小顕密の法門は無く、大小顕密の万徳は、みな弥陀の名号の中に収まる。之を絶待円融と謂うなり。二には二門異なると雖も、所証の真理は、一なり。是れを絶待円融と為すなり。本宗に自力他力の信を談ずるは、自心従り発起する者を自力の信と為す。仏力従り発起する者を、他力の信と為す。

と二つの絶待円融について述べる。つまり、一つにはすべて弥陀本願一乗に帰結するという。二つには、浄土真宗で自力・他力の信を論ずる時、あくまでも所証の真理は一つであるということである。ただ自力より発起するものを自力の信といい、仏力より発起するものを他力の信といっているという。そして、小栗栖香頂は、唯識では他心を以て自心と為すことはない、天台は十界互具、華厳は生仏無礙、真言は加持を談ずるという。そこで最後に同じく『陽駁陰資弁』で、

衆生の心は水の如く、仏心は月影の如し。仏心の衆生に現ずるを、他力の信と為す。此の道理を知れば、則ち現前の一念に仏心を得ることを知るのみ。

と、衆生の心は水、仏の心は月影のようなものであると述べて、他力の信を明らかにするのである。しかし、楊仁山は依然として、あくまでも「迫鶏入水」の喩は確かでないので削除すべきであるという。すると、さらに小栗栖香頂は『陽駁陰資弁』で、

貴君の膏盲の病は、聖浄二門を混淆するに在り。末法は聖道を以て仏果を取るべからざること、道綽已に明白に之を示す。夏にして裘し冬にして葛す。何の誤りか之れ有らん。

と、再び楊仁山の聖道門と浄土門の混淆を、まるでもう治らない病のようであると批判し、あくまでも末法であることによる聖道門の否定を力説するのである。たとえば、裘と葛といずれが良いとか悪いとかいうことではない。ただ夏冬の季節とどう合致するかが問題である。夏に裘を着れば暑くて仕方ない。冬に葛を着れば寒くて仕方ない。夏には葛、冬には裘を着るのが丁度よい。同じように聖道門・浄土門というけれど、今日の末法のこの時期には聖道門は間に合わない。それは道綽禅師の『安楽集』に明らかであると力説するのであるが、あくまでも楊仁山は納得せず、相変わらず平行線をたどるのである。そのような中で、ただ浄土門の本願他力の教えを信じることしかないというのが小栗栖香頂の主張である。

じつは楊仁山は、また先の『念仏圓通』でも、

三時に互摂の義あり。末法の内において、また正像を摂す。是れに根器の不同在り、また時に実法無きに因るのみ。(36)

と述べているように、正像末の三時は互いに摂取し合っているという。つまり、単に並列的時間として正像末の順序があるのではなく、正法時にも像末二時は含まれているし、像法時の中にも正末二時を含み、末法時の中にも正像二時は含まれていると主張するのである。

楊仁山は、今の時代は丁度末法の初分に当たる。まだ中分、後分ではない。もしこの初分において教意を完全に抹殺してしまったら、末法はまだ七千年も残っているのに、中分・後分になったらどうすればいいのか。だから今こそ教意を明らかにすべきというのである。

そのような意味からすれば、楊仁山は、末法の時代だからこそ聖道の道は廃れ、浄土の道しかないというのは少し短絡的であるという。そうではなく、末法の時代に聖道門・浄土門の両門それぞれを実践することが大切であると主張し、あまり早急に選択すべきでないという。この三時のそれぞれにおいて、機根の異なりもあり、真実の法が存在しないためでもある。故に楊仁山は、末法の時だからといって、浄土門こそ唯一の道であるということは正しくないと主張するのである。したがって両者の主張は平行線のままである。

第四節　四法

小栗栖香頂は『真宗教旨』第五号「四法」項（附篇二一〇頁参照）で、

大無量寿経を真実の教と為す。名号を真実の行と為す。第十七願に出ずる。三心を真実の信と為す。第十八願に出ず。必至滅度を真実の証と為す。第十一願に出ず。大導師有りて教は名号を以て、衆生は之を聞信し往生を得る。是れ四法と為す。

と、四法について述べている。

『大経』を真実の教とし、名号を称えることを真実の行とし、第十八願の至心・信楽・欲生の三信を真実の信とし、必ず滅度に至ることを真実の証とし、教・行・信・証の四法と『大経』の第十七願、第十八願、第十一願の三願を明らかにしている。つまり、教は名号を以てその体となし、衆生はどこまでも名号のいわれを聞信して往生の素懐を得るこのことこそ四法の根本であるというのである。これに対して、楊仁山は、きっぱりと、『陽駁陰資弁』で、

此の章は、全べて宜しく刪るべし。

と全面的に削除すべきであるという。すると小栗栖香頂はすかさず、『陽駁陰資弁』で、

四法三願は、本宗の元首なり。命脈なり。若し之を刪らば、是こそ本宗の頭を断ずるなり。本宗の命脈を褫うなり。

と、反論する。すなわちこの四法三願こそ浄土真宗の真宗たる所以である。これこそ肝心要であるので、もしこれを削除してしまうことは浄土真宗の頭首を断ずるようなもので、命を断つことになるという。そして、貴方は中国で浄土真宗の布教を許したくないために、このような薄情で残酷なことを述べるのか、と憤りを顕わにするのである。

　これに対して楊仁山は、『評陽駁陰資弁』で、

既に俗見を以て仏経を測かり、自然に俗見を以て人情を測かり、此の粗弊の語を作すことを怪しむこと無しな

り。

と述べ、それは俗世間的見方で仏教を推し測るものである。そしてなおかつ自然に俗世間的見方で人情を推し測っているのであって、別に不可解なことでも何でもないという。

するとと今度は龍舟が、楊仁山の四法の捉え方は要領を得たものでないと反論するのである。即ち『続貂』で、

「世尊の大覚は、一代の教なり。大小の殊と雖も、教理行果を出でず」と。此れと我が教行信證と、其の趣は一なり。但だ聖道は則ち理が主なり。故に次の教は理を以てするなり。浄土は則ち事に依るなり。故に理を略して而も信を開くなり。

と述べるのである。

龍舟は、釈尊の説いた正覚の教えは、たとえ大乗・小乗という言い方をしたとしても、それはどこまでも教理行果を出たものではない。『教行信証』も同じことである。ただ、聖道門では理が主になり、浄土門では事に依っている。故に今は聖道の理を略して信を開くという。そして、教を能詮に、行信証を所詮に配して、それこそ能詮所詮ともに本願に配すという。

そしてさらに、三願の説を正しく理解すれば、理に於いても文に於いても俗見でないことは明らかであると反論する。

一方、小栗栖香頂も『陽駁陰資弁』で、

各宗祖師の宗を開くは、必ず偉大の判有り。

と述べて、天台の五時八教、嘉祥の二蔵三論、賢首の五教十宗、慈恩の有空中三時を以てそれぞれ一代教を釈しているという。天台は『法華経』、嘉祥は『三論玄義』、賢首は『華厳経』、慈恩は『解深密経』を以てそれぞれ真実

教としている。故に浄土真宗の『教行信証』を削除するならば、彼らの説も削らなければならないが、それでよいかというのである。

周知の如く浄土真宗では、一代教を聖道門と浄土門に分け、さらにその浄土を正と傍とに分別し、その正の中でまた真実教と方便教とに分けている。そこで具体的に真実教を『大経』、方便教を『観経』、『小経』としている。故に「四教を刪してはならない」というのが小栗栖香頂・龍舟の主張である。

それに対して、楊仁山は、『評陽駁陰資弁』で、

貴宗の如く無量寿経を以て主と為し、而も此の経中の三輩往生の相は、則ち判じて自力と為す。棄して而も取らず。以て全経の血脈と致すは、貫通には能はざるや。

という。

楊仁山は、天台、賢首、慈恩等の教判は、もともと貴宗のように経典を一方的に決めつけるのではなく、自由奔放で縦横無尽である。経典の前後の文の関係性を重視してその真意を探ることが重要であり、任意に内容を押さえることをしてはならないと主張する。そして浄土真宗の人々は、ただ『大経』を主とするにあたり、経典の中に説かれている三輩往生の相貌は自力と判ずるにもかかわらず、そのことを放棄してしかも正しく受け取らずして経典のすべてとするならば誠に道理に合わないではないかと批判するのである。ここに中国仏教の円融的な考えと、浄土真宗の選択的考えの異なりが見事に露見している。そこには聖道門・浄土門という二門の間に存在する越えられない壁がある。

そこで龍舟も聖道・浄土、自力・他力の語句の受け止め方について、『続貂』で、

按んずれば、此の種の疑点は、宗意を起こすに、未だ高懐を透せざるや。蓋し本宗の自他力の弁は、重々にし

て相別なり。先ず聖浄を以て之を論ず。聖道は是れ自力なり。浄土は是れ他力なり。三輩九品はまた仏力に仗り、而も往生するなり。固より是れ他力なり。然に衆生の機類は、本来不一なり。故に仏の接引は、膠柱《こうちゅう》にして守株を得ざるなり。是に於いて十八の後、別に十九二十の両願を立つ。接引するに能はずして、直に十八の機に入るなり。之を方便と謂う。乃ち仏力に仗ると雖も。猶お自力を帯する者は、経中の三輩の一段なり。正しく其の十九願成就の相を説く。則ち不得不謂の自力なりや。乃ち他力の中の自力なり。是れ全て経の血脈なり。本願の次第なり。当然の所なり。何んが任意の掩抑と謂わんや。

と長々と論ずる。

龍舟によれば、浄土真宗において自力・他力を論ずる場合は、浄土門と聖道門に分けて論じなければならないという。聖道門を自力、浄土門を他力とするのである。故に三輩九品も仏力によって往生するため他力というのである。つまり、衆生の機根は千差万別であるため不一となり、古い習慣に執らわれて、時機相応に対処することを得られないようなものであるという。古来より第十八願の外に第十九願・第二十願を立てるのであるが、接引往生することができないため直ちに第十八願の機に入るのである。だから仏力によるといいながらも、三輩段においては、なお自力の域を出ないため第十九願成就の文を説くのである。これこそ他力の中の自力であり、浄土真宗の血脈と主張するのである。

また小栗栖香頂は、『大経』の、

如来、無蓋の大悲を以て三界を矜哀したまう。世に出興する所以は道教を光闡して、群萠を拯い恵むに真実の利を以てせんと欲してなり。(37)

の文を以て『大経』が真実の教であると論証する。

それは釈尊の出世本懐、すなわちその本意はただ『大経』に説かれる阿弥陀の本願を説くことにあった。それはまた例えば天台が『法華経』を以て本懐の経とするのと同じである。故に『観経』は定散諸行により浄土往生を説くので、あくまでも方便である。『小経』は自力の廻向を以て念仏往生を説くのであって、やはり方便の経であるというのが小栗栖香頂の主張である。また小栗栖香頂は、『真宗教旨』で既に述べているが、

聖道の諸教に教行証有り。浄土門も亦た教行証有り。浄土門は大経を以て真実教と為す。弥陀名号を以て真実行と為す。三信を以て真実信と為す。必至滅度を以て真実証と為す。

と、改めて教行証について浄土と聖道の二門に分けて述べている。

重複するが、浄土真宗では、『大経』の第十七願の「称我名者」を真実の行とし、同じく第十八願の「至心信楽。欲生我国」を真実信とし、また同じく第十一願の「必至滅度」を真実証としている。さらに『大経』の本願成就文に、

諸有の衆生。其の名号を聞きて、信心歓喜せんこと、乃至一念せん。至心に廻向せしめたまえり。彼の国に生まれんと願ぜば、即ち往生を得、不退転に住せん。(38)

とあるが如く、「其」を真実教、「名号」を真実行、「聞信」を真実信、「住不退転」を「現生正聚必至滅度」として真実証に、それぞれ配している。

以上の如く、小栗栖香頂は事細かく『教行信証』の四法のいわれを述べ、

貴君、虚心平気にして、此の章を玩味せん。必ず我が祖意の在る所を知ることを得ん。

と、どうかわが祖である親鸞の意図をよく熟読してその真意を理解してほしいと請願するのである。

第五節　三願

小栗栖香頂は『真宗教旨』第六号「三願」の項（附篇二一五頁参照）で、

四十八願の中では第十八願を以て真実と為す。其の所被の機を正定聚と為す。真実報土に生まる。十九二十を方便と為す。十九の機は諸行を廻向し、止して化土に至る。故に邪定聚と為す。二十の機は或は進んで第十八に入る。或は第十九に退堕する。故に不定聚と為す。

第十八を説き開きて大経と為す。第十九を説き開きて観経と為す。第二十を説き開きて小経と為す。大経は機教倶に頓なり。観経は機教倶に漸なり。小経は教は頓、機は漸なり。諸行を捨て、念仏一つを取る。是れ十九を為して二十に入る。自力念仏を捨て、他力信心を取る。是れ二十を為して十八に入る。

と三願について述べている。

小栗栖香頂は、第十八願を真実報土の願とし、正定聚としている。第十九願・第二十願を方便化土の願とし、特に第十九願によって救われる人々を邪定聚としている。そして二十願は十八願に入り、また十九願に退堕するため不定聚としている。そして三部経を、第十八願開説を『大経』、第十九願開説を『観経』、第二十願開説を『小経』にそれぞれ配している。さらに頓・漸教に関しては、『大経』は機教ともに頓であり、『観経』は機教ともに漸であり、『小経』は、教は頓、機は漸であるという。

最後に小栗栖香頂は、諸行をすべて捨てて念仏一つを取ることを主張する。そして、第十九願を収めて第二十願に入るという。さらに自力の念仏を捨てて他力の念仏を取ることの大切さを説く。そして、第二十願を収めて第十八願に入るとしている。つまり、浄土真宗では三願転入を重要な教学と主張するのである。いわば、浄土真宗では阿弥陀如来の四十八願中の第十九願を諸行往生の方便願、第二十願を自力念仏往生の方便願、第十八願を純他力往生の真実願としているのである。(39)

ところで楊仁山は、『陽駁陰資弁』で、

> 浄土に生まれる者は、皆な正定聚に入る。絶て邪定及び不定聚無きこと、経に明文有り。処々に証すべし。若し観経の所摂を以て、判じて邪定聚と為することは、則ち是れ九州の鉄を聚めて鋳て一大錯を成ずるものなり。

と反論している。

楊仁山は、往生について三定を立てることはしない。経典自体には邪定聚も不定聚もないと主張する。楊仁山にとって、浄土に往生することは、本来、正定聚不退転の位に住することであり、邪定聚、不定聚と分けること自体が大きな間違いである。故にもし貴宗において『観経』の教えを以て邪定聚とするならば、それこそ中国全土の鉄を積聚して鋳造するが如く、大いなる錯誤を成ずるものであるというのである。(40)

もともと、楊仁山には、浄土三部経を第十八、第十九、第二十願の三願に配当する考え方はない。故に浄土真宗でいう三経格別論とか三経一致論という見方もないわけである。

すると小栗栖香頂は、『陽駁陰資弁』で、

> 起信論は、十信以前を以て邪定聚と為す。邪とは、三悪道なり。十信を以て不定聚と為す。或は進みて初住に入り、或は退きて三悪に堕す。初住已上を正定聚と為す。正とは聖なり。必ず進みて聖果を得るなり。諸経論は三聚を判ずること一ならざるなり。

と『大乗起信論』(41)により、正・不・邪の三聚について判じている。

もともと『大乗起信論』では、「修行信心分」において、

未だ正定（聚・著者附記）に入らざる衆生に依るが故に修行信心を説く。[42]

と説示している。そして、

修多羅に説くが如し。若し人専ら西方極楽世界の阿弥陀仏を念じて修する所の善根を廻向して、彼の世界に生ぜんと願求せば、即ち往生を得るなり。常に仏を見るが故に、終に退すること有ること無し。若し彼の仏の真如法身を観じ、常に勤めて修習すれば畢竟じて生ずることを得て、正定に住するが故に。[43]

と説いている。

これは『大乗起信論』が強く影響を受けている『華厳経』の大乗菩薩道の階位においては、信位はどこまでも凡夫位であり、邪定聚としていることによる。だから聖位の階位として認めていない。それを不定聚という。菩薩の階位は、あくまでも十住位以上によるからである。それを今、正定聚としている。賢首大師法蔵も、『探玄記』巻第四で、

信を以て位を成ぜざるが故に、懸けて十信の言を問うこと無く、十住等に同じからず。[44]

と述べているが如く、十信は十住等の方便であり、位を成ずることが無いために信の位を菩薩道の中に挙げていない。故に信は菩薩道の根拠であり所依となるものであるが位ではない。特に菩薩の凡夫位・聖位に関しては、『摂大乗論釈』巻第三に、

菩薩に二種あり。一は凡位に在り。二には聖位に在り。初発心従り十信まで以て還り並びに是れ凡位は、十解以上悉く聖位に属するなり。[45]

とあるが如く、凡位の菩薩は初発心より十信に至るまでをいい、聖位の菩薩は十解以上を指す。今、小栗栖香頂は、

諸経論によって三聚を説くとき、それは同一でないことを論証するのである。特に浄土真宗では、本願に従順するものを正定聚とし、順じないものを邪定聚という。第十八願は諸行を以て往生の因となることはなく、ただ念仏を以て往生の因となるという。小栗栖香頂は、さらに善導の『観経疏』の、

一心に専ら弥陀の名号を念じて、行住坐臥に時節の久近を問わず念々に捨てざるは、これを正定の業と名づく、かの仏の願に順ずるが故に。(46)

の文を取意して、念仏往生とは、正定聚不退転の位に住すると述べる。そして『観経』の定散の諸行は仏願に順じないため邪となし、邪を以て願生するのが『観経』であるので邪定聚となすと主張する。

それに対して楊仁山は再び、『評陽駁陰資弁』で、

観経は是れ仏説なり。何かに仏願に順ぜざると云うや。善導を尊び而も釈迦を慢るは、是れ何の居心や。

と反論する。

楊仁山にとっては、『観経』も仏説そのものであり、仏願に順じたものであるはずである。なのにどうして仏願に順じないといえるのか。貴君は、善導を尊敬するあまり、釈尊の教えを慢易するとは一体どういう心持ちなのか、と問い返している。

すると龍舟が『続貂』で、

按ずるに、観経は是れ釈迦仏が定散諸行を説けり。乃び第十九願を開くと、而も仏を顕す所謂とは、第十八の本願を指すなり。十九は既して方便なり。定散諸行は、第十八願の意に順ぜず。故に邪と為すのみ。

と、『観経』が釈尊の教えを説いていないわけではない。ただ定散諸行を説いたものであるので、本願文からすれば、どこまでも第十九願の方便として説かれたものである。故に本願を説いた第十八願の真実の教に順じないので

邪と為す、と説明を加えるのである。

また小栗栖香頂も、『陽駁陰資弁』で、

此の邪の言は、本願の行に非らざるを顕すのみ。

と、邪というのは本願の行でないと言い切るのである。そして、それは正しく天台は之を小乗を以て邪見とするが、小乗は仏教でないかといえば、決してそうではない。浄土真宗は、念仏を以て正とする意味で、定散の諸善を邪というと規定するのである。そしてさらに『陽駁陰資弁』で、

本宗の三聚、之を現生に立つ。他力の信を得て、而も他力念仏を行ずる。是れ正定聚と為す。自力の信を以て而も諸行を廻向す。是れ邪定聚と為すなり。弥陀経の機、自力を以て而も念仏を行ずる。正定邪定の中間に在り。是れを不定聚と為すなり。

と、浄土真宗の三聚は基本的に現世の正定聚不退転の立場に立っている、と説明を加えている。つまり、他力の信を得て念仏を行ずることを正定聚といい、自力の信を以て諸行を廻向することを邪定聚といい、阿弥陀の機に順じて自力を以て念仏を行ずる邪と正との間を不定聚という。ここで浄土真宗における三聚本意を明らかにするのである。そしてその教証として、龍樹の「易行品」の、

人能く是の仏の無量力威徳を念ずれば、即ち時に必定に入る。是の故に我常に念じたてまつる。(47)

の文を以て、現生正定聚を顕すものであるという。小栗栖香頂は、浄土に邪定不定の無いことは子どもでもわかることであるという。そしてさらに『陽駁陰資弁』で、

本宗三聚之の現生に立つ。咫尺黒暗、九鉄鋳錯の大悪口を作す。何にか反省せざるは之れ甚きや。

と述べ、浄土真宗は三定聚の現生に立っていることを理解して、そして「咫尺黒暗」とか「九鉄鋳錯」とか地獄の

ような悪口は慎んで頂きたいと嘆願している。

すると楊仁山は、『評陽駁陰資弁』で、

　若し此の本に照らして判断せば、僅に大錯と云う。猶お以て之れを尽くすに足らず。

と述べ、『真宗教旨』を読んでみれば、どれだけ大いなる錯まりがあると言っても言い尽くせないと反論する。その部分で龍舟が『続貂』で、

　本宗三聚の弁は、他家と同じからず。乃ち教門の褒貶なり。

と説明を加える。従来の諸家である三論・天台もすべて褒めたり謗ったりする、いわば褒貶の弁は自在であると、楊仁山の大錯という言葉を否定するのである。

また、楊仁山は『陽駁陰資弁』では、

　観経は大機に被し、最極円頓なり。一生初住を証すべし。位は、善財と竜女と肩を観中に斉うす。仏の授記を蒙るは是れなり。何ぞ判じて機教倶に漸と為すことを得んや。

と述べ、『観経』を最極円頓の経と主張する。楊仁山は、『観経』は機も教も共に漸となすはずでないという。すると小栗栖香頂は、『陽駁陰資弁』で、

　一部の観経は、天台を以て之を見れば、心観《ママ》を宗と為す。善導を以て之を見れば、念仏を宗と為す。善導は古今を楷定して、上来雖説の判を為す。是れ千古の確言なり。夷の撼すべきに非らざる者なり。

と反論する。

『観経』自体の受け止め方は千差万別である。天台から見れば観心を宗とし、善導から見れば念仏を宗と為すが如くである。今は善導の古今楷定により確信を持って述べるのである。つまり、浄土に九品の無いことを真実報土

とし、九品そのものの存在を認めて、有とすることを方便化土という。浄土真宗では本来、定散諸行は本願の行ではないとみる。そして、本願の行でないことを以て浄土往生を願うのである。そこに九品往生を得る『観経』の意味があるという。それが化土より報土に往生するという。故に『観経』の往生を機教倶に漸とするのである。

以上が小栗栖香頂の反論である。すると楊仁山は、『評陽駁陰資弁』で、

仏経の本意を領せず。強いて一解を作し、以て自宗に合せん。苦心思索して之れを得る。此れ津津に味有る所以なり。

と述べる。つまり、浄土真宗の人たちの『観経』の理解は、仏教の本意を理解したものではない。楊仁山は、貴君たちは、一つ理解したことを以てすべてを自分の宗に合体しようとしている。そこに少々無理があるのではないかと非難するのである。もちろん釈尊の教えにこの道理がないとはいえない。しかし、十方三世の諸仏の教の中に、この道理はあるはずはない。それを凡夫の想いを用いて一法を捏造し、しかも仏教を凌駕しようとする罪過は天まで弥るほどのものであると強く批判するのである。そして、楊仁山は、どこまでも仏教の本来の教えに帰入すべきであって、勝手な自己解釈をすべきでないというのである。

すると龍舟は、『続貂』で、

現在の弥陀は是れ報仏なり。極楽は是れ報土なり。綽導二師は既に之を言う。

と反論する。

龍舟は、善導・道綽の説により、弥陀を報仏、極楽を報土としている。真実報土、方便化土についてはこれまで何度も述べている。その二土を説き、真仮を分け、純他力を説くことは、全く仏の本意を領解するものであると主張する。また、小栗栖香頂も、『陽駁陰資弁』で、

大経は本願の行を以て、報土に生ぜんことを願う。報土なりとは、一種真妙にして九品の差別無し。往生即ち成仏。一転して入報土の迂回無きなり。是れ機教倶に頓なり。

と、本願の行を以て報土に生まれることは、即ち往生成仏することであり、それこそ機教ともに頓であるという。

すると楊仁山は、『評陽駁陰資弁』で、

他力信心者を判じて、九品の上に駕す。往生即ち成仏なり。大経の内に此の義無し。猶お空拳の小児を誑かんが如し。

と再び批判する。

楊仁山は、他力信心を九品の上に凌駕して、往生成仏と説くようなことは、経典の何処にもない。全く純真無垢な子どもを欺くようなものであるとまでいうのである。

すると龍舟が、『大経』の、

道に昇るに窮極無し。[48]

と、同じく、

皆な自然虚無の身、無極の体を受けたるなり。[49]

の文と『無量寿如来会』の、

阿難、彼の国の衆生、若し当に生まれるべき者は、皆な悉く無上菩提を究竟し、涅槃処に到らしめん。[50]

の文とにより、無上菩提の趣旨を明かすのである。

もともと『観経』は十九願を明かしている。その相成として三輩が説かれ、それは全く九品と同じであるという。龍舟は、くどいように浄土真宗の真仮について説くのである。

この四法三願の教理は、小栗栖香頂、龍舟を代表とする浄土真宗の立場では至極当たり前のこととして伝承されてきた。しかし、楊仁山を代表とする中国浄土教の立場からは、如何にしても腑に落ちるものではなかった。故に相変わらず、楊仁山と小栗栖香頂・龍舟とは、感情的なことも含め平行線をたどるのである。

第六節　隠顕

小栗栖香頂は『真宗教旨』第七号「隠顕」の項（附篇二二三頁参照）で、

大経は、真実教に係る。隠顕の義は無し。観経は、方便教に係る。故に隠顕有り。定散を顕説と為す。弘願を隠説と為す。観経の観は、顕を以て之を見る。日想水想の観と為す。隠を以て之を取る。観仏本願の観と為す。一文両義なり。是れ隠顕と為す。

と述べ、隠顕は『大経』にはないが、『観経』にあるという。それは『大経』は真実教であるが、『観経』は方便教であるからという。『観経』における定散二善を顕説と為し、弘誓の願を隠説とする。具体的には、日想観等の定善の十三観と九品等の散善の三観を顕説とし、観仏本願力の観を隠説とするという。しかし、経文にはそれぞれ隠顕の両義があるという。これは真宗教学の一般的な考え方の一つである。

そもそも隠顕釈というのは、親鸞の『教行信証』の「化身土巻」の『大経』の三心（至心・信楽・欲生）と『観経』の三心（至誠心・深心・廻向発願心）の一異を述べる御自釈で明らかにされている。それは次の文である。

釈家（善導）の意に依って、『無量寿仏観経』を按ずれば、顕彰隠密の義あり。顕と言うは、即ち定散諸善を顕し、三輩三心を開く。然に二善三福は報土の真因に非ず、諸機の三心は自利各別にして利他の一心に非ず。

如来の異の方便、忻慕浄土の善根なり。是れは此の経の意なり。即ち是れ顕の義なり。彰と言うは、如来の弘願を彰し、利他通入の一心を演暢す。達多闍世の悪逆に縁って、釈迦微笑の素懐を彰す。韋提別選の正意に因って、弥陀大悲の本願を開闡す。斯れ乃ち此の経の隠彰の義なり。(51)

親鸞は善導の『観経疏』により、『観経』の顕彰隠密の義を明らかにしている。もともと『観経』の説は、定散二善・三輩（上・中・下）の区別をして三心が主として説かれていることに違いはない。ところが親鸞は、特に彰の義について如来の弘願が説かれていると見抜いた。故に『観経』の真意は、提婆と阿闍世の起こした悪事を機縁にして、韋提希が特に阿弥陀仏の浄土を選んだ本意を顕すものである。そして弥陀の大慈悲の本願を明らかにすることが目的であると読み取ったのが顕彰隠密の真意である。さらに言えば、『観経』は定散二善、世福・戒福・行福の三福の往生を説いたけれど、それは報土に生まれるべき因ではない。どこまでも自力の心であり、他力の一心ではない。故に阿弥陀如来の本願に照らしてみれば、釈尊の本意は弘願を説き、一向専念に念仏を修することにあるという。そして、『大経』と『観経』の三心は、顕の義では異なるが、彰の義によれば同じであるという。

また、小栗栖香頂は同じく『真宗教旨』で、

小経に亦た隠顕有り。一固は名号なり。仏辺に約して真実と為す。衆生辺に約して方便と為す。若し但だ其の隠を取らば、則ち三経は一に帰すなり。是れ千古の未だ道の及ばざる所なり。而も祖師の首倡せられる所なり。

と述べ、『小経』にも同じく隠顕があるという。名号について、仏から見れば真実であるが、衆生から見れば方便である。ただし親鸞は、隠説の立場により、三経は一であるという。それは善導が唱えた説であるが、遠い昔からの歴史の中で、親鸞によってその真意が明らかにされたのである。

親鸞は、同じく「化身土巻」で、『小経』に関して、

『観経』に准知するに、此の経に亦顕彰隠密の義あるべし。顕と言うは、経家は一切諸行の少善を嫌貶して、善本・徳本の真門を開示し、自利の一心を励まして、難思の往生を勧む。是を以て『経』（襄陽石碑経）には多善根多功徳多福徳の因縁と説き、『釈』（法事讃）には九品倶に回して、不退を得よと云えり。或は無過念仏往西方三念五念仏来迎と云えり。此れは是れ此の経の顕の義を示すなり。此乃ち真門の中の方便なり(52)。

と述べている。

詳しく見ると、親鸞によれば、『小経』にも『観経』と同じように顕彰隠密の義があるという。『小経』には、釈尊が多くの念仏の功徳を備えた行があるが、それは少しの功徳でしかない。だからそれを退けて善本・徳本の真門を説き、自力の一心を勧め、難思往生を勧めるのであると説く。そして善導の『法事讃』には、どのような自力の行を修める者もみな、念仏一つで不退転の位を得るという。また、念仏して西方浄土に往生することほど優れたものはない。だからどんな人にも一度の念仏で阿弥陀仏が来迎して浄土に導くという。これが自力の一心を発こすように勧める、真門の方便の教えであるという。

さらに親鸞は、『小経』の彰について、同じく「化身土巻」で、

「彰」と言うは、真実難信の法を彰す。斯れ乃ち不可思議の願海を光闡して、無碍の大信心海に帰せしめんと欲す。良に勧め既に恒沙の勧めなれば、信も亦恒沙の信なり、即ち甚難と言えり。『釈』（法事讃）に、直ちに弥陀の弘誓重なれるに為って、凡夫念ずれば即ち生まれしむることを致すと云えり。斯れは是れ隠彰の義を開くなり(53)。

と説く。

彰とは、自力の心では信じることのできない他力の真実の法を彰すのである。それは何ものにも障げられない他

力信心の大海に入らしめようとするものである。善導の『法事讃』には、諸々の仏が、その本意である阿弥陀仏の本願を重ねて説かれる。凡夫はただ念仏して往生させて頂くと説かれている。

故に『小経』の顕の立場から言えば、若一日乃至若七日の念仏をすることが、多善多根の善本・徳本を修して、一心に自力の念仏を勧める方便の教えである。他方、彰の立場からすれば、真実難信の法を彰し、一心不乱に名号を執持することを説き、不可思議の願海を光闡し、衆生を無碍の大信心海に帰入するという。

かかる親鸞から小栗栖香頂に伝承された真宗の伝統的な解釈に対して、楊仁山は、『陽駁陰資弁』で、

観経は第三観に従り以去、みな是れ極楽の妙境なり。一として仏の願力の成る所に非らざるは無し。隠取を待ちて方に仏の本願を観ずと為さざるなり。

と述べている。

『観経』は第三の地想観よりすべて極楽浄土の境であるので、ことさら隠密を説く必要はない。すべてが如来の本願を観ずるものだからである。この楊仁山の指摘は、仏教の一般的な考えと通じるといってよい。

これに対して、小栗栖香頂は、善導の『観経疏』「玄義分」の、

今この『観経』は即ち観仏三昧を以て宗と為し、また念仏三昧を以て宗と為す。一心に回願して浄土に往生するを体と為す。[54]

の文により、『観経』を「一体両宗」の教であるという。つまり、観仏三昧と念仏三昧をそれぞれ宗としているという。そして、一心に浄土を願生して往生することを観仏と念仏の体とするのである。

小栗栖香頂は、観仏を宗とすることを顕の義とし、念仏を宗とすることを隠の義というのである。また、『観経疏』「玄義分」に説かれる要門と弘願により、顕に観仏・要門を説き、隠に念仏・弘願を説くとしている。そして、

小栗栖香頂はさらに『陽駁陰資弁』で、

観仏三昧に依りて、浄土の依正を見るも、其の所見の土は報土に非ずして、是れ化土なり。此の化土は亦た願力所成なり。懈慢界を以て見るべし。念仏三昧に依りて往生を得る。是の報土は化土に非ざるなり。報土は即ち是れ願力所成なり。定善自力は之れ往生することを得るに非ざるや。

と述べる。

もともと『大経』下巻には、

若し衆生有りて、疑惑の心を以て諸の功徳を修して、彼の国に生まれと願ぜん。仏智・不思議智・不可称智・大乗広智・無等無倫最上勝智を了らずして、此の諸智に於いて疑惑して信ぜず。然も猶罪福を信じて善本を修習して其の国に生まれんと願ぜん。此の諸の衆生、彼の宮殿に生まれて寿五百歳、常に仏を見たてまつらずして、経法を聞かず。菩薩・声聞聖衆を見ず。是の故に彼の国土に於いて之を胎生と謂う。(55)

とある。

浄土真宗では、方便化土を説くに当たり、この『大経』所説の疑城胎宮が説かれるのが普通である。つまり、『観経』で浄土を説くけれども、それはあくまでも報土ではなく、化土として説く。疑城に生まれることは、蓮華の中に生まれるものの、そこから長く出ることができない。それはあたかも母胎の中にいるが如くであるから、それを胎生といい、その胎生の宮殿の如くであるから、疑城胎宮と説かれる。今、小栗栖香頂は、それを「懈慢界」といっている。故にあくまでも報土は、願力成就であり、自力作善の往生と異なるという。

それに対して楊仁山は、『評陽駁陰資弁』で、

釈迦仏、何故に此の懈慢界を説くや、人を教えて往生するとは、此れ真に謗仏謗法と謂うべきや。

と反論する。

楊仁山は、釈尊は、なぜわざわざ疑城胎宮といわれる懈慢界を説いたのか。釈尊が衆生を救うのに実報土を説かずに化土を説いたというならば、その理由は何か。それは誹謗正法そのものではないかと批判する。この点、龍舟は『続貂』で、

　按ずるに、懈慢界とは、諸行の機は所生の土なり。真土に直入すること能わざると為すは、成就せられる所なり。

と答える。

懈慢界というのは、諸行の機の所生である。真実の土に直入できない衆生が成就する所である。それは『法華経』で説かれる「化城喩品」の説と同じである。正しく仏は一切衆生を大乗の極楽浄土に生まれさせたいのであるが、怯弱な衆生がそれに堪えられないため、化城として、先ず小乗のために涅槃を説き、一旦その涅槃を得て止息させ、そこからさらに大乗の心を発こし真実の宝所に進趣させるという。だからこれと同様な意味で方便として懈慢界が説かれるのである。それこそ仮を貶損して、真を褒美することであるという。

龍舟は、諸宗はみなこのようなことを説いているのに、これを誹謗というのは、全く誣説なことであるという。

一方、小栗栖香頂も『陽駁陰資弁』で、

　若し隠の義を以て之を会せば、観門所見の浄土は即ち報土と為す。貴君の病は、弘願の外、定散の要門有ることを知らざるに在るなり。又、念仏往生の外、観仏往生有ることを知らざるに在るなり。

と述べる。

これまで何度も顕密隠彰について述べてきたが、楊仁山は第十八願の弘願の他に定散の要門のあることを知らな

いのではないかと指摘する。もちろん念仏往生が本筋であるが、また観仏往生のあることも知るべきという。そして、『陽駁陰資弁』で、

善導の釈、皎然にして日星の如し。定散は本願に非ざれば、単に念仏を弘願と為す。善導流通にして、人の顔色を照す。

と述べる。

小栗栖香頂は、どこまでも善導の明示した隠顕釈により念仏往生について述べる。善導の解釈は、白く輝く日星のようであるという。善導により、定散そのものは本願ではないが、ただ念仏申すところに弘願のはたらきがあるという。これこそ善導の後々の人々を照らす骨頂であるという。すると楊仁山は、『評陽駁陰資弁』で、

善導落筆の時、後世の人此等の執見有ることを料らずなり。（善導之を施すを楽、後人は之に執するを病と成す）

と再駁する。

楊仁山は、善導自身間違いがあるかも知れない。なおかつそれを受け取る後の人が間違える場合もある。善導は薬を施したつもりでも、後の人々はそれに執着することによって病気になる場合もあり得ると反論する。さらに、浄土真宗の人は、論釈よりももっと経典をしっかり読むべきであると批判するのである。このことは楊仁山の終始一貫した主張である。

すると今度は、龍舟が『続貂』で、善導の「玄義分」の

然るに娑婆の化主（釈尊）は、この請に因るが故に即ち広く浄土の要門を開き、安楽の能人（阿弥陀仏）は別意の弘願を顕彰す。その要門とは即ち此の『観経』の定散二門是れなり。「定」は即ち慮りを息めて以て心を

凝らす。「散」は即ち悪を廃して以て善を修す。斯くの二行を回して往生を求願せよとなり。弘願というは『大経』（上巻の意）の説の如し。[56]

を引用して、弘願と要門を論証する。釈尊は浄土の要門を説き、阿弥陀仏は弘願を顕らかにしている。そして、定散を廃する要門。弘願を立つ念仏の意は顕然なり。何ら必ず後人は模捉せんや。と、『観経』の顕彰隠密の義を証し、そして往生を求める弘願は『大経』に説かれていると、『大経』『観経』の義について述べている。後々の人がこの説を受け止めるのは当然のことであると主張する。

小栗栖香頂は再度、定散二善の要門を説き、弘願の顕彰と廃悪修善の二義を説くのである。

第七節　本願名号

小栗栖香頂は、『真宗教旨』第八号で「本願の名号」（附篇二二六頁参照）について述べている。今それを要約すると次の如くである。

我々凡夫の身は、安楽国の浄土に往生しようとすれば、ただただ信心を発こすべきである。他力信心を発こそうとするならば、ただただ本願名号を聞くべきである。本願名号を聞こうとするならば、ただただ善知識に会うべきである。故に善知識に見《ま》みえば、本願名号を聞くことになる。帰命の心を発こせば、これこそ他力信心という。しかし今は、末法の時代であるので、人々は外は賢にして、内は愚なるものである。かかる時代にあって、今は六度を修する者もなく、ましてや解脱を得る人などいない。云々。

小栗栖香頂は、身分・職業、男女・僧俗を問わず、すべての人が同じように救われる道が本願名号のはたらきで

あるという。そして善導の、

自身は現に是れ罪悪生死の凡夫、曠劫より以来、常に没し常に流転して、出離の縁有ること無しと。(57)

の文を引用して、よくよく思量すべきであるという。善導は、人間は、もとより罪業の存在であり、凡夫としてどこまでも救われがたい身であることの自覚を強調した。それに対して、阿弥陀如来は、久遠曠劫よりの昔、大慈悲心を発こし、五劫の間思惟し、永劫の間修行し、本願を成就したという。故に『大経』に、

十方の衆生、心を至し信楽して、我国に生まれんと欲いて、乃至十念せん。若し生まれずば正覚を取らじ。(58)

と、第十八願文として説かれている。小栗栖香頂は、『真宗教旨』で、

十方衆生の語は、在家出家を問わざるなり。破戒無戒を問わざるなり。有妻無妻を問わざるなり。有子無子を問わざるなり。吃酒吃肉を問わざるなり。作農作商を簡ばざるなり。但して浄心を発し、阿弥陀仏に帰命せば、則ち仏は光明を放ちて、其の人を摂取す。命終に臨む時、極楽に往生し、大涅槃を証す。豈に無涯の大悲に非ざるや。其の恩に報いんと欲わば、須く仏の名を称すべし。

と述べている。

十方衆生とは、もとより在家・出家、破戒・無戒、有妻・無妻、有子・無子、飲酒・肉食を問わず、しかも作農・作商を簡ばない。つまり如何なる条件もつけず、ただすべての人に清浄心を発こして阿弥陀仏に帰命することになれば救われるという。すべての人を仏の光明によって、臨終の一念に臨む時、極楽に往生して大涅槃を得るという。故に衆生はふたごころなく仏恩報謝の称名念仏をすべきであるという。これに対して楊仁山は、『陽駁陰資弁』で、

但だ此等の人、正修行に非ざるのみならず、即ち終生苦行を修して衲衣一食、科頭足を跣い、昼夜眠らず、或は禅堂に処し、或は山洞に居し、自ら修行を負い、肯て虚心を看経して学道せず、但だ妄念を除くを以て功と

為す。日久ければ功深なり。一念に起きずして、便ち道を証せんと謂う。殊に知らず、恰一個無想の外道と成就せりと。仏法を離れ懸かに遠し。功行浅き者、命終の後、業に随いて輪転す。豈に哀からずや。

と述べる。

もとより中国仏教は、出家仏教が特徴で、浄土真宗のような在家仏教は理解できなくても不思議ではない。出家僧でない居士仏教の楊仁山によれば、中国仏教の人々は、生涯苦行をし、僧侶は一日一食で過ごし、素足で大地を歩き、禅堂に籠もって、不眠不休で修行し、時には山洞に居住することもある。それに対して、小栗栖香頂の説く浄土真宗の人々は、正しい修行者といえないばかりでなく、厳しい修行を自ら課すこともしない人々であるという。つまり、中国の浄土教は、出家者にしろ居士にしろ、それなりの規範を持って生活している。ただひたすら妄念を離れることが功を奏すのであり、そういう日々を重ねていけば、また功は深重なものとなるという。だから日本の浄土真宗のように、ただ念仏一つで後はどのような生活をしてもかまわないということでは功は得られない。全く無想外道そのものである。功の浅いものは、死に臨んでいのち終わる時、また輪廻転生の業を受けるしかない。何と哀しいことか、と自力聖道の教えを勧めるのである。それに対して小栗栖香頂は『陽駁陰資弁』で、

支那の僧は大抵仏書を学ばず、多くは坐禅し、或は頭陀する者を見るに、一念不生し、誠に仏果と為す。然るに此の一念不生の域に至れば、難なりや。若し誠に此の域に至る者は、是れ無想外道に非らざるなり。

と反論する。仏教の基本は、解行一致することである。中国の僧侶は座禅や頭陀托鉢はするが、反対に仏書を読み学問をすることはしない。故に一念不生の域に達することは難しいといえる。ましてや無想の外道では、なおさら達することができないのは当然である。そして楊仁山の言う「功行浅き者」について、『陽駁陰資弁』で、

功業浅き者は、命終の後、業に随って輪転す。貴君の言は是れなり。自力の行は、其れ成就を得ること難し、

道綽其の難を捨てて而も其の易を取る。弥陀の仏力に乗託して往生を願う。百即百生、貴君は其れ之を取れ。

の如く述べている。

小栗栖香頂は、楊仁山の「功行」を「功業」として捉えている。楊仁山の「浅き者」という言葉は、命終の一念に臨んで、また業によって流転することである。それは決して自力の行では果たせないことである。故に道綽は『安楽集』で、難を捨てて易を取っている。それこそが、弥陀の仏力に乗託して往生を願うことに他ならないというのである。すると楊仁山は、『評陽駁陰資弁』で、

誠に一念不生者に至らば、、是の無想外道に非らざると判ず。何ら其の見の浅なり。且つ無想定は滅尽定と之れ毫釐に差うに、謬するに千里を以てすることを知らず。外道は無想天に生じ、自ら大涅槃を証すと謂う。報尽決定して堕落することを知らざるなり。

と反論する。

楊仁山は、司馬遷の『史記・太史公自序』の「之を毫釐に失すれば、差うこと千里を以てす[59]」により、無想定と滅尽定とは、初めはほんの僅かな違いであったとしても、誤謬すれば、終わりには大きな違いになるという。さらに楊仁山は、外道と仏道を明確に区別すべきであるという。外道は無想天に生じ、自ら大涅槃を証すという。それは報尽決定して、むしろ堕落することを知らないからであるという。すると、龍舟がすかさず『続貂』で反論する。

按ずるに一念不生とは、誠に真理を証することとなり。而も一念妄想は、永く生起せざるなり。無想外道は、但だ有漏の定力を以て、暫く心・心所を防ぎ、生起せざらしめるのみ。其の別は霄壌なり。又た無想定とは、外道は出離想の意を以て所入するなり。滅尽定とは、聖者は止息想の作意を以て所入するなり。学仏の徒は、誰も之を知らず。

龍舟は、一念不生と一念妄想とに分けて説明をする。一念不生は、真理を得証することであり、なおかつ一念妄想はどこまでも生起することがない。故に無想外道とは、無漏の定力ではなく、あくまでも有漏である。ただ心と心の拠り所を含め、それらを防御して生起させようとするだけである。龍舟は、この一念不生と無想外道の二つは、天と地ほどの違いがあるという。そしてさらに無想定と滅尽定に分けて、前者は、外道そのものは出離想の意味において所入し、後者は、聖者の人々が、止息想の動作で以て所入するという。仏教を学んでいるはずの徒でも、このことを知る人はほとんどいないというのである。

すると楊仁山は『陽駁陰資弁』で、

> 自他皆な是れ仮名なり。仮名の自を廃して、而も仮の他を立つ。妙用にして無方なり。亀毛を以て兎角に易く、幸に執をして実法と為すこと勿かれ。

という。

本来、自他を立てること自体すべて仮名である。故に仮名の自を廃して他を立てること自体、全く無用なことである。亀に毛が生えたり兎に角があったりするようなもので、絶対あり得ないことである。楊仁山は、どこまでも自力・他力の両面が必要であり、決して切り離すことはできないと主張する。また、自他の仮名に執われ実法と為すことのないようにという。それに対して小栗栖香頂は『陽駁陰資弁』で、

> 聖道の諸教は、則ち自力を以て進む。一切仮名を以て亀毛兎角と為す。浄土門は然らず。五劫思惟亀毛に非ざるなり。永劫修行は兎角に非ざるなり。本願名号は衆生を摂取す。亀毛兎角に非ざるなり。此の実法を信じ、仏力に乗託して、而も浄土に往生し、始めて無生の妙境を詣することを得る。貴君聖浄を混すること勿ければ幸甚なり。

と述べる。

もともと凡夫は指方立相を立てないので、信心に立つことはできない。『小経』には、十万億土の西の彼方に、阿弥陀如来が在して浄土がある。そして七宝樹林と八功徳水があると説かれていることは周知のことである。(60)『大経』では、法蔵菩薩が因位に思惟修行し、本願の名号を成就するのに、衆生を荘厳仏国の聖浄の行をして摂取すると誓われた。(61)衆生はただこれを信じて浄土往生を願うことであるが、それは言葉を離れた妙境であるので、なかなか入ることができないというのが小栗栖香頂の主張である。故に自力作善を以て精進する聖道の教えは、一切を以て亀毛兎角と為すのである。浄土門は、五劫思惟は亀毛ではないし、永劫修行も兎角ではないし、本願名号は衆生を摂取することからすれば、亀毛兎角ではない。あくまでも実法を信じて仏力に乗託して浄土往生することが無生の境地を感得することである。最後に小栗栖香頂は、貴君は聖浄を混乱することの無いように願うと楊仁山に釘を刺すのである。

以上「本願名号」の観点からみても両者のこの聖道門と浄土門の捉え方は最後まで平行線をたどることになる。

第八節　他力信心

小栗栖香頂は、『真宗教旨』第九号「他力信心」（附篇二三一頁参照）について述べる。今、長文のため八項目に整理すると次の如くである。

①単に称名念仏をしたからといって、真実報土に往生するとは限らない。それは自力の信心による念仏だからである。必ず他力の念仏を発こすことによって往生するのである。

②念仏はどこまでも仏智によるものであって、決して我が心によって発こすようなものではない。我が心は堅牢せず、いつ変移するかわからない水面で書画するようなものである。ところが他力の信は、堅牢にして不退転にして金剛のようなものであるという。

③「信心也」とは、弥陀の本願の中に生ずるのかと自問し、『大経』の「至心信楽欲生我国[62]」の三体の中に生じるという。故に釈尊は、これを信心といい、天親は一心という。つまり、仏がこの心を廻向して衆生に施すことを、他力信心というと押さえる。そして、善導は「言南無者、即是帰命[63]」と押さえ、親鸞は「帰命者、本願招喚之勅命なり[64]」という。帰命の心は、決してわたしの心より生ずることはなく、必ず仏の勅命により生ずる。それを他力信心と名づける。

④因果でいえば、因と願は三心で、『大経』の「若不生者、不取正覚」による。果号は帰命で、阿弥陀を指し、親鸞は「摂取不捨」いうが故に阿弥陀と名付ける。帰するところは一つである。

⑤「名号也」とは、第十七願において成就し、「信心也」とは、第十八願において成就する。その謂れは、『大経』に「聞其名号、信心歓喜[65]」とあり、第十七願の名号は衆生の中にある。これを信心というのであるから、名号と信心とは、一体不二である。

⑥凡心は濁水の如くであり、仏心は、浄水珠の如くである。浄水珠は、濁水に入れば、水は変化して清水となる。同じように仏心も凡心に入ったならば、心は変じて信と成る。

⑦第十七願の名号は、所信の行である。第十八願の三心は、能信の心である。その十七願の名号は、衆生の心中に入り、十八願の三心となる。故に声を発する者は、十念を得なければならない。それを信行体一という。心中に信はあり、声を発することを行となす。既に信があるのであれば、行のないことはあり得ない。火があれ

ば煙があり、火と煙は切り離せないのと同じである。

⑧自力の心では心が安んじることはない。果として、往生を得るのか得ないのかどちらか。この迷いこそ「心実疑」と名付ける。龍樹も「疑えば則ち華開けず[66]」といっている。それでは、他力の信は心が安んじるのか。親鸞も「彼の願力に乗じて、定んで往生を得る[67]」といっている。全く狐疑の心はない。自力の徒は念仏を廻向して往生の業を果たすため、雑行雑修し、兼ねて余仏を信じている。他力の徒は、念仏を以て報恩の事とし、雑行を修せず、ただ一仏を信じている。自力により念仏することを、自力念仏となす。他力により念仏することを、他力念仏となす。曇鸞は、「仏力に縁ずるが故の念仏なり[68]」といっている。さらに自力の信に九品あり。浄にもまた九品あり。経に「胎生」とあり、他力の信において一相無別となり、所生の土はまた無量光明土という。故に経に「化生」とある。

以上が小栗栖香頂の他力信心に対する考え方である。これに対して当然のことではあるが、居士仏教の立場にある楊仁山は受け入れることはできない。そこで『陽駁陰資弁』で、

倘し自力に仗らずして、全く他力に仗らば、則ち十方衆生皆な応に一時に同じく西方に生ずべし。目前に何ぞ四生六道、流転受苦有らんや。

と反論する。楊仁山は、他力信心によってすべての人々が救われるというならば、この現実にあってなぜ四生六道に苦しむ人がいるのか。もしすべて如来のはたらきによるというならば、この世から一切の苦悩は消滅しても不思議でないのではないかという。さらに楊仁山は、『大経』の、

十方衆生、至心信楽して我が国に生まれんと欲うて[69]。

の文により、この第十八願の三心こそ自力そのものでないかというのである。

それを他力より生ずるというならば、それは普遍平等であるはずなのに、どうして衆生に信と不信があるのか。その信不信もすべて如来の計らいであるというのか。どうしてそれぞれ自力により信を生ずるといえないのか。そして楊仁山は、もし自力によらずに如来他力の廻向によるならば、現実に生きている十方衆生が、同時に、西方浄土に生じるべきであろう。それなのにどうして今ここに四生六道に流転して、業苦を受ける衆生が存在するのかと重ねていうのである。それに対して、小栗栖香頂は、前掲した『真宗教旨』第九号の要旨の八番目で親鸞の「彼の願力に乗じて、定んで往生を得る」(『教行信証』「信巻」)といっているが、改めて、善導の『観経疏』の、

彼の願力に乗じて(70)

正しく仏願に託するに由て(71)

阿弥陀仏の大願業力に乗じて増上縁と為さざることなし(72)

の三文を引用して、貴君は弥陀の願力を知らないからそのようなことがいえるのかと問うのである。小栗栖香頂は、さらに、もしどうしても楊仁山が理解できないことであれば、もはや治しがたい病のようであるとまでいうのである。浄土真宗の往生浄土の原点は、この願力によるのであって、自力では到底到達できないというのが浄土真宗の立場である。そして、『浄土論註』下巻の、

又劣夫の驢に跨りて上らざれども、転輪王の行に従いぬれば、便ち虚空に乗じて四天下に遊ぶこと障礙する所無きが如し。是の如き等を名づけて他力と為す。(73)

の文により、煩悩具足の凡夫の往生は、偏に弥陀の仏力に乗託すべきであるという。曇鸞によれば、凡夫が驢馬に跨って上って行くことはできないが、転輪王の行列に従えば、何ものにも障げられることなく虚空の四天下に思いのまま遊行できる。このような少しの障害もないことを他力といっている。この喩は、決して「死ぬのを生かす」

という道理に反したことではなく、自らのいのちを生かしている大いなる働きを意味する。

もともと浄土真宗では、第十八願の三心を解釈して他力廻向の信と為すことは周知のことである。そして、名号は第十七願において成就する。故に小栗栖香頂は、衆生がその謂われを聞いて、信ずることによって「所聞の名号は能聞の信となる」と、能所に分けて名号と信心を語るのである。そして、さらに曇鸞の『浄土論註』巻上の、

即ち仏の名号を以て経の体と為す。[74]

の文を以て、『大経』に説かれる三心は、無量寿仏の名号を以て経の体と為すという。つまり、名号が衆生の心中に入って、他力の信となるという。そして、小栗栖香頂は『陽駁陰資弁』で、

此の信を得るとは、宿善に拠るなり。宿善とは、三恒仏に値えるなり。過去に念仏を修習するなり。此の宿善を闕けば、則ち信を得ること能わず。貴君は願力の廻向を知らず、宿善の有無を知らず、故に妄りに一時同生の難となすなり。

と述べる。

浄土真宗で、信心獲得することは宿善によるという。過去・未来・現在の三世にわたり永遠に仏に値遇し続けることである。故にこの宿善を欠いたならば、信を獲ることはできない。それは如来の本願力廻向を知ることである。にも関わらず、小栗栖香頂は、楊仁山はこのような宿善の有無が理解できないため、妄念妄想に執らわれて、三世に生きながら、その三世を同時同生するという道理が理解できないのではないかというのである。

それに対して楊仁山は、『評陽駁陰資弁』で、

此の言は我宗を成就す。宿善は是れ自力の作す所なり。尊意はただ前生の自力を許して、此の生の自力を許さず。誠に其の何の義かを解せざるなり。

と、宿善こそ我が宗の良しとするところであると反駁する。

楊仁山は、第十八願の至心、信楽、欲生の三心が宿善であるとすればそれも自力のはずである。貴君は前生の自力を認め、現生の自力を許さないというなら、それは如何なる教義によるのか、と問うのである。もし、他力信心の者は無量光明の浄土に生まれ、自力の者は、胎生に処して光明の浄土に往生できないとしたら、それこそ誤謬である。楊仁山は、絶対他力でなければ往生できないというならば、仏の願力は平等であるので、衆生の自力によっても往生は可能のはずである。むしろ自力によらずに往生する者はあり得ないといった方が適切な解釈であるという。ここでも如来の絶対他力の救済が信じられないのである。すると今度は、龍舟がさらに『続貂』で、

按ずれば、宿善は則ち法の縁に遇うのみ。未だ自他の力を論ずるを要とせざるなり。本宗は自ずから他力の説なり。正しく得生の因において之を言う。蓋し宿善を縁じ善知識に遇うは、本願を聞き、信心を得、而も往生の益を成ずるなり。此の信心とは、他力に因り起こるなり。他力に因りて往生するなり。自力に因るに非ずして往生するなり。

と反論する。

龍舟は、宿善はあくまでも法縁のことであり、衆生の分別で論じるようなものではないという。宿善は因縁果の問題であり、衆生は縁において善知識に遇い、如来の本願の教えを聞き、往生成仏する。これらすべて他力信心のはからいによる。だから龍舟は自力による往生ではないと力説する。すると今度は楊仁山は、『陽駁陰資弁』で、

能く仏勅を領する者は、自心なり。故に仍お自心に従り生ずるなり。

と反論する。

楊仁山は、どこまでも仏の勅命を感ずるのは自身の心であり、自身の心によると主張して譲らない。この自身の

心について、小栗栖香頂は、『陽駁陰資弁』で、

凡心は水の如し、仏心は月の如し、凡夫の心は、信を生ずること能わず。水の之れ月を生ずること能わざるが如し。仏心は之れ凡心に入りて信心を作る。月影の水に入りて水と一体となるが如し。

と説き、心を凡心と仏心とに分けて論じている。小栗栖香頂は、凡心では信心を発こすことができないことを、水に映った月は月で本当の月にはならないのと同じである。そして、仏心は凡心の中に入って信心成就することを、水に映った月影と水とが一体になることと同じであるというのである。つまり、凡心は仏心とは限らないけれど、仏心は凡心と同体となるという。これは既説した曾我量深の「如来は我なり、されど我は如来に非ず」と同義とみてよい。ここでは他力と自力と異なることを説くのである。

すると、今度は楊仁山が『陽駁陰資弁』で、

九品の中、上品上生は、立刻して仏を見、忍を得て記を受く。以下の諸品均く胎生の事無し。大経の所説の胎生、疑惑無智を以て感ずる所なり。

と反論する。

楊仁山は、上品上生の機根の者は、仏や菩薩の説法を聴聞して無生忍を得て授記が受けられる。もちろん以下の諸品のどこにも胎生であることは説かれていない。だから『大経』所説の胎生は、疑惑無智を感得するところであっても、他力信心の者が九品を超えて往生成仏するとは、経そのものに説かれていないという。

楊仁山の批判に対して、小栗栖香頂は、貴君は『大経』を真実の教となし、『観経』『小経』を以て帯方便と為すことを知らないからそう批判するのであると答えるのである。あくまでも『観経』の九品は自力の信に係わるものである。故に上々品の信は上々品の浄土に往生成仏し、下々品の信は下々品の浄土に往生成仏するという。故に往

生に違いはないが、一度、他力信心往生と九品往生は分けて考えるべきであるという。そして、小栗栖香頂はさらに『陽駁陰資弁』で、

観経の九品は、浄土の化土に係わる。弥陀は方便の願を以て、此の九品の化土を成就す。以て九品自力の機に応ずべし。此の機は此の化土に往生し、而も後に一転して一種真妙の報土に入るなり。

と、『観経』の九品はどこまでも自力の機に応じるものであるが、弥陀の方便の願（第二十願）により、一度化土に往生して、それが一転して真空妙有の報土に入るという。ここで真実報土と方便化土を分け、阿弥陀如来のはたらきによって、真実報土から方便化土へと展開されると力説するのである。ところが楊仁山は、『評陽駁陰資弁』で、

経中に実に此の語無し。或は貴国所伝の本は、支那現行の本と同ぜざるか。

と、『観経』にそのようなことは説かれていない。日本にある経典は中国にある経典と異なっているのかと反論する。すると龍舟は、楊仁山の九品の化土は経典に説かれていないという指摘を一応認め、しかし、詳細に検討すればかかる義は存在するという。もちろん九品そのものは、あくまでも『観経』の教説であるが、『大経』には他力信心の往生が説かれているが九品往生は説かれていないことは事実である。しかし、それは表面的なことであって、内容としては九品と他力信心の往生は関係が深いという。その教証として、『観経』の、

金蓮華に坐せり。坐し已りて華合す（上品下生）(75)

蓮華上に坐せり。蓮華即ち合す（中品中生）(76)

七宝の池の中の蓮華の内に往生することを得、六劫を経る（下品中生）(77)

の三文を引用して、蓮華の合相について明らかにするのである。この蓮華の合相は、正しく『大経』の胎生宮殿と

変わらないというのが浄土真宗の立場である。故に『観経』『大経』は相対して、九品を以て胎生と比例するといっても何ら不自然ではない。もし比例すれば、真土と化土と比例するのも当然である。『大経』と『観経』は、真実と方便を分けているが、それらを比例すれば、同じであるという。そこでさらに龍舟は『続貂』で、

是に於いてや、本宗は報土の中に真仮二土を分かつ。九品を以て報中の化に属さん。但だ経本は則ち東流の本なり。固より大邦の現行本と異なり無し。

と述べている。

龍舟によれば、浄土真宗では報土の中に真仮を分かつのである。だから『観経』の九品を以て報土の中の化土に属すといってもよいということである。

以上の点よりすれば、日本の経本は中国より伝来したものであるので、当然、日本の現行本と中国本とは何ら異なることはないはずである(78)。

最後に小栗栖香頂も龍舟と同じように、善導の『観経疏』の、

往生を得と雖も、華に含みて未だ出でず。或いは辺界に生じ、或いは宮胎に堕せん(79)。

の文を引用して、善導が明らかにしたように、『観経』で胎生について説かれていないけれども、『大経』の胎生と同じようなものであるという。そして、さらに『陽駁陰資弁』で、

本宗は自力の信を以て、疑の部に属すと為す。蓋し自力の信にして、我が力浄土に生ずることを知りて、而も仏力に依りて浄土に生まれることを知らず。是れ仏力を疑うなり。故に疑に属す。

と述べている。

小栗栖香頂は、浄土真宗はどこまでも他力の信により浄土往生を願うものであるという。それに対して自力の信

は、自分の力で浄土に生まれると思い込んで、仏力によるということが理解できない訳である。それは仏力を疑うことで、まさしく疑に属することと同様であるという。そこで小栗栖香頂は、今度は龍樹の『十住毘婆沙論』から、

　若し人善根を種えても、疑えば則ち華開けず。信心清浄なる者は、華開けて則ち仏を見たてまつる(80)

の文を引用して、前述の疑を不了仏智と捉え、信心清浄において初めて、明信仏智というと述べる。ここに龍樹によれば、他力の信は明信仏智、自力の信は不了仏智であることが明らかとなる。

以上ここまで、自力・他力の信について確認してきた。楊仁山は、すべて他力信心で括ってしまうのではなく、少しの自力を認めなければ、衆生の救いはあり得ないという。つまり、業苦の中で生きる衆生が解放されることが救いであるはずである。それは個々の資質も問題であるという。それなのに、浄土真宗では迷いから覚りの世界に入るというよりも、むしろ迷っている存在的事実に気づくことが覚りであるという。だから、念仏一つで必ず浄土往生できるという。楊仁山は、すべての人が平等に救われるというならば、今どうしてこの娑婆世界で苦しむ人がいるのか、「皆ともに救われる」というのは成り立たないのではないかと疑難を問いかけるのである。

第九節　俗諦

これまで述べてきた小栗栖香頂の『真宗教旨』第一号から第九号までは、浄土真宗の教学について説示していた。これから明らかにしていく第十号「俗諦」の項（附篇二三九頁参照）では、仏教徒、強いては真宗門徒の日常生活を通しての仏道の歩みについて事細かく説示している。今、便宜的に十五項目に分けて紹介する。

①真諦・俗諦については、多くの義があるが、浄土真宗では仮として安心門を以て真諦とし、倫常門を以て俗諦

とする。

②浄土真宗では、既に肉食妻帯を許可している。常に五倫の道を説く。それを俗諦という。在家・出家を問わず、人民も天皇・皇后も肉食妻帯をして往生する。これは聖道門から悠に離れた別所である。

③たとえ凡夫の罪は重くとも、諸々の願力と比較すれば大海の一滴のようなものである。だから肉食妻帯は問題ではない。

④石は水に投げ込めば沈む、大船に載せれば浮く。同様に凡夫の罪は重く、三界に投ずれば沈む。願船に載せれば軽い。

⑤衆生の善を有漏、弥陀の報土を無漏とする。有漏の善で、無漏の土に生ずることはない。

⑥浄土真宗は戒律を立てない。然るに倫常を以て拠り所とする。故に忠臣・孝子・節婦を出だし、義友が多くある。

⑦倫常の源は、『大経』に「臣はその君を欺き、子はその父を欺く。兄弟・夫婦・中外知識、かわるがわる相欺誑す[81]」とある。これは釈尊の呵禁（叱って止める）、敗倫（戒律などを破る）、虧行（修行を欠く）者である。軍により矢石で死すのも忠であり、死して楽邦に往生すのは信である。各国とも兵を講じないことはない。無戦を保つことはできない。信を獲た今は戦うべきであり、信心の人は死を恐れることはない。

⑧外国に行ったことのない者は、世界の事情がわからない。だから守戦を便ずることがない。海で嵐に遭い、身の危険にさらされることもある。既に獲信する者は死を恐れることはない。

⑨念仏する大地には必ず仏陀がいる。『大経』に「天下和順し日月清明にして、風雨時を以てし災厲起こらず。国豊かに民安し。兵戈用いること無し[82]」の文により念仏の人を守る。これこそ報国の良策である。

⑩念仏する人は、君に報ずること大である。自分が養育されるには太平が大事である。念仏により主の恩が感じられるのである。
⑪浄土真宗において最悪なことは不孝である。『大経』に「父母教誨すれば、目を瞋らし怒りを譍う言令和かならずして違戻反逆す。譬ば怨家の如し、子無きに如かず[83]」とある。
⑫世界各国は文明を以て自ら奮起し、休み無く努力して講学する。自他共に明らかにすることを孝子という。いくら学問をしても家族を養うことがなかったら無学と同じである。農の道は、人々が競争しながらも、自分の気運は後にして、物理を究め物作りに励み父母に報いるべきである。
⑬多病は不孝であり、摂生すべきである。多淫は第一害、多酒は第二害、ましてやアヘンを嗜むことは自殺行為である。身体を傷つけることは不孝である。清朝の盛京の婦人は纏足により脚を裏とせず、南方の人は小脚を美人としている。孔子の説く道理もねじ曲げることのないようにすべきである。
⑭夫婦の愛は自然に出てくるものである。念仏を以てしなければ、その愛は全うしない。念仏の人は、天、神に恥じるか。その節操に変わりないのは、『大経』に「日月も照見し神明記識す[84]」とあるが如く、日月、神明に恥じて、ましてや道理を犯すようなことがあってはならない。夫婦は互いに念仏を勧め合い、生きては善男善女となり、死しては楽邦浄土に連なる。亦可ならずや。兄弟愛は自然のことであるが、念仏を以てしなければ、骨肉の争いも起きる。兄弟の争いは、自分の利のみ収め、他の過ちを推し、それは自身の欲から生じる。念仏の人はみな仏菩薩の精神を持っている。故に私事を押さえることは自然なことである。『観経』に「一一の光明徧く十方世界を照らしたまう。念仏の衆生をば摂取して捨てたまわず[85]」と。親鸞は「四海兄弟[86]」といっている。しかし、他力の信は阿弥陀如来より起こる、故に阿弥陀如来を以て父母とし、四海を以て兄弟となす。

⑮中国人（支那人）は、自国の民以外を異民族とし、また外国人が中国人を野蛮だというのは、お互い倫常がないからであって、もっと偏見そのものを問うことが大事である。天地、日月の照らすところは平等・公平である。自由に往来する人を朋友となす。万国同心にして太平を得る。それこそが念仏である。『大経』（『観経』）に「触光柔軟[87]」とある。念仏の人は、春風の如く柔和である。どうして争いを愛することができようか。大きな戦争、小さな舌戦は自分の思いもよらぬところから出る。賊は私たちを侵す、逆らって抵抗することもできない。邪の害も防ぐことができない。念仏の法は、民族を毒せず邪せず。故に侵害なき災いなり。部屋に閉じこもって人を欺くことは念仏者ではない。天地神明、森羅万象に欺いてはならない。ましてや、白日に行婬したり、街角で放便し、廉恥なきひとは、念仏者といえない。幽にして欺かなければ、どうして明るいといえようか。

以上、かつて『日中浄土教論争』で述べた如く[88]、この『真宗教旨』は明治九年（一八七六）、東本願寺教育課より出版され、中国での布教のために書かれたものである。そのような意味から、⑥、⑦、⑨、⑩項で説かれている事柄は、忠孝をはじめとした皇国史観に基づいて説かれていることは一目瞭然であろう。そして、中国布教の講本として説かれたものであるので、⑭、⑮項では当時の清国のことを鑑みて説かれている。それは「四海兄弟」「万国同心」等の語を用いて、盛んに「八紘一宇」の天皇制皇国史観を踏まえたものである。そこではもちろん侵略という意識ではなく、明治政府の意を踏まえた同化政策によっていると考えられる。

そこで小栗栖香頂は、他力信心以外に五倫の重要性を指摘するのである。

それに対して楊仁山は、『陽駁陰資弁』で、

下文の俗諦は雑修雑行に非ずして何なりや。

と、俗諦の項で説かれるものは、すべて雑行雑修でなければ何なのか。それなのに前の諸項では、なぜ諸行を否定したのかと疑問を呈している。浄土真宗では、「雑行を棄てて本願に帰す」といいながら、どうして俗諦を説くのかということが楊仁山の大きな疑問である。

その疑問に対して小栗栖香頂は、雑行正行とは、善導の『観経疏』でいわれている。貴方は少しもそのことを知らないのかという。そして次のように反論する。『陽駁陰資弁』で、

> 始めて雑行雑修の名を得て、之を廻向せざれば、則ち雑行雑修の名を得ず。五倫五常の人生は之れ必ず由る所なり。而も寸刻も之を欠くべからざるなり。

と述べる。つまり、諸善万行なるが故に浄土に廻向して往生の因となる。だからたとえ雑行雑修という言葉であったとしても、それは廻向がなければならない。五倫五常に生きることは必ず寸刻も雑行雑修を欠いたらいけない。ただ浄土真宗は、雑行雑修を往生の因とはしない。あくまでも世俗を離れて仏法はないわけである。ただし世俗に執着することから解放されなければならないと主張するのである。故に小栗栖香頂は、貴君はどうしてすべてを雑行雑修で括ってしまうのかと問い返すのである。すると楊仁山は、『陽駁陰資弁』で、

> 倫常門是れなり。善は世善なれど尚ほ廃せず。何為れぞ偏へに出世の善を廃するや。

と、倫常門は世俗の善である、なのに廃棄しないではないか、なぜ出世の善のみを廃棄するのかと反論する。世善である倫常門を捨てずに、自力である出世善を捨てるのはおかしいではないかという。そしてさらに、『評真宗教旨』では、

> 菩提心を発こすとは、一切世の善に皆無漏を成ず。菩提心を発こさざるは、五度を修すると雖も総じて有漏に属すなり。

と述べて、菩提心を発こした者は、一切世の善はすべて無漏となるが、菩提心を発こさない者は、五度を修しても結局有漏となるという。楊仁山は菩提心の必要性を強調し、そのことが明らかになれば菩提心を否定することはあり得ないという。つまり、一切世の善は、斉しく菩薩の万行に摂することにある。ただ浄土に廻向すればそこで往生の業を成就するというのが楊仁山の考えである。法然の菩提心はすべて如来のはたらきであることや、親鸞のいう「横超の菩提心」とか、「如来より賜りたる信心」ということは、楊仁山にとっては到底受け入れられるものではなかった。

小栗栖香頂は、世の善は出世の善を附与するものである。貴君はそれを廻向して往生の業とするというならば、仏願に違するため廃棄すべきである。故に廻向しなければどうして廃棄することを用いることができようかというのである。

すると楊仁山は、『陽駁陰資弁』で、

第十号に説く所は尽く是れ雑行雑修なり。前文は何を以て諸行を力掃するや。豈に掃う所の者は是れ出世の行にして、掃わざる者は、是れ世間の行ならんや。

という。

楊仁山は、浄土真宗では雑行雑修を捨てるといいながら、この十号で説かれる俗諦の部分はすべて雑行でないか。だから諸行を払拭するのはどのような理由なのか。払拭するのは出世の行であって、払拭しないのは世間の行というのかと反論する。世間では生死を長命する業として捉え、出世の行では生死を超えていくということか。これらは明らかに矛盾することである。楊仁山は、いずれが正で、いずれが反なのか答えてほしいというのである。

浄土真宗では、第十八願は諸行を以て往生の因とはしていない。ただ念仏を以て因としている。故に本願に約を

契る者は正であり、契らない者を雑とする。そこで、さらに小栗栖香頂は、

貴君は其の順と不順、称と不称を知らざるが故に妄に顚倒の説を為すなり。聖道門は出世の善を以て菩提に廻向す。浄土門の他力は、出世の善すら尚お廻向せず。況んや世の善をや。

と答える。小栗栖香頂は、楊仁山は順不順、称不称の区別を知らないから、妄念・妄想に駆られてとんでもない顚倒した説をいうと批判するのである。その理由は、聖道門の世界は、出世の善を以て菩提に廻向する。浄土門の他力念仏は、出世の善すらなお廻向しない。ましてや世の善においても当然廻向しないからである。

以上、『真宗教旨』第一号乃至第九号までの説と、この十号の俗諦の説とは矛盾しないか。つまり、純粋他力を如来の働きと見るならば、なぜ世俗の自力を説く必要があるのかと楊仁山は批判するのである。

第十節　諸式

小栗栖香頂は『真宗教旨』第十一号「諸式」の項（附篇二四六頁参照）で、真宗の諸式について述べている。

晨起式　盥漱式　洒掃式
言語式　三飯式　運動式
夜臥式　拝仏式　念経式
説教式　聴法式　発露式
報恩式　結社式　護法式
婚嫁式　有身式　臨産式

育児式　教児式　師弟式
日課式　講経式　聴講式
検査式　進級式　編集式
訳文式　監正式　擯斥式
賞典式　得度式　法名式
袈裟式　珠子式　堂班式
駐京式　処分式　派出式
分掌式　信施式　度支式
建築式　印刷式　仏名式
仏像式　病中式　看病式
臨終式　葬体式　中陰式
追遠式　生誕式　祖忌式
奏楽式　伽陀式　念仏式
和讃式

已上、諸式入社の後口授面稟す。

第十一号では、真宗門徒の諸式が紹介された後、これらは、門徒になるときに面接口授するという。これに対して、楊仁山は、中国に入ってきているキリスト教などの外道邪教は秘密主義である。他人に知らせないようにしているという。ところが楊仁山は、『陽駁陰資弁』で、貴宗の巻尾に「口授面稟の語」有り。人をして見、疑を生ぜしむ(89)。

と、『真宗教旨』の「諸式」に対して称賛している。浄土真宗に帰依した人に対して、口授することは素晴らしいことである。人をしっかり見て疑難を見極めることは大切なことである。楊仁山は、仏道入門した人々に、真宗の諸式を一冊の書にして配り、尊遵してはどうかという提案までしている。

これに対して小栗栖香頂は、やはり『陽駁陰資弁』で、

論註に曰わく。「若し必ず須く知るべくは、また方便有り。必ず須く口授すべし。これを筆点に題することを得ざれ(90)」と。

と『浄土論註』を引用して答えるのである。曇鸞は、もしどうしても知らなければならないことがあるならば、いろいろ方法はあるが、大切なことは必ず口授するものであって、筆で書き記すようなものではないという。小栗栖香頂は、『真宗教旨』の小冊子は「大海の一滴」に過ぎない。そして日常生活の一環として提示したに過ぎないという。だから当然『真宗教旨』は、決して外道邪宗の秘密伝授のようなものではない訳である。小栗栖香頂は、親鸞の説く念仏の真意こそ白く輝く鏡の如くであるという。ここに浄土真宗は、決して秘密伝授のようなことはなく、公開性を持っていることを楊仁山に提示しているといえよう。

これまでの十号までを除く、この第十一号だけは、両者一致した考えである。

第十一節　第十八真実の願

ところが『真宗教旨』では、第十一号「諸式」の後、本願文に関する新たな教学論争が始まるのである。

先ず楊仁山が、『陽駁陰資弁』で、『大経』の第十八願文を引用して、浄土真宗の信奉するところは第十八願に違いはないが、この願文の「乃至」をしっかり見るべきであると指摘する。そしてさらに楊仁山は、『陽駁陰資弁』で、

七日の持名従り減して一日に至る。又た一日従り減して十念に至る。是れ最小最促の行なり。下に向て更に減ずべきこと無し。大経の下輩生とは、正しく是れ此の機なり。其の上輩とは、是れ十九願所被の機なり。

という。

楊仁山は、『小経』には執持名号として七日が説かれ、七日が減して一日になり、一日が減して十念に至るという。このように下に向かっていくのは『大経』の下輩生がそれに相当する。その上輩が第十九願所被の機であるというのが楊仁山の主張である。

小栗栖香頂は執持名号の七日より一日に至り、一日より減して十念に至るという貴君の考えはよろしいという。これこそ最小最促の行だからである。しかし、それは数量的に下に向かって減することとは意味が違うはずである。小栗栖香頂は、楊仁山は一を知って二を知らないのと同じであると批判する。そして「乃至」とは「一多包容の言葉」という意味にとらえ、善導の『往生礼讃』「前序」の、

上一形を尽しと、下は十声一声等に至る[91]（取意）と。

の文と同じく、『往生礼讃』の、

若しは七日、一日、下は十声乃至一声一念等に至らば、必ず往生を得るなり。[92]

の文を引用して述べる。善導によれば、上は一生涯を尽くし、下は十念に至るのではないという。あくまでも上は一生涯を尽くして往生する。下に十声一声一念に至って往生する。故に十念の外に減すべきことがないといえるの

か、というのが小栗栖香頂の反論である。

さらに小栗栖香頂は、『大経』の下輩生とは、正にこの機そのものにあるとしている。故に楊仁山に対しては、貴君は言葉の奥にある意味を読み取ることに徹していないというのである。確かに第十八願に十念の言葉はあり、下輩にも十念の言葉はある。しかし、ただその点だけで、十念とすべきではない。どこまでも第十八願の十念であり、かかる十念は単に念仏により摂取するのみである。下輩の十念は傍らに余行を取るのであって、それを菩提心という。故にこの余行を廃して念仏を行じて初めて第十八願の念仏と同じになるというのが小栗栖香頂の主張である。

さらに小栗栖香頂は、『陽駁陰資弁』で、

> 本宗は三輩の菩提心を釈するに二門有り。一には以て聖道自力の菩提心と為す。是れ廃すべきなり。第十八願は自力の菩提心を許さざるが故なり。二には以て他力の菩提心と為す。第十八の三心是れなり。三輩の菩提心、即ち至心信楽欲生なり。

と述べ、菩提心を二門に分けて説く。第一が聖道自力の菩提心であり、これは廃すべきであるという。第二が他力の菩提心であり、これは第十八願の三心そのものであり、三輩の菩提心を至心の菩提心・信楽の菩提心・欲生の菩提心に配して説く。ここでもまた、自力・他力、聖道門・浄土門に配し、どちらか一方を廃するか否かの問題に戻ってしまう。

そこで楊仁山は、『評陽駁陰資弁』で、

> 四弘誓は錠子金の如し、三心は葉子金の如し。乃ち諄々として人に誨えて曰く、錠子金を用いるべからず、必ず須く葉子金を用いるべし。豈に錠子金と葉子金とは、体は本と無二にして、用も亦た無二なることを知らん

や。

と再駁する。

楊仁山は、四弘誓願は、錠子金（紡錘）のようなもので、三心は葉子金（金箔）のようなものである。何度も何度も同じことを繰り返して教え諭すようであるが、錠子金は用いるべきでなく、どんなことがあっても葉子金を用いるべきである。もちろん錠子金と葉子金の体も用も不一不異であることは知っておくべきであるという。それに対して、今度は龍舟が、『続貂』で、

高見は四弘誓を以て三心を一と為す。故に斯の譬有り。四弘誓は是れ自力なり。三心は是れ他力に従って起るなり。体はもと不同なり。喩は況や恐れて不合なり。菩提心は廃立なり。幸に『念仏円通』に於いて弁じて之を知るべし。

と答えるのである。

龍舟は、楊仁山は四弘誓願の教説に基づき三心と一つであるという。故に楊仁山が錠子金と葉子金の喩をもちだしているが、それは全く見当違いであるという。なぜかといえば、菩提心は法然の『選択集』によって廃立された意味に他ならないからである。龍舟は、既に『念仏圓通』(93)でそのことは論じたはずであるから参照してほしいというのである。

また小栗栖香頂は、『陽駁陰資弁』で、

本宗は第十八願を以て真実の願と為し、十九の願を以て方便の願と為す。第十八（願）は諸行を許さず。是れを真実と為す。十九の願は諸行を許す。是れを方便と為す。

と述べている。

小栗栖香頂は、既に下輩の菩提心を以て三心となすことは述べた。つまり、下輩の十念は、そのまま第十八願の十念である。故に下輩の生を以て第十八願の機となすべきであるという。小栗栖香頂は、どこまでも第十八願を真実の願とし、第十九願を以て方便の願とするのである。第十八願では諸行を認めないため真実という。第十九願は諸行を許すので方便という。もともと三輩そのものは第十九願を成就するものである。故に諸行を説くこと自体、それは諸行の中の念仏になってしまう。自力を帯びることを免れないからである。もし自力を帯びていたならば、もう既に第十八願の念仏とはいえない。他力は、どこまでも純粋であり、絶対でなければならないからであるという。楊仁山は、この純粋他力・絶対他力は最後まで納得できなかった[94]。むしろ「半自力・半他力」なら認められるという。だから楊仁山は、『評陽駁陰資弁』で、

> 第十八願は既に真実為れば、仏又た何故にして要ず十九願の方便を説かん。人をして易を捨て難を行しむるや。

と再駁する。

楊仁山は、浄土真宗では、第十八願を真実教とするならば、それでよいはずなのになぜまた第十九願の方便教を説くのかと疑問を発するのである。もし難易を説くなら、どうして易行を捨てて、難行を取るというのか。方便が易く真実が難ならば、仏はどうして衆生に対して易行に従って難行を勧めるのか。そして、どうして難行により易行に勧むことが方便なのか。かかる点において、浄土真宗の人々の心を動かすため、あえて異なりを申し立てるというのが楊仁山の考え方である。

楊仁山の再駁に対して、今度は龍舟が『続貂』で、

> 按ずるに高見は難易を以て方便真実を判然せんと欲するなり。無は乃ち一を拘するや。方便は真の楷梯に入るなり。故に真実方便は、其れ次じ不一なり。

と答える。

楊仁山の真実方便を難易二道で判断することに対して異議を申し立てるのである。例えば、『華厳経』によれば、如来の成道は普賢・文殊に体得される。しかし、声聞縁覚の者に対して、余経を説くことが真実と方便である。また『法華経』以前は、三乗を説いていたが、機根が調熟してくると一乗妙法が説かれる。同じように、阿弥陀の本願は、第十八願の真実を前とし、第十九願の方便を後にするという。そしてさらに『続貂』で、

且つ高見は所謂難易を専ら修行に執して之を言う。然に大経に云く「易往而無人(95)」と。又云く「若聞斯経。信楽受持。難中之難(96)」と。小経に云く「為諸衆生。説是一切世間難信之法(97)」と。易往而無人を抑するとは何ん。乃ち是の法難を以て信ずるなり。是れに於いてか弥陀は十八の後に於いて十九を開かざるべからず。釈迦は大本の後に観経を説からざるべからず。即ち真実方便の次第なり。

と述べる。

龍舟は、楊仁山は難易を修行としてみるからいけないという。方便はあくまでも真実に至る階梯のようなものだからである。そして『大経』の「易往而無人」「難中の難」、『小経』の「難信の法」などの経文を引用して、真実と方便の次第について述べる。浄土真宗では、聖道・浄土の二門は相対すると説く。つまり、聖道は難行にして、しかも易信である。浄土門は易行にして、しかも難信である。第十八願と第十九願も相対し、第十九願は易信であり、第十八願は難信である。さらに龍舟は、賢首大師法蔵の『華厳五教章(98)』の、

既に三乗を超え、恐く信受し難きが故に三乗を挙げて対比して之を決す。

の文を教証として、阿弥陀如来は第十八願の後に第十九願を開くという。

次に小栗栖香頂は、三輩について、『陽駁陰資弁』で、

本宗は輩品を以て開合の異と為す。三輩は已に諸行を説く。九品も亦た諸行を説く。三輩を以て十九成就と為す。則ち九品は亦た十九の相を為るを免がるる能わざるなり。之を要するに観経の序は正しく十九願を開くなり。流通に至りて而も諸行を廃し単に念仏に属し、始めて第十八と其の帰を同うすなり。貴君の眼は、未だ其の紙背に徹すること能わず。一片の婆心、君が反省を促すなり。

と述べる。

浄土真宗では、三輩はそれぞれ開合の異なりによって諸行を説くのである。もとより九品においても同様である。そこで三輩・九品を以て第十九願が成就するという。故に『観経』の「序分」は、第十九願を明らかにしたものであり、それが流通分にいたって初めて諸行を廃して韋提希が念仏一つに帰依するのである。それが正しく第十八願そのものと同じとなる。小栗栖香頂は、楊仁山にもう少し言葉の背景を深く読み取ってほしいという。つまり、『観経』の「上輩」は第十九願の所被の機であり、その時点ではまだその深い背景は顕れていない。だから三輩そのものは第十九願の所被に違いはないので、諸行を肯定している。決して弥陀の本願そのものではなく、あくまでも第十九願そのものであると述べるのである。

すると楊仁山は、

尊目の力は紙背に徹す。能く反語を作す所以なり。拙目は紙背に徹せず、故に祇かに能く正語を作す。古人云く、文に依り義を解すは、三世の仏を冤すなり。経を離れた一字は、即ち魔説に同じなり。

と反論する。

楊仁山は、私の目は貴君の目のように文字に込められた裏面の深い意味は読み取れない。貴君はよく反語を用いて相手を納得させせようとするが、私は少しでも正しい言葉の意味を受け止めるだけである。たった一字でも経を離れた言葉は、三世にわたって仏の教えに背くものであり、それこそ魔説と同じだからである。彼此のどちらかに囚われることは病気と同じである。二辺に執着することがなければ、それこそ病気でなくなるはずであるという。

それに対して今度は龍舟が答える。龍舟は『観経』の「流通分」の、

汝好く是の語を持て。是の語を持てとは、即ち是れ無量寿仏の名を持てとなり(99)。

の文を引用して、『観経』は、正しくは観仏と念仏を説くものであるという。つまり、釈尊の本意は、観と念の説を併存するのであるから、その上なお観仏を付すのは不可である。故に『観経』の真意は、諸行を廃するのでないことは自明である。それなのに念仏を立てる意味はどこにあるのかと、善導の『観経疏』の、

上来定散両門の益を説くと雖も、仏の本願の意を望まんには、意、衆生をして一向に専ら弥陀仏の名を称するに在り(100)。

の文により、浄土真宗はどこまでも経釈によっていることは明らかである。楊仁山の言説こそ人を誇ることにはならないかと反論する。

すると今度は楊仁山が『陽駁陰資弁』で、

今、曰く、十八願を正定聚と為し、十九の願を邪定聚と為す、此れ即ち大に経意に違す。十八願の末に五逆謗法、往生を得ずと言う。凡そ経意と相違するとは、均く是れ謗法なり。観経の下品下生、十悪五逆は、廻心して即ち生ずるなり。未だ謗法を収めず。

と反論する。

浄土真宗では第十八願を正定聚、第十九願を邪定聚としているが、これは大いなる間違いであるという。それではなぜ『大経』第十八願文の最後に、「唯除五逆、誹謗正法」と説示されているのか。特に謗法の人は往生できな

いと言っているではないか。そして、『観経』の下品下生では十悪五逆の人でも廻心さえすれば浄土往生できるという。決して誹謗を収めていない。ただ誹謗は弥陀の願光と相反するものである。今、第十八願は真実報土に往生すると説く。第十九願は化土に止まるという。この抑揚はどこから来ているのか。一々の経文を確かめて群疑を質すべきであるという。

すると小栗栖香頂は、各宗の祖師の一宗を開くのに、それぞれの法眼があるという。たとえば、慈恩は法相を立て、有空二教を以て不了義とし、深密等を以て中道了義としている。他宗の人が許さなくても慈恩は然りとしている。天台も、密教も、華厳もそれぞれ宗を立てている。

見真大師親鸞は、浄土真宗を開いた。『観経』について古今楷定した善導、善導に帰依した法然、法然を師とした親鸞と師資相承されている。そして末代の衆生一人ひとりの中に念仏往生の法門を開いている。その恩徳は身を粉にして報ずべきであるという。そして『陽駁陰資弁』で、

> 善導の五部九巻[101]は念仏観仏を並べ明かし、初心をして其の帰する所を知らざらしめ、法然は其の意の在る所を探り、之の文章に筆して、天下万世をして唯念仏の依るべきを知らしむなり。

と述べる。

善導の五部九巻の著作を通して、法然は観仏・念仏を整理して明らかにした。だから、法然はこれらの文を以て善導に帰依して、ただ念仏によるべき法門を明らかにしたのである。

かかる小栗栖香頂の説に対して、楊仁山は再び『評陽駁陰資弁』で、

> 此れは是れ善導の満たされざるの処なり、証知するは法然は併に全て善導を宗とするに非ず、乃ち善導の片言を取りて而も之を文飾するのみなり。

と反論を繰り返す。

楊仁山は、法然は善導の一部を以て宗としているのであって、決して善導がすべてをわかって述べているのではないというのである。各論と総論とで見極めている訳である。

楊仁山の批判に対して、龍舟が『続貂』で、

按ずるに善導は観仏を廃して念仏の意を取るなり。躍然として散善義に付属の釈なりや。

と反論する。

善導は、一応、観仏・念仏を以て『観経』を明らかにしているが、龍舟は、善導は観仏を廃して念仏を取っていることは、散善義に「付属の釈」があることから明らかであると示し、さらに『観経疏』「散善義」の、

已下は正しく弥陀の名号を付属して、遐代に流通することを明かす。上来定散両門の益を説くと雖も、仏の本願の意を望まんには、衆生をして一向に専ら弥陀仏の名を称するに在り[102]。

の釈文を以て論証する。

龍舟は、正しいこととそれに反することと二面あるけれども、法然のいうことは当然であるという。楊仁山がそれを「片言」というのは、全く真意を理解しない極みであるという。

かかる点に関して、小栗栖香頂はさらに善導の『観経疏』『往生礼讃』等を引用して説得する。すなわち『観経疏』の、

一心に専ら弥陀名号を念じて、（中略）是れを正定の業と名づく。彼の仏願に順ずるが故に[103]。

の文や、『往生礼讃』「前序」の、

ただ意を専にして作さしむれば、十は即ち十ながら生ず。雑を修するは至心ならざれば、千が中に一も無し[104]。

の文や、また先述した『観経疏』の文などにより(105)、第十八願は一切諸行を許さず、ただ念仏のみを正因とすることは教に違していないという。この善導の真意を知るのは法然のみであるという。法然がいなければ念仏・成仏の法門は地に落ちてしまうという。これまで何遍も述べてきたが、第十八願の十念を諸師が誤って観念・意念としてしまった。そんな中、善導のみ唯一、古今楷定して称名念仏とした。阿弥陀如来の本願は天地に皎然としてある。それが法然・親鸞によって明らかとなった。それなのに浅薄な偏見を持った学徒に、どうしてこのような至妙な道理が理解できようかという。すると楊仁山は再び『評陽駁陰資弁』で、

小弥陀経は専ら持名を主とする、唐以前既に盛んに行ずるや。

と、『小経』に説かれている執持名号は、善導より以前、既に盛んに行ぜられていたのか、あるいは仏滅後二千年後に出た法然によって行ぜられたのかと問うのである。

すると龍舟が『続貂』で、

大経は十念、浄影嘉祥皆な観念を以て之を釈す。善導十声を以て之を釈す。栖師は唯だ之を言うのみ。直に小経を指す者に非らざるなり。

と述べる。

これも何度も問題になったことであるが、『大経』の十念について、浄影寺慧遠、嘉祥寺吉蔵などはみな観念を以て十念を釈すのに、善導のみ十声を以て釈すのである。ただ小栗栖香頂はかかる点をいうのみであって、『小経』は直接関係ないという。

小栗栖香頂は、本願に順ずるか順じないかで正邪を分別するのであって、三悪道を邪としているのではないといって、『釈浄土群疑論』を引用する。

問うて曰はく、金剛般若経に云はく、若し色を以て我を見、音声を以て我を求めば、是の人は邪道を行じて、如来を見ること能わず。又云はく、一切の諸相を離るを即ち諸仏と名づくと、如何ぞ今日有相を作して仏を観じ、邪道を行じて生を願求する此れ実に難からん。釈して曰はく、般若と観経とは倶に是れ聖教なり、相と無相との観は並びに凡の言に非ず。互に是れ邪と説くこと、深き旨趣有り。其れ般若に依って彼の観経を毀るべからず(106)。

懐感の『群疑論』では、色・音声で自身を見たならば、それは邪道であるという。諸仏は一切の諸相を離れたものである。故に相・無相の観は、凡夫の言葉では表現できないため、般若経により観経の教説を歪曲してはならない。善導は、別解・別行を聖道門に係わるとして群賊に喩えている。諸行はどこまでも往生の障りとなる。ただ念仏を障げることにおいて群賊とするのである。小栗栖香頂は、楊仁山に「どうかこのことを考えてほしい」と哀願する。

すると楊仁山は再び『評陽駁陰資弁』で、

経中に諸行を以て往生を資助す、断じて往生を障ぐるの理無し。

と、経典では諸行を以て往生を助けるものとし、決して往生の障げにはなっていないと反駁する。すると龍舟が『続貂』で、『小経』の、

少善根福徳の因縁を以て彼の国に生ずることを得べからず(107)。

の文と、『石壁経』の、

専ら名号を持し、称名を以ての故に、諸罪消滅す。即ち是れ多善根福徳因縁なり(108)。

の文を引用して、諸行資助の往生について、化土に至るのは認められるが、真土に至るのは認められないという。

そこで少善根・多善根の福徳因縁について述べるのである。そして、善導の『法事讃』の、

極楽は無為涅槃界なり。随縁の雑善恐らくは生じ難し。[109]

の文により、極楽は無為涅槃の世界であり、衆生がそれぞれの縁に随って行じた種々雑多な善根では生じることが難しいという。故に諸行に足せずして往生に資するという。小栗栖香頂もこの点に随って、よくよく審思するように説示している。

すると楊仁山は、『評陽駁陰資弁』で、

善導の説かれる所の別解別行が、往生の業を退失するとは、之を群賊に喩う。もし菩提心及び諸の功徳を以て、之を群賊に喩えれば、則ち本疏の中の自語相違なりや。

と反論する。

善導教学において、特に別解・別行が往生の障げになるとしたら、それこそ群賊に喩えることができる。楊仁山は、もし菩提心及び諸々の功徳を以て群賊と喩えるならば、それこそ『観経疏』を受け取る浄土真宗の人にとって自己矛盾にならないかという。それに対して、龍舟は『選択集』の、

此の中に「一切の別解・別行・異学・異見」等と言うは、是れ聖道門の解・行・学・見を指す。其の余は浄土門の意なり[110]

の文により反論する。

もとより『選択集』は、善導の別解・別行を聖道門の解学・行学に当てはめて、その他の念仏を浄土門としている。小栗栖香頂は正にこの説に基づいている。故にそうした仏教全体を賊といっているのではなく、ただ往生の利益にならないことにおいて賊というにすぎないのである。

おわりに

以上で、小栗栖香頂の『真宗教旨』によって展開された、楊仁山と、小栗栖香頂及び龍舟の論争についての検討を終わる。

ただこの論争は、三名だけに限らず、一柳知成[111]、後藤葆真[112]との論争もある。また中国側でも、梁啓超（一八七三～一九二九）は、原始仏教ではもともと純粋他力を提唱したが、三時の像法末期に至り、凡夫の救われ難き状況の中で龍樹が易行品を作った。しかしその中で、聖道門を排除してしまったのが日本の浄土真宗であるという。ところが、仏教はこの自力の精神こそ今、大事であるといっている。また、太虚（一八九〇～一九四七）は、楊仁山が日本僧と議論した内容についてその教義は徹底していると全面的に支持している[113]。反対に芝峰については、第一章で述べた如く日本浄土教の他力本願を説く小栗栖香頂を深く理解していた。

いずれにしてもそこには、陳継東博士も種々指摘しているように、当時の中国仏教の抱えている諸々の課題が背景にあったことは事実である[114]。例えば梁啓超は、清末の政治家であり、歴史学者、ジャーナリストでもあった。日本に亡命した経験のある彼は、当時の民国の抱えている課題を荷負しながら仏教の教えを学んでいたと思われる。当然、仏教界の革新的存在であった楊仁山を信頼していたのは頷ける。また、楊仁山の学仏道場「祇園精舎」で真摯に仏教を学び、また清王朝に反抗する革命運動にも参与した太虚の立場もよく理解できる。そのような意味からしても、向後、中国清代末から民国にかけての中国の社会的状況、就中、仏教界の状況、日本の江戸末期から明治にかけての仏教界の動向に鑑みて研究することが大切であると思う。

本書では『真宗教旨陽駁陰資弁』に焦点を当てて、真宗教学を中心に考察を試みた。日本と中国仏教における論争をさらに深めていくには、今後、楊仁山・小栗栖香頂・龍舟以外の日本・中国の人々の論争について、総合的に考察すべきであることは充分承知している。期を改めて考察したいと思う。

註

（1）この『選択集』に対する論争については、拙著『日中浄土教論争』（法藏館刊・二〇〇九年）に詳しく論じたので参照されたし。
（2）拙稿「楊仁山の真宗批判」（「日本仏教学会年報」第六七号）参照。
（3）小栗栖香頂は、『真宗教旨』（法藏館蔵版・明治三十二年九月発行）七帖右～十六帖右において、三国七高僧について詳しく論述している。
（4）『十住毘婆沙論』「易行品」（真聖全一・二五四）（大正蔵二六・四一中）
（5）『無量寿経優婆提舎願生偈』（以下『浄土論』と略す）（真聖全一・二七七）（大正蔵二六・二三三上）
（6）『無量寿経優婆提舎願生偈註』（以下『浄土論註』と略す）（真聖全一・二七九）（大正蔵四〇・八二六中）
（7）『安楽集』巻上「第三大門」（真聖全一・四一〇）（大正蔵四七・一三下）
（8）『選択集』巻上「二門章」（真聖全一・九三二）（大正蔵八三・二中）
（9）『観経四帖疏』「玄義分」（以下『観経疏』と略す）「玄義分」（真聖全一・四四六）（大正蔵三七・二四七上）
（10）『依観経等般舟三昧行道讃』（以下『般舟讃』と略す）（真聖全一・六八七）（大正蔵四七・四四八下）
（11）『往生要集』巻上「厭離穢土門」（真聖全一・七二九）（大正蔵八四・三三上）
（12）『選択集』巻上「第二門章」（真聖全一・九三三）（大正蔵八三・二中）
（13）詳しくは拙著『日中浄土教論争』第二章「楊仁山の法然批判」第一節「楊仁山の法然批判の要約」に詳しく論じているので参照されたし。
（14）今、大谷大学所蔵の『真宗教旨陽駁陰資辨　全』（『真宗教旨』との合本、明治三十二年五月三十日起草・真宗高倉学寮

罫紙、両面二四行・四七枚、和綴、縦二七センチ・横一七センチ）は、手書きではあるが、ト書きとして楊仁山の『評小栗栖陽駁陰資辨』の文が書き込まれている。『楊仁山遺著』十一冊では、一部省略した部分があるので、今はこの大谷大学本による。

(15)『観経疏』「玄義分」（真聖全一・四五六）（大正蔵三七・一五〇上）

(16) 芻蕘とは、身分の卑しい者。転じて庶民。鄙人とは、いなかの人。身分の卑しい人。自分をへりくだっていう言葉。（『漢字源』）。

(17)『十住毘婆沙論』「易行品」（真聖全一・二五三〜二五四）（大正蔵二六・四一上）

(18)『安楽集』巻上「第三大門」（真聖全一・四一〇）（大正蔵四七・一三下）

(19)『観経疏』「散善義」（真聖全一・五三九）（大正蔵三七・二七二下）

(20)『往生礼讃』「前序」（真聖全一・六五二）（大正蔵四七・四三九中）

(21) 三時の年次については、小栗栖香頂は『安楽集』により、『安楽集』は『大集月蔵経』によっている。ただ末法一万年は『悲華経』に説かれている。

(22)『安楽集』巻上「第二大門」（真聖全一・三九五）（大正蔵四七・九中）

(23) 前掲に同じ

(24)『大智度論』巻二九初品第四五「廻向」には、「又小湯を大氷池に投ずるに、小処を消すと雖も、反って更に氷となるが如し」（大正蔵二五・二七五下）とある。

(25)『大経』巻下（真聖全一・四六）（大正蔵一二・二七九上）

(26)『安楽集』巻上「第三大門」（真聖全一・四一〇）（大正蔵四七・一三下）には、『大集月蔵経』巻五五の取意文とあるが、その典拠は不明。

(27)『観経疏』「玄義分」（真聖全一・四四六）（大正蔵三七・二四七中）

(28)『観経』（真聖全一・五一）（大正蔵一二・三四一下）

(29)『教行信証』「化身土」巻一（定親全一・二八九）

(30)『観経疏』「定善義」（真聖全一・五一六）（大正蔵三七・二六六中）

(31)『観経疏』「定善義」（真聖全一・五一九）（大正蔵三七・二六七中）

(32) この言葉は曾我量深の言葉である。同じような内容で三度ほど述べている。

①「地上の救主―法蔵菩薩出現の意義―」には、「私は昨年七月上旬、高田の金子君の所に於て、「如来は我なり」の一句を感得し、次で八月下旬、加賀の暁烏君の所に於て「如来我となりて我を救ひ給ふ」の一句を回向していただいた。遂に十月頃「如来我となるとは法蔵菩薩降誕のことなり」と云ふことに気付かせてもらひました」（『曾我量深選集』彌生書房刊・第二巻・四〇八頁）とある。これは大正二年七月、「精神界」に掲載している。

②「暴風駛雨」一一三、真宗教義の三大綱目には、

真宗教義は高くして卑く、遠くして近い。余は此を左の三大綱目に依りて指示し得ると信ずる。

一、我は我也、

二、如来は我也、

三、（されど）我は如来に非ず。（『選集』第四巻・三五一～三五二頁）。

とある。こちらには法蔵菩薩についての直接の言及はない（明治四十五年十二月、「精神界」に記載している）。

③「自証の三願について」には、回顧すれば明治四十五年の七月、「我は我なり、如来は我なり、されど我は如来に非ず」と叫んだ語の意義は今更に深く感ぜしめられる。（『選集』第四巻・六四頁）と記載されている。これは大正十二年三月発行の「見真」に掲載。

以上三点をみると、曾我量深の信心の感得の変遷がよく窺われる。

なおこれらの指摘は、同朋大学仏教文化研究所の松山大氏より口頭でご教授頂いた。記して謝意を表す。

(33)『大経』巻上（真聖全一・一五）（大正蔵一二・二六九下）

(34)『楊仁山全集』の『評小粟栖陽駁陰資弁』には、弥陀報土とあるが、今、大谷大学本には弥陀浄土とあるので訂正した。

(35)『大経』巻上（真聖全一・七）（大正蔵一二・二六六下）

(36)楊仁山『闡教芻言』（『楊仁山居士遺著』第十一冊「闡者編」一巻・二右）

(37)『大経』巻上（真聖全一・四）（大正蔵一二・二六七下）

(38)『大経』巻上（真聖全一・二四）（大正蔵一二・二七二中）

(39)浄土真宗の中では、古くからこの三願転入を蛙に喩えて説示している。（出典不明）

手を付けど、頭を下げぬ、蛙かな（第十九願）

濡れながら、なおも雨待つ、蛙かな（第二十願）

飛び込んで、浮かぶ力の、蛙かな（第十八願）

親鸞は、『高僧和讃』で、

本願力にあいぬれば
むなしくすぐるひとぞなき
功徳の宝海みちみちて
煩悩の濁水へだてなし

と述べている。まことに如来の本願力により、煩悩具足の身が、空しく一生涯を終わることなく浄土往生できるのである。そのような意味からすれば、この蛙の句も簡にして要を得たものといえよう。

(40) 試みに楊仁山は、一柳知成の『観経』の捉え方についても批判している。全文紹介しよう。「大著は三鏡の喩を以て眼とす。譬を取ること甚だ巧みなり。得は是に在り、失も亦た是に在り。夫れ、顕微鏡と望遠鏡とは、蓋し折光の反射に因りて倒影を成す。昆蟲の頭、本は上を向く。而れども鏡中なれば則ち下を向くが如し。新月は之れ本を缺けて東に向く。鏡中に面すれば則ち西を向く。且く顕力に因りて展大するも、能く一段を見て、全体を見ず。昆蟲の其の尾を見れば、則ち其の頭を見ざるが如し。新月の其の缺を見て、其の邊を見ず。有智の士、其の倒影の鏡に在るを知りて、即ち物の正形を知る。其の所見の少分を知りて、即ち月の全体を知る。決して定の倒と少とに執はれずして、正と全とを闕くなり。青色鏡の喩に至るに、其の青は鏡に在り、而るに物に在らず。青鏡を以て物を視れば則ち物物皆な青なり、而れども物の正色を得る能はず。須らく自己の正眼を以て之れを視るべし、正智を以て之れを照らさば則ち物の正形・全体・本色・畢露は、鏡の所改と為さず。然れば則ち三鏡は皆な用ふるべからざるか。日は非なり。是れ善用に在るのみ。善用とは、鏡は我用と為して、我は鏡用と為さず。物の微とは、鏡の顕にして大にするを以てなり。物の達とは、鏡の摂して近づくを以てするなり。日光耀目の際、鏡の減じて暗ずるを以てなり。是の如きは、便ち失無くして得有り、則ち亦た庶もろに其れ差はず。

観経末に云はく。「仏、阿難に告げたまはく。汝好く是の語を持て。是の語を持つとは、即ち是れ無量寿仏の名を持つなり。」「好く是の語を持て」の一句は、其の上文所説の観法を持つに属す。「即ち是れ無量寿仏の名を持つなり」の一句は、「観想」と「持名」との互に摂するを明かすなり。仏、後人の「観想」と「持名」とを視て、両途を判然するを恐るる。故に此の融摂の語を作し以て之れを暁す。善導謂はく。「仏の本願に望むれば、意は専ら仏名を称するに在り」と。若し此に執し以て定判と為さば、則ち仏所説の観法は、翻じて勝語と成る。且つ仏、儻し持名を専重して、韋提希に観想の法を以て告ぐるは、是れ心口の相違なり。凡夫は且つ此れを出でず、況むや仏に於てをや。像観・真身観の念仏三昧に至れば、即ち是れ本文の観法を結束す。如し必ず称名の念仏を判じて為さむと欲さば、則ち上文と貫かず。訳経者は断じて是の如きの錯謬を無くすなり」（『楊仁山全集』四〇一頁）。

(41)　ここは実際には『大乗起信論義記』によっている。即ち『大乗起信論義記』巻下に、「今此の文の中に、直ちに菩薩十住已上決定不退を正定聚と名づく。未だ十信に入らずして因果を信ぜずば邪定聚と名づく。此の二中間の十信位の人一大果を求めんと欲して心に未だ決せず。あるいは進あるいは退なるが故に本業経中に、十信の菩薩空中の毛の如く不定聚と名づく」（大正蔵四四・二七八中）とある。

(42)　『大乗起信論』（大正蔵三二・五八一下）

(43)　『大乗起信論』（大正蔵三二・五八三上）

(44)　『探玄記』巻四（大正蔵三五・一六八中）

(45)　『摂大乗論釈』巻三（大正蔵三一・一七四下）

(46)　『観経疏』「散善義」（真聖全一・五三八）（大正蔵三七・二七二中）

(47)　『十住毘婆沙論』「易行品」（真聖全一・二六〇）（大正蔵二六・四三上）

(48)　『大経』巻下（真聖全一・三二）（大正蔵一二・二七四中）

(49)　前掲に同じ。（大正蔵一二・二七一下）

(50)　『無量寿如来会』巻下（真聖全一・二〇三）（大正蔵一一・九七下）

(51)　『教行信証』「化身土巻」（真聖全二・一四七）（定親全一・二七六）

(52)　『教行信証』「化身土巻」（真聖全二・一五六）（定親全一・二九三）

(53)　『教行信証』「化身土巻」（真聖全二・一五七）（定親全一・二九三）

(54)　『観経疏』「玄義分」（真聖全一・四四六）（大正蔵三七・二四七上）

(55)　『大経』巻上（真聖全一・四三）（大正蔵一二・二七八上）

(56)　『観経疏』「玄義分」（真聖全一・四四三）（大正蔵三七・二四六中）

(57)　『観経疏』「散善義」（真聖全一・五三四）（大正蔵三七・二七一中）

(58)　『大経』巻上（真聖全一・九）（大正蔵一二・二六八上）

(59)　岩波文庫『史記列伝（五）』（一八九頁）。氂（日本の厘にあたる）は、一寸の十分の一、毫はそのまた十分の一。ほんのわずかな違いが、先へ行けば千里のへだたりとなるということ。これは『易緯通卦験』より引用。

(60)『小経』(真聖全一・六七)(大正蔵一二・三四六下~三四七上)
(61)『大経』巻上(真聖全一・七)(大正蔵一二・二六七下)
(62)『大経』巻上(真聖全一・九)(大正蔵一二・二六八上)
(63)『観経疏』「玄義分」(真聖全一・四五七)(大正蔵三七・二五〇上)
(64)『教行信証』「行巻」(定親全一・四八)
(65)『大経』下巻(真聖全一・二四)(大正蔵一二・二七二中)
(66)『十住毘婆沙論』「易行品」(真聖全一・二六〇)(大正蔵二六・四三中)
(67)『教行信証』「信巻」(定親全一・一〇三)
(68)これは取意文で、『浄土論註』には「但信仏の因縁を以て浄土に生まれんと願ずれば、仏願力に乗じて、すなわちかの清浄の土に往生を得、仏力住持して、即ち大乗正定の聚に入る。」(真聖全一・二七九)(大正蔵四〇・八二六中)とある。
(69)『大経』巻上(真聖全一・九)(大正蔵一二・二六八上)
(70)『観経疏』「玄義分」(真聖全一・五三八)(大正蔵三七・二四七中)
(71)『観経疏』「玄義分」(真聖全一・四五九)(大正蔵三七・二五一上)
(72)『観経疏』「玄義分」(真聖全一・四四三)(大正蔵三七・二四六中)
(73)『浄土論註』巻上(真聖全一・三四八)(大正蔵四〇・八四四上)
(74)『浄土論註』巻上(真聖全一・二七九)(大正蔵四〇・八二六中)
(75)『観経』(真聖全一・六二)(大正蔵一二・三四五上)
(76)『観経』(真聖全一・六三)(大正蔵一二・三四五中)
(77)『観経』(真聖全一・六五)(大正蔵一二・三四六上)
(78)経本に異なりのないことに関して、『続貂』では「附記」として次の如く記している。「附記 刻経処新刊は浄土十四経なり。一柳子を経て、購じて一本を得る。中に於いて三経通読して一週なり。紫柏本に依るとは、東国旧傳本と較せば、文字に少異無きに非ざるが如し。近日に当に校異録呈すべし。此れを録すは良縁なり。東西を輔車し、興を以て道風となす。欽仰せらる所なり」と。

(79)『観経疏』「定善義」（真聖全一・五〇八）（大正蔵三七・二六四上）
(80)『十住毘婆沙論』「易行品」（真聖全一・二六〇〜二六一）（大正蔵二六・四三中）
(81)『大経』巻下（真聖全一・三六）（大正蔵一二・二七六上）
(82)『大経』巻下（真聖全一・四一）（大正蔵一二・二七七下）
(83)『大経』巻下（真聖全一・三九）（大正蔵一二・二七七上）
(84)『大経』巻下（真聖全一・三八）（大正蔵一二・二七六中〜下）
(85)『観経』（真聖全一・五七）（大正蔵一二・三四三中）
(86)『教行信証』「証巻」に「四海之内皆爲兄弟也」（定親全一・一九八）とある。
(87)『観経』に「其の光柔軟にして普く一切を照らす。此の宝手を以て、衆生を接引す」（真聖全一・五八）（大正蔵一二・三四四上）とある。
(88)第一章「日中浄土教論争の始まり」第五節「小栗栖香頂の中国開教布教」を参照。
(89)『浄土論註』巻上の末尾に「必ず口授すべし」（真聖全一・三一一）（大正蔵四〇・八三四下）とある。
(90)『浄土論註』（真聖全一・三一一）（大正蔵四〇・八三四下）
(91)以下の文『往生礼讃』「前序」の取意文。（真聖全一・六五一）（大正蔵四七・四三九中）
(92)『往生礼讃』（真聖全一・六八三）（大正蔵四七・四四八上）
(93)拙著『日中浄土教論争』（法藏館刊・二〇〇九年）二五〇頁を参照されたし。
(94)この純粋他力については、楊仁山は一柳知成に対して「評日本僧一柳純他力論」を著している。少し長文になるが全文紹介しよう。

「純他力教とは、一家の私言なり。仏教の公言にあらず。請ふ、経文を以て之れを証したまへ。大経は三輩を明かす、観経は九品を開く。惟れ観を修する者は別に一途を為して、観行の浅深を論ず。亦た三輩・九品中に入りて摂る。貴宗は概に自力を以て棄てて取らず。一種の往生の法を另立し、以て三輩九品の上を駕し、名けて純他力教と曰ふ。此れ乃ち貴宗独創の教にして、通途に非らざるの教なり。蓋し仏教所説の往生を接引するは、皆な是れ他力の教にして、仍ほ自力を廃さず。自力を廃すれば、則ち無窮の過失有り。已に真宗教旨の内に於て之の詳を辯ず。夫れ自力往生を以ては、必ず圓に初住に、別に初地に至るも後に可なり。凡夫の往生は、全く仏力に仗るも、自力を以て階降の差と為す。此れ千古不易の定論なり。儻し以て然りと為さざれば、則ち亦た各おのの行も其れ是なるのみ」（『楊仁山全集』四〇二頁)。
(95)『大経』巻下(真聖全一・三一)(大正蔵一二・二七四中)
(96)『大経』巻下(真聖全一・四)(大正蔵一二・二七九上)
(97)『小経』(真聖全一・七二)(大正蔵一二・三四八上)
(98)『華厳五教章』巻一(大正蔵四五・四七八中)
(99)『観経』流通分(真聖全一・六六)(大正蔵一二・三四六中)
(100)『観経疏』「散善義」(真聖全一・五五八)(大正蔵三七・二七八上)
(101)五部九巻とは、善導の著作の総称である。
(102)『観経疏』「散善義」(真聖全一・五五八)(大正蔵三七・二七八上)
(103)『観経疏』「散善義」(真聖全一・五三八)(大正蔵三七・二七二中)
(104)『往生礼讃』「前序」(真聖全一・六五二)(大正蔵四七・四三九中)。さらに法然は、善導の文を受けて『選択集』「二行章」の末尾に「雑を捨てて専を修すべく、あに百即百生の専修正行を捨てて、堅く千中無一の雑修雑行を執せんや」とある。(真聖全一・九四〇)(大正蔵八三・四中)
(105)註(100)に同じ
(106)『釈浄土群疑論』巻二(大正蔵四七・三七中)
(107)『小経』(真聖全一・六九)(大正蔵一二・三四七中)
(108)現在の中国湖北省襄陽のある石碑に刻まれた異本の『小経』。『阿弥陀経』の別訳、元照述『阿弥陀経義疏』(大正蔵三七・三六一下)にこの言葉がある。
(109)『法事讃』「転経分」第九段(真聖全一・五九七)(大正蔵四七・四三三中)
(110)『選択集』「三心章」(真聖全一・九六七)(大正蔵八三・一二中)
(111)一柳知成は大谷派僧侶で、一八九八年、中国に留学、一九〇一年帰国。彼の「真宗学報」五号(真宗専門学校刊・一九二九年)所収の「清朝末期に於ける選択集の評難並びに引」(一~二〇頁)で、楊仁山の『評選択集』に対して、其の一批教相章、其の二批二行章、其の三批本願章、其の四批本願章、其の五批本願章、其の六批本願章、其の七三輩章、其の八批約対雑善章、其の九批付属章、其の十批證誠章、其の十一批慇懃章(六~一一頁)と、それぞれに批判解答している。一柳の批判は本願章に関するものが圧倒的に多いのが特徴である。

(112)　後藤葆真については、同じく一柳知成が「真宗学報」五号で、「後藤葆真氏は、当時開教総監督慧日院連枝の侍読として杭州に在り、播磨最勝寺後藤祐護氏の養嗣である。後藤氏の楊翁に応えし答文は、長編であるが、氏も既に逝きて在らず。今にして之を公示しなければ、終に世に現れずして泯没する恐れもあるから、煩わしきを厭わず、其の要門を抜きて最後に添載することとした」（五頁）と述べている。後藤氏の返答の文は「応干楊公評駁而呈卑見」と題して、「楊公第一批、楊公第二批、楊公第四批、楊公第六批、楊公第七批、楊公第十批、楊公第十六批」（一三～二〇頁）の七個の評駁である。後の九個の楊公批判は現存しない。また稿を改めて翻刻したいと思う。

(113)　以上、陳継東『清末仏教の研究』（山喜房佛書林刊・二〇〇三年）第四章「日本浄土真宗との論争」（二六六頁）参照。

(114)　陳継東『清代仏教の研究』第五章「楊文会の仏教思想の特質」（二七七頁～）の序の中で、楊仁山が仏教復興を願った背景には、清代末期の中国社会の転換期であったことはもとより、僧侶の堕落を始めとする中国仏教の腐敗があったと指摘している。博士はそれを、中国仏教の「復古」と「統合」とに位置づけている。

附篇

訳註『真宗教旨 陽駁陰資弁 全』

凡　例

一、本文は、小栗栖香頂『真宗教旨』を基とし、それに対して批判を述べる楊仁山『評真宗教旨』、並びに『真宗教旨陽駁陰資弁』に対して批判を述べる龍舟『陽駁陰資弁続貂』の三本を翻刻し、会本形式で編集したものである。それぞれの著作の文章の冒頭には、その著作名を記した。なお楊仁山の再駁の文がト書きに記載されているが、その文は『楊文会再駁』と表記した。

二、本文の翻刻に当たり、次の通りにした。

①『陽駁陰資辨』は大谷大学図書館所蔵の写本『陽駁陰資辨全』（『真宗教旨』『陽駁陰資辨　全』との合本、奥書に「明治三十二年五月三十日起草　六月七日卒業」とある。真宗高倉学寮罫紙、両面二十四行・四十七枚、和綴じ、縦二十七センチ横十七センチ）を底本とした。

②『評小栗栖陽駁陰資辨』は『陽駁陰資辨』の底本とした写本の上段の白紙の部分に書き込まれていたものを基にした。

また、『楊仁山居士遺著』第十一冊「闡教編」一巻に収録されている『評小栗栖陽駁陰資辨』を参考にし、大谷大学所蔵の写本には無い文章を註に載せた。

③『陽駁陰資辯続貂』は大谷大学図書館所蔵の写本（奥書に「明治三十四年十月、日本京都大谷本願寺大学寮

掛錫飛州釋龍舟〈俗姓内記〉頓首」とある）を底本にした。

三、本文は上段に原文を載せ、下段に編集した書き下し文（訳註文）を載せた。訳文の中に付してある数字は註記の番号で、末尾にまとめて出した。

四、原文は原則として、出来得る限り、写本に使われる漢字をそのまま使用した。結果、原文中には旧漢字と常用漢字が入り混じることとなったが、以上の理由により、敢えて統一しなかった。訳註文は新がな、漢字は原則として通用漢字を使用した。

五、原文中の《　》内のものは、原文にある割註である。また、訳註文の（　）内の西暦年号は、編集の途中で付け加えたものである。

六、訳註文の中で、書名には『　』、引文には「　」を用いた。

七、訳註文の中で、特に重要と思われる言葉は「　」で括った。例えば「隠顕」「十念」など。

八、『大正新脩大蔵経』→大正蔵、『真宗聖教全書』→真聖全、『定本親鸞聖人全集』→定親全と略号した。

九、訳註文では『陽駁陰資辨』→弁じて曰く　〇仁者曰く、『陽駁陰資辯続貂』→（続貂）と略してゴチックで示した。

十、『陽駁陰資辨』の「辨」の字と『陽駁陰資辯続貂』の「辯」の字は原本通りにした。

眞宗教旨　全

本願寺編集局纂輯

ト書きに掲載（楊文会再駁）

《佛説接引往生。皆是顯他力之教。三輩九品皆仗佛力而得往生。若全仗自力。必至圓初住別初地。始能十方世界。隨意往生。故知淨土三經。勸進往生。全仗他力。而仍以自力爲階降之差。我佛慈悲。所以誨人者至爲圓妙。若以三輩九品爲自力往生。則失經意矣》

（續貂）巻末掲載

《按本宗自他力之辯。有両重。若聖道

真宗教旨　全

本願寺編集局纂輯

ト書きに掲載（楊文会再駁）[1]

《仏の接引往生を説くは、皆是れ他力の教を顕すなり。三輩九品は皆仏力に仗りて往生を得るなり。若し全て自力に仗らば、必ず円の初住、別の初地に至りて、始て能く十方世界に随意往生すべし。故に知りぬ、浄土の三経、往生を勧進するは、全て他力に仗る。而も仍お自力を以て階降の差を為すなり。我が仏の慈悲、人に誨する所以は、至りて円妙と為す。若し三輩九品を以て自力往生と為せば、則ち経意を失せんや》

（続貂）巻末に掲載

《按ずるに本宗の自他力の弁に、両重有り。若し聖道浄土相対せば、

淨土相對。則聖道全是自力。淨土全是他力。三輩九品亦仗佛力而往生焉。殆如高見矣。然細判之。則淨土他力中。復有帶自力者。三輩九品之往生。是也。有純他力者。眞土之往生。是也。詳於此。則必無失經意之疑焉》

眞宗教旨陽駁陰資辨

清金陵楊文会仁山駁
日本　香頂蓮舶辯

（陽駁陰資辯続貂）
卜書掲載

三十四年五月三十日閲了

按小栗栖為『念仏圓通』、論菩提心者、辯而不詳。所謂挙『和燈』之菩提心、而不言『和燈』爲何及其文。楊仁山恐尚不知『和燈』爲何謂也。其論二双四重、説

則ち聖道は全て是れ自力なり。浄土は全て是れ他力なり。三輩九品も仏力に仗り、而も往生す。殆ど高見の如し。然るに細く之を判ずれば、則ち浄土他力の中に復た帯自力有りとは、三輩九品の往生是れなり。純他力有りとは、真土の往生是れなり。詳に此に於いて、則ち必ずしも経意の疑いを失すること無し》

真宗教旨陽駁陰資弁

清金陵楊文会仁山駁
日本　香頂蓮舶弁

（陽駁陰資弁続貂）
ト書きに掲載

三十四年五月三十日閲了

按ずるに、小栗栖の『念仏円通』を為めて、菩提心を論ずれば、弁じて不詳なり。所謂、『和灯』の菩提心を挙げ、而も『和灯』を言ぜざれば、何を為めて及び其の文とせんや。楊仁山は恐く尚お『和灯』を知らず、何を為めて謂うなり。其の論、二双四重、自力他力を説く。

自力他力、亦楊氏尚不解横竪爲何謂也。請以善導廢之、以玄忠立之、三輩菩提心、或爲十八大心、或爲十九大心、是盡爲楊仁山所不能解、願更詳説是等、使彼教樂幽遠精深也。舜台妄記。

清　楊文会駁
日本　内記龍舟辯

○仁者曰

近時泰西各國辨理庶務、日求進益、総不以成法為足。貴宗廣布佛教、勢将遍於地球、伏願参酌損益、駕近古而上之、故不憚繁言、陽似辨駁、陰實資助、祈大雅鑑之。

（闡教編『評眞宗教旨』）

極樂淨土由彌陀願力所成。彌陀既發大願。勤修聖道方得圓滿。經云住空無相無

亦た楊氏尚お横竪を解せず、何をなして謂うなり。請う善導之を廃するを以て、玄忠以て之を立つ、三輩の菩提心、或は十八の大心と為し、或は十九の大心と為す、是れ楊仁山の能く解せざる所と為すに尽きる。願くは、更に是等を詳説し、彼の教に楽ぜしめ、幽遠精深なり。舜台妄記す。

清　楊文会駁
日本　内記龍舟弁

○仁者曰く

近時、泰西[2]の各国の庶務を弁理すること、日に進益を求め、総じて成法を以て、足れりと為さず。貴宗は広く仏教を布し、勢い将に地球に遍ぜんとすべし。伏して願くば、参酌損益し、近古を駕して之に上らんことを。故に繁言を憚らず。陽は弁駁に似る。陰は実を資助す。祈らくば大雅に之を鑑みたまわらんことを。

（闡教編『評真宗教旨[3]』）

極楽浄土は弥陀願力に由り所成す。弥陀は既に大願を発し、聖道を勤修し、方に円満を得る。経に云く[4]「空・無相・無願の法に住し、

願之法、無作無起観法如化。此即聖道之極則也。以聖道修成本願。若云捨聖道則是違本願矣。因果相違豈得往生經云深信因果不謗大乘良有以也。以淨土爲入聖道之門。生淨土後則一切聖道。圓修圓証若在初修時唱言捨聖道、便是違背淨土宗旨矣。淨土門以三經一論為依切須体究經論意旨方名如來眞子也。

辨曰

《欧米各國之所以致其富強、依其君臣深信宗教。婚冠葬祭、必依宗教、兵隊軍艦、必置教師、故見死如生、見死如生（原注―四字恐衍）、是所以致其富強也。》

聞貴國黄衣派、挾天威而恣尊大、毫無學問之志、其青衣各派乃甘卑屈、而視國家之興敗如秦人於越人肥瘠、故政府亦處之度外、棄而不顧也。《僧寶之處世。豈

無作無起にして、法は化の如しと観ず」と。此れ即ち聖道の極則なり。聖道を以て本願を修成す。若し聖道を捨てると云ば、則ち是れ本願に違わんや。因果相違し、豈に往生を得んや。経に云く[5]「因果を深く信じ大乗を謗せず」と。良に以て有るなり。浄土を以て聖道に入る門と為し、浄土に生まれた後、則ち一切の聖道を円に修し、円に証す。若し修時の初めに在りて、聖道を捨てると唱言せば、便ち是れ浄土の宗旨に違背せんや。浄土門は、三経一論を以て依と為し、切に須く経論の意旨を体究すべし。方に如来の真子と名づくべきなり。

弁じて曰く

《欧米各国の其の富強を致す所以は、其の君臣の深く宗教を信ずるに依る。婚冠葬祭は必ず宗教に依る。兵隊軍艦には、必ず教師を置く。故に死を見ること生の如し。死を見ること生の如し（原注―四字恐衍）、是れ其の富強を致す所以なり。[6]》

聞くに、貴国の黄衣派[7]は、天威を挟して尊大を恣にし、毫も学問の志し無し。其の青衣[8]の各派は、乃ち卑屈に甘じて、国家の興敗を視ること、秦人の越人の肥脊[9]に於けるが如し。故に政府も亦た之を度外に処き、棄して顧みざるなり。《僧宝の世に処するに、豈に是の

有如是薄情者哉》

貴君深信仏乘、為我眞宗竭其心力、豈可不鳴謝哉。今得其陽駁之言、深感其厚意、是所以我輩之吐露赤心也。

（楊文会再駁）

僧俗二衆、佛有遺規、僧則守出家律儀、不干世務、俗則依在家道理、致君澤民、二者不相濫也。

（続貂）

按出家持律。緇衣所当然也。是以従上諸祖。在貴邦。則曇鸞。道綽。懐感。諸師。在東方。則源信。源空。両祖。皆持律精厳。威儀無欸。而皆無妨爲往生之先達也。但雖戒徳共高。不挟以爲往生之業因耳。而至我見眞大師受染之化儀。則依師命。應季運。示在家往生之榜様耳。

如き薄情なる者有らんや》[10]

貴君は深く仏乗を信じ、我が真宗の為に其の心力を竭くす。豈に鳴謝せざるべけんや。今、其の陽駁の言を得て、深く其の厚意を感ず。是れ我輩の赤心を吐露する所以なり。

（楊文会再駁）

僧俗二衆、仏に遺規有り。僧は則ち出家の律儀を守り、世務に干せざるなり。俗は則ち在家の道理に依り、君を致し民を沢し、二者相濫せざるなり。

（続貂）

按ずるに、出家持律の緇衣の所は当然なり。是れ以て上の諸祖従り貴邦に在るは、則ち曇鸞、道綽、懐感の諸師なり。東方に在るは、則ち源信、源空、両祖なり。皆な持律にして精厳なり。威儀は無欠なり。而も皆な無妨を往生の先達と為すなり。但だ戒と徳共に高きと雖も、挟せざるを以て往生の業因と為すのみ。而も我が見真大師は受染の化儀に至る。則ち師命に依り。応に季運すべし。在家往生の榜様を示すのみ。

○仁者曰

貴宗來支那宏教、實為末法津梁。因検得十餘年前所獲眞宗教旨一巻、悉心研究、覚於經意不合處頗多、遂参末議（註行間）、以備芻僥之採、（鄙人）眞心論道、不避忌諱、所謂個中人方談個中事也。

辨曰

個中人談個中事、餘情恋恋、足知貴君之厚情。至与經意不合之言、餘輩亦直心論道、不避忌諱也。請諒之。

○仁者曰

末法時人、業重障深、修習聖道、難進易退、盡人而知之矣。且形諸語言文字祇可隠含、不可顕露。若直言捨、則違聖教、違聖教便障往生矣。

○仁者曰く

貴宗は支那に来りて教を宏む、実に末法の津梁と為す。因って、十余年前、獲る所の真宗教旨一巻を検し得て、心を悉し研究す。経意と合せざる処頗だ多きを覚り、遂に末議（行間に註）を参じ、以て芻僥[11]の採に備う。（鄙人）真心の道を論じ、忌諱を避けず、所謂個の中の人、方さに個の中の事を談ずるなり。

弁じて曰く

個の中の人は、個の中の事を談ず、余情恋々として、貴君の厚情を知るに足れり。経意と合せざるの言に至りては、余輩もまた直心に道を論じて忌諱を避けず。請して之を諒せよ。

○仁者曰く

末法の時の人は、業重く、障深くして聖道を修習するに、進み難く退き易し。人を尽くして之を知れり。但し、諸を語言文字に形す。祇に隠含にすべし。顕露[12]にすべからず。若し直ちに言い捨てれば、則ち聖教に違す。聖教に違すれば、便ち往生を障う。

辨曰

本宗之視一代教、有二門、一差別門、二平等門。差別門則聖道門之外、別立淨土門。平等門、則淨土門之外別無聖道門。一代八万四千門、盡爲念佛之門戸也。

此土入聖爲聖道門、淨土往生爲淨土門。此土之成佛、与他土之成佛天淵迥別。以此差別門施化内外、勢不得不捨聖道而入淨土也。末法重障、此土入聖則難、淨土得生則易、本宗捨其難而就其易也。断断乎顕露之言語文字、據老婆心之切也。若葬之曖昧模糊之中、末代幼稚、喪失其方針矣。

弁じて曰く

本宗は之れ一代教を視るに二門有り。一には差別門。二には平等門。差別門は、聖道門の外に別に浄土門を立つ。平等門は則ち浄土門の外に別に聖道門無し。一代八万四千の門は、尽く念仏の門戸と為すなり。

此土入聖を聖道門と為す。浄土往生を浄土門と為す。此土の成仏と他土の成仏とは、天淵夐に別なり。この差別門を以て、化を内外に施す。勢い聖道を捨てて浄土に入らざるを得ず。末法重障なれば、此土入聖は則ち難し。浄土得生は則ち易し。本宗は其の難を捨て其の易に就くなり。断々や、顕露の言語文字は、老婆心の切なるに拠る。若し之を曖昧模糊の中に葬らば、末代幼稚にして、其の方針を喪失せんや。

第二號

傳燈

日本有十四宗。曰倶舍宗。曰成實宗。曰律宗。曰法相宗。曰三論宗。曰華嚴宗。曰天台宗。曰眞言宗。曰禪宗。曰大念佛宗。曰淨土宗。曰時宗。曰日蓮宗。

本宗。名淨土眞宗。據念佛成佛是眞宗之語。以親鸞上人爲始祖。上人。大識冠鎌足公之裔。而藤原有範公之男也。夫人玉日氏。攝政關白兼實公之女也。初源空大師。倡淨土宗。海内風靡。門人三百餘。上人實爲其上足。關白歸大師。爲大檀越。一日曰。大師持戒而念佛。弟子噉肉畜妻而念佛。無乃有勝劣耶。大師曰。同一念佛。何差之有。曰。弟子有女。屈一上足爲婿。以斷天下後世之疑。大師以上人應之。上人辭。不可。是開宗之縁由。

法脈血脈。綿綿相禀者。六百年於今。

第二号

伝灯

日本に十四宗有り。曰く倶舎宗。曰く成実宗。曰く律宗。曰く法相宗。曰く三論宗。曰く華厳宗。曰く天台宗。曰く真言宗。曰く禅宗。曰く大念仏宗。曰く浄土宗。曰く時宗。曰く日蓮宗。

本宗は、浄土真宗と名づく。念仏に依り成仏するは是れ真宗の語なり。親鸞聖人[13]を以て始祖と為す。上人は、大識冠鎌足公の裔。而も藤原有範公の男なり。夫人は玉日の氏なり。摂政関白兼実公の女なり。初めに源空大師は、浄土宗を倡す。海内を風靡し、門人三百余なり。上人は実に其の上足と為す。関白は大師に帰し、大檀越と為す。一日に曰く、大師は持戒し而も念仏す。弟子として肉を噉い妻を畜して而も念仏す。無にして乃も勝劣有りや。大師曰く。同一念仏。何らの差これ有りや。曰く。弟子に女有り、屈して一上足を婿と為す。以て天下後世の疑を断ず。大師は上人を以て応に之とすべし。上人辞して不可なり。是れ開宗の縁由なり。

法脈血脈。綿々相禀する者は、六百年なり。今に於いて厳如上人は、

嚴如上人。實祖師二十二世之孫也。天縱聰明。舉賢興學。百度更張。海内其瞻不啻泰斗。明治五年。今上詔爲大教正。斑在闔國緇衣之上頭。法嗣現如上人。亦拔爲權大教正。曾遊印度。觀楞迦山。

○仁者曰

貴宗于仏教門中、專重淨土、於淨土門中專重他力信心可謂簡而又簡、捷而又捷矣。

（闡教編『評眞宗教旨』）

此法在家二衆行之相宜。出家五衆自有清規。若一概效之則住世僧寶断矣。末法万年儀表不可廢也。

実に祖師の二十二世の孫なり。天縦聰明にして、賢を挙して学を興す。百度更張なり。海内其れ瞻じて啻のみならずして泰斗なり。明治五年。今上詔して大教正と為す。斑に闔国に緇衣の上頭在り。法嗣現如上人は、亦た抜して権大教正と為す。曾て印度に遊して、楞迦山を観る。

○仁者曰く

貴宗は仏教門の中において専ら浄土を重んじ、浄土門の中において専ら他力信心を重んじるは、簡にして又簡、捷として又捷と謂うべし。

（闡教編『評真宗教旨』）

此法在家の二衆は之を行じ相宜す。出家五衆は自ら清規有り。若し一概に之を效せば、則ち住世の僧宝は断ず。末法の万年の儀を表せば廃すべからざるなり[14]。

第三號

判教

以聖道淨土二門。判一代教。大小半滿。權實顯密。爲聖道門。是係此土入聖之教。大無量壽經。観無量壽經。阿彌陀經。爲淨土門。是係往生淨土之教。

又聖道門中。有竪出竪超。法相三論爲竪出。華天密禪爲竪超。淨土門中。有横出横超。以諸行往生爲横出。是係自力。以念佛往生爲横超。是係他力。

（闡教編『評眞宗教旨』）

聖道爲十方刹土解脱之門經。生西方淨土之人、亦由聖道而証妙果。修諸行者若不念仏廻向亦不得往生。

辨曰

貴君既知之、何用下陽駁。然此文表面

第三号

判教

聖道浄土の二門を以て一代教を判ず。大小半満なり。権実・顕密を聖道門と為す。是れ此土に係り、聖の教に入る。大無量寿経。観無量寿経。阿弥陀経。浄土門と為す。是れ往生浄土の教に係る。

又聖道門の中に竪出竪超有り。法相・三論は竪出と為す。華・天・密・禅は竪超と為す。浄土門の中に横出横超有り。以て諸行往生を横出と為す。是れ自力に係る。以て念仏往生を横超と為す。是れ他力に係る。

（闡教編『評真宗教旨』）

聖道は十方刹土を解脱の門経と為す。西方浄土の人に生まるるもまた、聖道に由り妙果を証す。諸行を修する者は、若し念仏廻向せずんば、また往生を得ず。

弁じて曰く

貴君既に之を知れり。何ぞ下の陽駁を用いるや。然ればこの文の表

褒之、而至下刺衛皮肉、吾輩亦不得不挙骨髓而示貴君也。

第一號

七祖

第一祖龍樹菩薩

祖其作易行品。而不祖其講布華嚴中論。

第二祖天親菩薩

祖其作淨土論。而不祖其講布俱舍唯識。

第三祖曇鸞大師

祖其作往生論註。而不祖其講布四論。

第四祖道綽禪師

祖其作安樂集。而不祖其講布涅槃經。

第五祖善導大師

祖其一向專稱彌陀佛名。而不祖其持戒禪定。

第六祖源信和尚

祖其念佛爲先。而不祖其講布天台部。

面は之を褒じて、しかも下に至って皮肉を刺衛す。吾輩も亦た骨髄を挙げて貴君に示さざるを得ざるなり。

第一号

七祖

第一祖龍樹菩薩

祖は其れ易行品を作す。而も其の華厳中論を講布するを祖とせず。

第二祖天親菩薩

祖は其れ浄土論を作す。而も其の倶舎唯識を講布するを祖とせず。

第三祖曇鸞大師

祖は其れ往生論註を作す。而も其の四論を講布するを祖とせず。

第四祖道綽禅師

祖は其れ安楽集を作す。而も其の涅槃経を講布するを祖とせず。

第五祖善導大師

祖は其れ一向専称弥陀仏名なり。而も其の持戒禅定を祖とせず。

第六祖源信和尚

祖は其れ念仏為先とす。而も其の天台部を講布するを祖とせず。

第七祖源空大師

祖其念佛爲本。而不祖其圓頓戒。

蓋七祖之意。素在念佛。而傍及餘事者。係時有聖道自力之機。空海氏之所謂。賢者説默。待時待人者。是也。

（闡教編『評眞宗教旨』）

龍樹作易行品祇分難易、不顕立掃。今眞宗立淨土而掃聖道與論意不符。

○仁者曰

龍樹説難行易行二道是活法、於聖道中開出淨土一門、接引後学、此爲同中別也。利根於現生中得念仏三昧、即証入聖道門、鈍根於往生後、花開見仏、亦証入聖道門、此爲別中同也。闡揚聖教者、須将死法説成活法、不可将活法説成死法。仏教命脈、僅如懸絲、可不懼哉。

第七祖源空大師

祖は其れ念仏為本とす。而も其の円頓戒を祖とせず。

蓋し七祖の意は素と念仏に在り。而も傍ら及び余事の者は、係時には聖道自力の機有り。空海氏の所謂、賢者は黙して説く。待時待人する者は是なり。

（闡教編『評真宗教旨』）

龍樹は易行品を作し、祇だ難易を分かつのみで、立掃を立つるを顕さず。今、真宗は浄土を立て聖道を掃し、論意と符せず[15]。

○仁者曰く

龍樹の難行易行の二行を説くは[16]、是れ活法なり。聖道の中に於いて、浄土の一門を開出し、後学を接引す。此れを同中の別と謂うなり。利根は現生の中において念仏三昧を得て即ち聖道門に証入す。鈍根は往生後において華開きて仏を見て、亦聖道門に証入す。此れを別中の同と謂うなり。聖教を闡揚する者は、須く将に死法を説きて活法を成ずべし。将に活法を説きて死法を成ずべからず。仏教の命脈は僅かに懸絲の如く懼れざるべけんや。

辨曰

龍樹之開難易二道、非難中開易也、非聖道中開淨土也、聖淨二門、拚々區別矣。天親之淨土論、正明淨土、而龍樹之易行品、傍明淨土耳。

（楊文会再駁）

不識仏法開合之妙、見聖道淨土、判然両途、不得不改変經意以合於自宗也。

（続貂）

按高見似乎以聖道爲総。而欲開淨土於其中者。抑聖淨之判。昉於道綽矣。安樂集云。「依大乘聖教。良由不得二種勝法。以排生死。是以不出火宅。何者爲二。一謂聖道。二謂往生淨土」。是判然両途。非自聖道中開淨土者也。我輩所祖述在焉。

弁じて曰く

龍樹の難易二道を開くは、難中の易を開くに非ざるなり。聖道の中に浄土を開くに非ざるなり。聖浄二門拚々区別せりや。天親の浄土論は正しく浄土を明かす。而も龍樹の易行品は傍らに浄土を明かすのみなり。

（楊文会再駁）

仏法開合の妙を識らずして、聖道と浄土を見て両途判然とすれば、経意を改変して以て自宗に合せざるを得ず。

（続貂）

按ずるに、高見は似乎として、聖道を以て総と為す。而も浄土を其の中に開かんと欲する者なり。聖浄の判を抑するは、昉として道綽においてのみ。安楽集に云く。「大乗の聖教に依るに、良に二種の勝法を得て、以て生死を排わざるによる。是を以て火宅を出でず。何者をか二と為す。一には謂く聖道、二には謂く往生浄土なり」[17]と。是れ両途を判然とす。自らに非ず、聖道の中に浄土を開く者なり。我輩が

又安樂集所引大集經。及大經文。二門之意了然。非改変經意者也。

（楊文会再駁）

天親往生論、於依正荘厳後、攝入一法句、明淨土不外乎聖道也、曇鸞釋之甚詳。

（続貂）

按玄一曰。「眞如一法之句。故言一法句」。一法句者。即眞如也。則于依正荘厳之後。攝入一法句者。以二十九種。攝入一眞如也。與曇鸞上文所謂此淨土。随順法性。不乖法本。（性功徳註）其義一也。然高見欲以二門相攝擬之。吾甚惑焉。

辨曰

同中別者、仏教中見二門也、別中同者、二門雖異、其所証之眞如一也。

祖述せられる所に在りや。又安楽集に所引の大集経及び大経の文には、二門の意了然なり。経意を改変するに非ざる者なり。

（楊文会再駁）

天親往生論は依正荘厳の後において、一法句に摂入し、浄土は聖道に外ならざるを明かすなり。曇鸞之を釈すること甚詳なり。

（続貂）

按ずるに玄一[18]に曰く。「真如は一法の句なり。故に一法句と言う」[19]と。一法句とは、即ち真如なり。則ち依正荘厳においての後なり。摂入一法句とは、二十九種を以て一真如に摂入するなり。曇鸞の上の文と、所謂此の浄土は、法性に随順し、法の本を乖せず。（性功徳註）其の義は一なり。然に高見は以て二門相摂して之を疑わんと欲す。吾れ甚だ惑するや。

弁じて曰く

同中の別とは、仏教の中に二門を見るなり。別中の同とは、二門異なると雖も、其の所証の真如は一なり。

（楊文会再駁）
眞如即是聖道、既知同証眞如、奈何唱言捨聖道耶。

（続貂）
按眞如是所証之理。聖道是能証之因。高見無乃一混能所乎。

辨曰
《佛法無死法、盡皆活法。若強以死活目之、与時机合者為活法、不与時机合者為死法。》方今聖道之一門、不合時机、独我眞宗、何肉周妻、為國家奔走、不啻説出離之法、併亦説忠君愛國之事、毫不剰坐深山。（而照法性之餘力也。単依佛力而往生淨土耳）

（楊文会再駁[20]）
真如は即ち是れ聖道なり。既に同じく真如を証することを知る。奈何ぞ聖道を捨すと唱言するや。

（続貂）
按ずるに、真如は是れ所証の理なり。聖道は是れ能証の因なり。高見は乃ち一にして能所を混ぜざること無からんや。

弁じて曰く
《仏法に死法無し。尽く皆活法なり。若し強て死活を以て之を目せば、時機と合するものは活法、時機と合せざるものを死法と為す[21]》。方に今、聖道の一門、時機に合せざるなり。独り我が真宗のみ何肉周妻し、国家の為に奔走す。啻に出離の法を説かず、併して忠君愛国の事を説き、毫として深山に坐し（法性を照らす余力を剰せ[22]ざるなり。単に仏力に依り浄土に往生するのみ[23]）

（楊文会再駁）

悉達太子捨金輪王位、入山修道、爲後人榜様、我輩雖不能学、心常羨之、今知貴宗如是存心、所謂道不同不相爲謀也。

（続貂）

按脱俗入道。美則美矣。我輩爰不羨之。但時衰機劣。神山瑤宮。奈可望而不可就何。

○仁者曰

存上句、删下句、可免掃拂聖道之弊。

辨曰

於淨土門中有二門、一諸行往生、二念佛往生。彌陀本願不取諸行、獨取念佛、故以念佛爲宗、不許雜修諸行。教人者、要其明明白白、決不可揷模稜之言也。

（楊文会再駁）

悉達太子は金輪の王位を捨て、入山修道して後人の榜様と為す。我が輩は学ぶこと能わざると雖も、心は常に之を羨む。今、貴宗是の如く心の存するを知る。所謂、道とは不同不相を謀と為すなり。

（続貂）

按ずるに、俗を脱して入道するは、美にして則ち美なりや。我輩は爰に之を羨とせず。但だ時に機劣が衰え、神山瑤宮にして、奈を望むべくして何に就くべからざるや。

○仁者曰く

上句を存し、下句を删らば、聖道を掃払する弊を免れるべし。

弁じて曰く

浄土門の中に於いて二門有り。一には諸行往生、二には念仏往生なり。弥陀の本願は諸行を取らずして独り念仏を取る。故に念仏を以て宗と為し諸行雑修を許さず。教人は其の明々白々を要し、決して模稜[24]の言を挿むべからざるなり。

（楊文会再駁）

四十八願普攝諸行、何云不取耶。《念仏即是諸行中之一行。専修念佛、所謂一門深入。而以世俗事務、夾雜其間、欲得往生、不亦難矣》

（続貂）

按栖師所謂彌陀本願者。即正指第十八願也。語稍汎爾。高見以爲兼四十又八。故有此疑。本宗所見。四十八願中有眞實有方便。第十八願爲眞實。如第十九則假也。其義栖師於下辯之。対看則可。

辨曰

本宗有二門、一學門、二行門。約學門則一切經可學也。不學一切經、則不可解淨土之法門也。若約行門、則單據念佛之

（楊文会再駁）

四十八願は普く諸行を摂するに、何ら不取と云うや。《念仏は即ち是れ諸行の中の一行なり。専修念仏は、所謂一門に深入し、而も世俗の事務を以て、其の間に夾雑す。往生を得と欲するも、亦難ざらんや[25]》。

（続貂）

按ずるに栖師は、所謂、弥陀本願とは、即ち正しく第十八願を指すなりと。語は稍として汎爾なり。高見は以て兼ねて四十又八と為す。故に此の疑有り。本宗の所見は、四十八願の中に真実有り、方便有り。第十八願を真実と為す。第十九の如きは則ち仮なり。其の義を栖師は下に於いて之を弁ずるなり。対看せば則ち可なり。

弁じて曰く

本宗に二門有り。一には学門、二には行門なり。学門に約せば則ち一切経を学ぶべきなり。一切経を学ばざれば則ち浄土の法門を解すべからず。若し行門に約せば、則ち単に念仏の一行に拠れ。豈に一代仏

一行、豈攘排一代仏教乎。貴君其體之。

教を攘拝せんや。貴君は其れ之を体せよ。

(闡教編『評小栗栖陽駁陰資弁』)

學與行兩不相干。則學成無用之學。閱教典、須一一銷帰自性。方為有益。栖君之言以閱經為所學、而非所行。則與學行兩不相涉。所学即属無益

《謹案此條評本末錄茲依手稿增入編者識》

(闡教編『評小栗栖陽駁陰資弁』[26])

学と行の両は不相なれば、則ち学は無用の学と成る。教典を閲し、須く一々銷として自性に帰すべし。方に有益と為すべし。栖君の言、経を閲するを以て所学と為し、而も所行に非ず。則ち学と行との両相渉せず。所学は即ち無益に属するなり。

《謹しんで案ずるに、此の条は、評本末録なり。茲に手稿に依りて増入す。編者識す》

(楊文会再駁)

不學下三十五字、恰合我意。

(楊文会再駁)

不学の下三十五字は、恰も我が意に合するなり。

(続貂)

按善導曰。「行者當知。若欲学解。従凡至聖。乃至佛果。一切無礙皆得学也。若欲学行者。必藉有縁之法」。(散善義)有縁之法者。何也。曰。本願念佛也。故

(続貂)

按ずるに善導曰く。「行者まさに知るべし。もし解を学ばんと欲せば、凡より聖に至り、すなわち仏果に至るまで、一切礙無くみな学ぶことを得ん。もし行を学せんと欲せば、かならず有縁の法に藉れ」(散善義[27])と。有縁の法とは何なりや。曰く。本願念仏なり。故に

又曰。「諸佛所証。平等是一。若以願行來収。非無因縁。然彌陀世尊本發深重誓願。以光明名號。攝化于十方」。（礼讃）此本宗所以分学門行門也。故我輩一切經。雖云学焉。非回向以爲往生之業也。函丈辨涇渭則幸矣。

第四號

三時

法有三時。佛滅後。五百年間。爲正法。有教行證。五百年後一千年間。爲像法。有教行而無證。一千五百年後。一萬年間。爲末法。有教而無行證。方今係佛滅後二千八百二十五年。人劣才闇。不能踐聖道而登大果。是所以聖道門不振也。以不可行之法。強於不能行之人。迫雞入水。豈理哉。但彌陀佛之本願。亘三時。該五乘。無不可行之時。無不能行之人。經曰。

又た曰く。「諸仏の所証は平等にして是れ一なれども、若し願行を以て来し収むるに因縁なきに非ず。然るに弥陀世尊、本より深重の誓願を発して、光明・名号を以て十方を摂化したまう」（礼讃[28]）と。此れ本宗を学門行門とに分ける所以なり。故に我輩は一切経を学ぶと云うと雖も回向に非ず。以て往生の業と為すなり。泾渭を弁じて函丈せば、則ち幸なりや。

第四号

三時

法に三時あり。仏滅後。五百年間を正法と為す。教行証有り。五百年の後、一千年間を像法と為す。教行有りて而も証無し。一千五百年の後、一万年間を末法と為す。教有りて而も行証無し。方に今、仏滅後二千八百二十五年を係ぐ。人は劣して才は闇なり。聖道を践すること能わずして而も大果に登る。是の所以に聖道門は振ぜざるなり。以て行ずべからざる法なり。強いて行ずる能わざるの人なり。雞の迫して水に入るは豈に理とならんや。但だ弥陀仏の本願なり。三時に亘り、五乗に該するなり。行ずべからざること無きの時、行ずる能わざること無きの人なり。経に曰く。「特に此の経を留めて止住すること百歳

「特留此經。止住百歳」。末法萬年後。尚住百歳。況萬年間耶。教與時契。行與機符。故淨土門之眞證。以今爲盛矣。入末法。而尚戀聖道。當夏着裘。當冬着葛。豈理哉。

○仁者曰

道綽逼鶏入水之喩、為留形穢土之人而說。非爲修聖道者説也。

辨曰

道綽已引大集經曰、我末法時中、億億衆生、起行修道、未有一人得者、是瞭然示聖道之不可修也。貴君其味之。

○仁者曰

迫鶏入水、即遭淹没、未聞修聖道而墮

せん」[29]と。末法万年の後。尚お百歳住せんや。況んや万年間なりや。教と時は契すなり。行と機は符すなり。故に浄土門の真証は、今を以て盛と為すや。末法に入り、而も尚お聖道を恋するは、当に夏に裘を着、当に冬に葛着るべし。豈に理ならんや。

○仁者曰く

道綽、鶏を迫めて水に入れしむるの喩[30]、形を穢土に留める人の為に説く。聖道を修する者の為に説くに非ざるなり。

弁じて曰く

道綽已に大集経を引きて曰く、「我れ末法の時の中に、億億の衆生、行を起こし道を修すれども、未だ一人も得る者有らず」[31]と。是れ瞭然として、聖道は之れ修すべからざることを示すなり。貴君其れ是れを味え。

○仁者曰く

鶏を迫めて水に入らしむるは、即ち遭て淹没するも、未だ聖道を修

落者。蓋聖道雖難速証、亦作淨土資粮、與彌陀因地同一修途、自然與果位光明相接也。

辨曰

穢土成佛爲聖道門、正像之時可作此事、至末代則不可作此事。舍利弗六住尚逢乞眼、況末代下根。

聖道之行爲淨土資粮、可矣。觀經序正二分説定散二善、是引聖道之機、而入於淨土之念仏也、流通可見。善導之判、皎然照人。

○仁者曰

專修淨土之語可説、不修聖道之語不可説。蓋淨土亦是聖道無量門中之一門、修淨土、即攝一切聖道入一門。所謂他力信心者、廢自顯他也。不許自他相對、即成

して而も堕落する者を聞かず。蓋し聖道は速証し難しと雖も、亦た浄土の資粮と作す。弥陀因地と同一の修途なれば、自然に果位光明と相接せん。

弁じて曰く

穢土の成仏を聖道門と為す。正像の時、此の事を作すべし。末代に至りては則ち此の事を作すべからず。舎利弗は六住にして尚お乞眼に逢う、況んや末代下根をや。

聖道の行は浄土資粮と為る。可なり。観経序正二分に定散の二善を説く。是れ聖道の機を引きて、浄土の念仏に入らしむるなり。流通して見るべし[32]。善導の判は、皎然として人を照す。

○仁者曰く

専修浄土の語は説くべし。不修聖道の語は説くべからず。蓋し浄土も亦た是れ聖道の無量門の中の一門なり。浄土を修すれば、即ち一切聖道を摂し一門に入る。所謂、他力信心とは、自を廃し他を顕すなり。自他の相対を許さざれば、即ち絶待円融の法門を成ぜんや。実を剋し

絶待圓融法門矣。尅實論之、信心者。自心所起也、他力者、自心所見之他力也。除却現前一念、復何有哉。

（闡教編『評眞宗教旨』）

自他皆是假名、廢假名之自、而立假之他、妙用無方、以亀毛易兎角、幸勿執為實法也。

辨曰

貴君膏盲之病在此一假、一者不知聖道之外有淨土門、二者不知自力之外有他力也。

此土入聖爲聖道門、他土得生爲淨土門、歴歴區別矣、不可一混也。聖道即淨土、何用往生十万億之西哉。

て之を論ぜば、信心なるものは、自心の起こす所なり。他力なるものは、自心所見の他力なり。現前の一念を除却せば、復た何か有らんや。

（闡教編『評真宗教旨』）

自他は皆な是れ仮名なり。仮名の自を廃し、而も仮の他を立つは、妙用無方なり。亀毛を以て兎角と易える。幸に執勿く実法として為すなり。

弁じて曰く

貴君の膏盲の病は、此の一仮に在り。一には聖道の外に浄土門の有るを知らず。二には自力の外に他力有るを知らざるなり。

此土の入聖を聖道門と為す、他土の得生を浄土門と為すなり。歴々と区別せり。一混すべからざるなり。聖道即浄土なれば、何んが十万億の西に往生することを用いんや。

（楊文会再駁）

栖君非但不知聖道、亦復不知淨土。大凡闡揚淨土者、須知淨土因何而成、既以大經爲眞實。

豈不見法藏比丘白佛言、我發無上正覺之心、非菩提心而何。發大願後修行文中、自行六波羅蜜、教人令行、經文彰彰可考證知彌陀淨土、皆因修行聖道而得成就、奈可定要捨聖道、判修行者爲邪定聚、生于化土、不修行者爲正定聚、生于報土。顚倒謬亂、莫此爲甚。豈日日持誦經文、循行数墨、全不解義耶。

（続貂）

按高見以法藏之發心修行爲聖道。無不可者。然更求其本。則我輩下劣。不能修聖道至聖果。法藏之慧眼能知之。是故五

（楊文会再駁）

栖君、但だ聖道を知らざるに非ず、亦た復た浄土を知らざるなり。大凡、浄土を闡揚すれば、須く浄土は何に因って成ずるかを知るべし。既に大経を以て真実と為す。

豈に法蔵比丘の仏に言して白さく、「我れ無上正覚の心を発す[33]」ことを見ざらんや。菩提心に非ざれば、何ぞ大願を発さんや。後の修行の文中に、「自ら六波羅蜜を行じ、人をして教えて行ぜしむ[34]」と、経文に彰々なり。考証すべし。弥陀浄土[35]は、皆な聖道を修行するに因り、而も成就することを得るを知れば、奈可ぞ定んで聖道を捨することを要とせんや。修行を判ずれば、邪定聚にして化土に生ずると為すなり、修行せざる者は、正定聚にして報土に生ずると為すなり。顚倒謬乱なり。此れを甚と為すこと莫れ。豈に日々に経文を持誦すれども、行に循し墨を数ふ。全く解せざる義なりや。

（続貂）

按ずるに高見は法蔵の発心の修行を以て聖道と為す。べからざること無き者は、然して更に其の本を求む。則ち我輩は下劣なり。聖道を修すること能わざりて聖果に至る。法蔵の慧眼は能く之を知る。是の

劫思惟。永劫修行。能成超世之願。而後以其所修之行。攝之念佛中。回施之衆生。我輩当乗其願。憑其力。生其土。而至聖果也。不要修自力之行。依聖道之門也。此之曰捨。乃不要之義也。三聚之説。栖師於下分辯之。然高見但謂以下不修行者。為正定聚。修行者爲邪定聚。故有顚倒謬亂之疑。本宗之意則不然。信佛智。順佛願。而修他力之行者。爲正定聚。不了佛智。不順佛願。而修自力之行者。為邪定聚。正之与邪。乃褒貶之辞耳。

故に五劫思惟し、永劫修行し、能く超世の願を成ずるなり。而後、其所を以て之を修して行ずるなり。念仏の中に之を摂して、衆生に之を回施するなり。我輩は当に其の願に乗じ、其の力を憑む。其の土に生まれ、而も聖果に至るなり。自力の行を修するを要とせず。聖道の門に依るなり。此れは之れ捨と曰う。乃ち不要の義なり。三聚の説。栖師は下分に於いて之を弁ず。然に高見は但だ謂く、以て修行せざる者は、正定聚の為に修行者を邪定聚と為す。故に顚倒して謬乱の疑有り。本宗の意は則ち不然なり。仏智を信じ、仏願に順じ、而も他力の行を修する者は、正定聚と為す。仏智を了せず。仏願に順ぜず。而も自力の行を修する者は、邪定聚と為す。正に之れ邪と及び褒貶の辞のみなり。

辨曰

本宗談絶待圓融有二途、一者彌陀本願一乗之外、無大小顯密之法門、大小顯密之万徳、皆収於彌陀名號中焉、謂之絶待圓融。二者二門雖異、所證之眞理、一也。是爲絶待圓融也。

弁じて曰く

本宗の絶待円融を談ずるに二途有り。一は弥陀本願一乗の外に、大小顕密の法門は無く、大小顕密の万徳は、みな弥陀の名号の中に収まる。これを絶待円融と謂うなり。二には二門異なると雖も、所証の真理は、一なり。是れ絶待円融と為すなり。

本宗談自力他力之信、従自心發起者爲自力信。従佛力發起者爲他力信。唯識宗不許以他心為自心、華天以上、許十界互具、生佛無礙也。眞言宗之談加持、與本宗他力信酷肖、佛之三密加行者爲加、行者三業持佛三密爲持、是謂入我我入也。本宗非佛之三密渉入行者之三業也。彌陀佛之信入行者之心中、是爲他力信也。衆生心如水、佛心如月影、佛心之現於衆生、爲他力信、知此道理、則知現前一念得佛心耳。

○仁者曰

此喩不確、宜刪。

辨曰

貴君膏盲之病在混淆聖淨二門也、末法不可以聖道取佛果、道綽已明白示之、夏

本宗に自力他力の信を談ずるは、自心従り発起する者を自力の信と為す。仏力従り発起する者を、他力の信と為す。唯識宗は他心を以て自心と為すことを許さず。華・天以上は、十界互具、生仏無碍を許すなり。真言宗は之れ加持を談ずるは、本宗他力の信と酷肖せり。仏の三密加行は加と為す。行者の三業は仏の三密を持するを持と為す。是れ入我我入と謂うなり。本宗は仏の三密を行者の三業に渉入するに非ざるなり。弥陀仏の信は行者の心中に入り、是れを他力信と為すなり。衆生の心は水の如く、仏心は月影の如し。仏心の衆生に現ずるを、他力の信と為す。此の道理を知れば、則ち現前の一念に仏心を得ることを知るのみ。

○仁者曰く

此の喩は確かならず。刪て宜ぶ。

弁じて曰く

貴君の膏盲の病は、聖浄二門を混淆するに在り。末法は聖道を以て仏果を取るべからざること、道綽已に明白に之を示す。夏にして裘し

裘冬葛、何誤之有。

第五號

四法

大無量壽經。爲眞實教。名號爲眞實行。出第十七願。三心爲眞實信。出第十八願。必至滅度。爲眞實證。出第十一願。有大導師。教以名號。衆生聞信之。而得往生。是爲四法。

〇仁者曰

此章宜全刪。

辨曰

四法三願、本宗之元首也、命脉也、若刪之者是斷本宗之頭也、褫本宗之命脉也。或放逐本宗、而不許五洲之布教也。貴君之信佛而尚作此薄情残酷之語、悲哉。

冬にして葛す。何の誤りか之れ有らん。

第五号

四法

大無量寿経を真実の教と為す。名号を真実の行と為す。第十七願に出ずる。三心を真実の信と為す。第十八願に出ず。必至滅度を真実の証と為す。第十一願に出ず。大導師有りて教は名号を以て、衆生は之を聞信し往生を得る。是れ四法と為す。

〇仁者曰く

此の章は、全べて宜しく刪るべし。

弁じて曰く

四法三願[36]は、本宗の元首なり。命脈なり。若し之を刪らば、是れこそ本宗の頭を断ずるなり。本宗の命脈を褫うなり。或は本宗を放逐して、而も五洲の布教を許さざるものなり。貴君の信仏にして、而も尚お此の薄情残酷の語を作さんとするや。悲しきかな。

（楊文会再駁）

既以俗見測佛經。自然以俗見測人情。無怪乎作此粗弊語也。

（続貂）

按文意簡約。未詳其要領。若以四法三願之説。為無據。則否。元照曰。「大覺世尊。一代之教。大小雖殊。不出教理行果」。此與我教行信證。其趣一也。但聖道則主理。故次教以理。淨土則依事。故略理而開信。四法既定。教是能詮。餘三則所詮。以所詮之三法。配之本願。則不可無三願之説也。非俗見也。於理於文。當然也。

辨曰

各宗祖師之開宗、必有偉大之判。天台

（楊文会再駁）

既に俗見を以て仏経を測り、自然に俗見を以て人情を測かり、此の粗弊の語を作すことを怪しむこと無しなり。

（続貂）

按ずるに文意を簡約せば、未だ其の要領を詳とせず。若し四法三願の説を以て無拠と為さば、則ち否なり。元照[37]の曰く。「世尊の大覚は、一代の教なり。大小の殊と雖も、教理行果を出でず」と。此れと我が教行信証と、其の趣は一なり。但だ聖道は則ち理が主なり。故に次の教は理を以てするなり。浄土は則ち事に依るなり。故に理を略して信を開くなり。四法は既に定なり。教は是れ能詮なり。余の三は則ち所詮なり。所詮の三法を以て、之を本願に配す。則ち三願の説を無とすべからざるものなり。俗見に非ざるなり。理に於いて文に於いて、当然なり。

弁じて曰く

各宗の祖師の宗を開くは、必ず偉大の判有り。天台は五時八教を以

以五時八教、釋一代教、嘉祥以二藏三論、釋一代教、賢首以五教十宗、釋一代教、慈恩以有空中三時、釋一代教。天台以法華爲眞實教、嘉祥以三論爲通申論、賢首以華厳爲称性本教、慈恩以深密爲眞實了義教。若使彼等全刪此章、則彼等肯之否。

　本宗以二門之判、判一代教、曰聖道門、曰淨土門。於淨土門有二門、曰正明淨土教、曰傍明淨土教。於正明淨土教有二門、曰眞實教、曰方便教。眞實教者、大無量壽經是也、方便教者、觀無量壽經、阿彌陀經是也。

（楊文会再駁）

　従上諸師開宗判教、必将所依之經、全体透徹、方能破立自由、縦横無礙、未有将本宗之經任意掩抑、令前後文意不相聯属者、如貴宗以無量壽經爲主、而此經中

て一代教を釈し、嘉祥は二藏三論[38]を以て一代教を釈し、賢首は五教十宗を以て一代教を釈し、慈恩は有空中三時を以て一代教を釈す。天台は法華を以て真実教と為す。嘉祥は三論を以て通申論と為す。賢首は華厳を以て称性本教と為す。慈恩は深密を以て真実の了義教と為す。若し彼等をして全て此の章を刪せば、則ち彼等は之を肯するや否や。

　本宗は二門の判を以て一代教を判ず、曰く聖道門、曰く浄土門なり。浄土門に於いて二門有り。曰く正しく浄土教を明かす。曰く傍に浄土教を明かす。正明浄土教に於いて二門有り。曰く真実教、曰く方便教。真実教とは大無量寿経是れなり。方便教とは、観無量寿経、阿弥陀経是れなり。

（楊文会再駁）

　上よりの諸師の開宗の判教は、必ず所依の経を将て、全体透徹して、方に能く破立自由、縦横無碍なり。未だ本宗の経を将して任意掩抑して、前後の文意をして相聯属せざらしむる者有らず。貴宗の如く無量寿経を以て主と為し、而も此の経中の三輩往生の相は、則ち判じて自

三輩往生之相、則判爲自力、棄而不取、以致全經血脈不能貫通矣。

（續貂）

按此種疑点。起於宗意未透高懐矣。蓋本宗自他力之辯。重々相別。先以聖淨論之。聖道是自力。淨土是他力。三輩九品亦仗佛力而往生。固是他力也。然衆生機類。本來不一。故佛之接引。不得膠柱守株。於是乎十八之後。別立一九二十之両願。接引不能直入十八之機也。謂之方便。乃雖仗佛力。猶帶自力者。而經中三輩一段。正説其一九願成就相。則不得不謂之自力焉。乃他力中自力也。是全經血脈。本願次第。所當然也。何謂任意掩抑乎。

弁曰

何故以大經爲眞實教。大經曰、欲拯群

力と為す。棄して取らず、以て全経の血脈と致すは、貫通には能わざるや。

（續貂）

按ずれば此の種の疑点は、宗意を起こすに、未だ透して高懐せざるや。蓋し本宗の自他力の弁は、重々にして相別なり。先ず聖浄を以て之を論ず。聖道は是れ自力なり。浄土は是れ他力なり。三輩九品はまた仏力に仗り、而も往生するなり。固より是れ他力なり。然に衆生の機類は、本来不一なり。故に仏の接引は、膠柱にして守株を得ざるなり。是に於いて十八の後、別に十九二十の両願を立つ。接引するに能はずして、直に十八の機に入るなり。之を方便と謂う。乃ち仏力に仗ると雖も。猶お自力を帯する者は、経中の三輩の一段なり。正しく其の十九願成就の相を説く。則ち不得不謂の自力なりや。乃ち他力の中の自力なり。是れ全て経の血脈なり。本願の次第なり。当然の所なり。何んが任意の掩抑と謂わんや。

弁じて曰く

何が故に大経を以て真実教と為すや。大経に曰く、「群萌を拯い恵

萌、恵以眞實之利、釋尊已以大經為眞實教、本宗之判拠之。釋迦仏出世之本意、単在説彌陀之本願。例如天台以法華為本懐之經。

何以觀經、小經爲帯方便之教、觀經説定散諸行、定散諸行、非彌陀本願、以定散諸行、願生淨土是爲方便。

小經以諸行爲少善根、以念佛爲大善根、然小經之念佛、以自力廻向之、自力廻向非本願之正意也。故爲帯方便之教。故三經之中、単取大經爲眞實也。

聖道諸教有教行證、淨土門亦有教行證、淨土門以大經爲眞實教、以彌陀名號、爲眞實行、以三信爲眞實信、以必至滅度爲眞實證。

眞實行出於第十七願、曰称我名者、眞實信出於第十八願、曰至心信樂、欲生我國、眞實證出於第十一願、曰必至滅度。

むに真実の利を以てせんと欲してなり」[39]と。釈尊已に大経を以て真実の教と為す、本宗の判是れに拠る。釈迦仏出世の本意は、単に弥陀の本願を説くに在り。例せば天台は法華を以て本懐の経と為すが如し。

何んが観経、小経を以て帯方便教と為すや。観経は定散諸行を説けり。定散諸行は、弥陀本願に非ず。定散諸行を以て、浄土に生まれんと願う。是れを方便と為す。

小経は諸行を以て少善根と為す。念仏を以て大善根と為す。然に小経の念仏は、自力を以て之を回向す。自力の回向は本願の正意に非ざるなり。故に帯方便の教と為す。故に三経の中、単に大経を取りて真実と為すなり。

聖道の諸教に教行証有り。浄土門に亦た教行証有り。浄土門は大経を以て真実教と為す。弥陀名号を以て真実行と為す。三信を以て真実信と為す。必至滅度を以て真実証と為す。

真実行は、第十七願より出ずる。曰く「称我名者」なり。真実信は第十八願より出ずる。曰く「至心信楽。欲生我国」なり。真実証は第十一願より出ずる。曰く「必至滅度」なり[40]。釈迦諸仏は大経を説く。

釋迦諸佛説大經。是爲眞實教、大經之中、説本願名號、是爲眞實行、十方衆生、聞之而信、是爲眞實信、未來必往生淨土、是爲眞實證。願成就曰、聞其名號、信心歡喜、乃至一念即得往生、住不退転。其者眞實教也、名號者眞實行也、聞信者眞實信也、住不退転者、現生正定必至滅度、是爲眞實證。

貴君虚心平気、翫味此章、必得知我祖意之所在。

是れ真実教と為す。大経の中に、本願名号を説く。是れ真実行と為す。十方衆生、之を聞きて、而も信ず。是れ真実信と為す。未来に必ず浄土に往生す。是れ真実証と為す。願成就に曰く、「聞其名号、信心歓喜、乃至一念即得往生、住不退転」[41]と。其とは真実教なり、名号とは真実行なり、聞信とは真実信なり、住不退転とは、現生正定必至滅度なり、是れを真実証と為すなり。

貴君虚心平気にして、この章を玩味せん。必ず我祖意の在る所を知ることを得ん。

第六號　三願

于四十八願中。以第十八願。爲眞實。其所被之機。爲正定聚。生眞實報土。十九二十爲方便。十九之機。回向諸行。止至化土。故爲邪定聚。二十之機。或進入第十八。或退墮第十九。故爲不定聚。

第六号　三願

四十八願の中では第十八願を以て真実と為す。其の所被の機を正定聚と為す。真実報土に生まる。十九二十を方便と為す。十九の機は、諸行を廻向し、止して化土に至る。故に邪定聚と為す。二十の機は或は進んで第十八に入る。或は第十九に退堕する。故に不定聚と為す。

開説第十八爲大經。開説第十九爲觀經。開説第二十爲小經。

大經。機教倶頓。觀經機教倶漸。小經教頓機漸。

捨諸行。取一念佛。是爲十九入二十。捨自力念佛。取他力信心。是爲二十入十八。

○仁者曰

生淨土者、皆入正定聚、絶無邪定及不定聚、經有明文、處處可證。若以觀經所攝、判為邪定聚、則是聚九州鉄鑄成一大錯矣。

辨曰

起信論以十信以前爲邪定聚、邪者三悪道也。以十信爲不定聚、或進入初住、或退墮三悪、初住已上為正定聚。正者聖也、

第十八を説き開きて大経と為す。第十九を説き開きて観経と為す。第二十を説き開きて小経と為す。

大経は機教倶に頓なり。観経は機教倶に漸なり。小経は教は頓、機は漸なり。

諸行を捨て念仏一つを取る。是れ十九を為して二十に入る。自力念仏を捨て他力信心を取る。是れ二十を為して十八に入る。

○仁者曰く

浄土に生まれる者は、皆な正定聚に入る。絶て邪定及び不定聚無きこと、経に明文有り。処々に証すべし。若し観経の所摂を以て、判じて邪定聚と為することは、則ち是れ九州の鉄を聚めて鋳て一大錯を成ずものなり。

弁じて曰く

起信論[42]は十信以前を以て邪定聚と為す。邪とは、三悪道なり。十信を以て不定聚と為す。或は進みて初住に入り、或は退きて三悪に堕す。初住已上を正定聚と為す。正とは聖なり。必ず進て聖果を得るな

必進得聖果也。諸經論判三聚、不一也。

本宗之釋三聚、以順本願者爲正、以不順本願者爲邪。第十八不以諸行爲往生之因、単以念佛爲往生之因。善導曰、一心專念彌陀名號、是名正定之業、順彼仏願故、順彼佛願、必得往生、是爲正定聚。觀經定散諸行不順佛願。是爲邪、以邪而願生、故爲邪定聚也。

（楊文会再駁）

觀經是佛説、何云不順仏願。尊善導而慢釋迦、是何居心。

（續貂）

按觀經是釋迦佛説定散諸行。乃開第一九願者。而所謂佛顯者。指第十八本願也。一九既方便。定散諸行。不順第十八願意。

り。諸経論は三聚を判ずること一ならざるなり。

本宗は、之の三聚を釈するに、本願に順ずる者を以て正と為す。本願に順ぜざる者を以て邪と為す。第十八諸行を以て往生の因と為さず。単に念仏を以て往生の因と為すのみ。善導曰く、「一心に専ら弥陀の名号を念ずれば、是れ正定の業と名づく。彼の仏願に順ずるが故に」[43]と。彼の仏願に順じて、必ず往生を得る。是れを正定聚と為す。観経の定散の諸行は、仏願に順ぜず。是れを邪と為す。邪を以て願生す。故に邪定聚と為すなり。

（楊文会再駁）

観経は是れ仏説なり。何かに仏願に順ぜざると云うや。善導を尊び而も釈迦を慢るは、是れ何の居心や。

（続貂）

按ずるに、観経には、是れ釈迦仏が定散諸行を説けり。乃び第十九願を開くとは、而も仏を顕す所謂とは、所謂、仏を顕すは、第十八の本願を指すなり。十九は既して方便なり。定散諸行は、第十八願の意

故爲邪耳。

辨曰

此邪之言、顯非本願之行、如天台之以小乘爲邪見、小乘佛教豈邪乎。望之圓教、得邪名耳。

（闡教編『評小栗栖陽駁陰資弁』）

以小乘爲邪見、方等經中破小顯大之語、非天台憶説也。若經中無此語、天台斷不敢杜撰。

辨曰

本宗單以念佛爲正、対此正得邪名耳。定散諸善豈三悪之因乎。

本宗之三聚、立之現生、得他力信、而行他力念佛、是爲正定聚、以自力信而廻向諸行、是爲邪定聚也。彌陀經之機、以

に順ぜず。故に邪と為すのみ。

弁じて曰く

此の邪の言は、本願の行に非ざるを顕すのみ。天台之を小乗を以て邪見と為すが如し。小乗は仏教なり。豈に邪ならんや。之を円教に望んで、邪の名を得るのみ。

（闡教編『評小栗栖陽駁陰資弁』）

小乗を以て邪見と為すは、方等経中に小を破し、大を顕すの語、天台の憶説に非ざるなり。若し経中に此語無ければ、天台は断じて敢えて杜撰せず。

弁じて曰く

本宗は単に念仏を以て正と為す。此の正に対して邪の名を得るのみ。定散諸善は豈に三悪の因ならんや。

本宗の三聚、之を現生に立つ。他力の信を得て、而も他力念仏を行ずる。是れ正定聚と為す。自力の信を以て而も諸行を廻向す。是れ邪定聚と為すなり。弥陀経の機、自力を以て而も念仏を行ずる。正定邪

自力而行念佛、在正定邪定之中間、是爲不定聚也。本宗立現生正定、依易行品也。曰、人能念、是佛無量力功徳、即時入必定、是故我常念。此即時之言、顯現生正定聚也。

浄土無邪定不定、三尺之童知之、本宗三聚立之現生、咫尺黒暗、作九鉄鑄錯之大悪口、何不反省之甚。

（楊文会再駁）

若照此本判斷、僅云大錯、猶不足以盡之。

（續貂）

按本宗三聚之辯。與他家不同。乃教門之褒貶也。嘉祥以小乘攝之邪。（三論玄義）台家貶別之初地。爲圓之初住。褒貶之辯。諸家自在焉。何得漫謂鋳大錯乎。

定の中間に在りて、是れを不定聚と為すなり。本宗は現生正定を立て、易行品に依るなり。曰く「人能くこの仏の無量力功徳を念ずれば、即時に必定に入る。是の故に我常に念ず」[44]と。此れ即時の言は、現生正定聚を顕すなり。

浄土に邪定不定無し。三尺の童之れを知る。本宗三聚の現生に立つ。咫尺黒暗、九鉄鋳錯の大悪口を作す。何にか反省せざるは之れ甚きや。

（楊文会再駁）

若し此の本を照らして判断せば、僅に大錯と云う。猶お以て之れを尽くすに足らず。

（続貂）

按ずるに本宗三聚の弁は、他家と同じからず。乃ち教門の褒貶なり。嘉祥は小乗を以て摂して之を邪す。（三論玄義）台家は別の初地を貶し円の初住と為す。褒貶の弁は諸家自在なり。何ら漫を得て鋳大錯と謂うや。

○仁者曰

觀經被大機、最極圓頓、一生可證初住位、与善財、龍女齊肩、於観中蒙佛授記是也。何得判為機教倶漸也。

辨曰

一部觀經、以天台見之、心觀爲宗、以善導見之、念佛爲宗。善導楷定古今、為上來雖説之判、是千古之確言、非夷之可撼者也。

淨土無九品為眞實報土、有九品爲方便化土也。定散諸行、非本願之行、以非本願之行、願生淨土、必得九品之往生也。従此化土一轉、往生眞土、故判觀經往生為機教倶漸也。静坐蒿目、仔細翫索、必覺妙味津津無盡焉。

○仁者曰く

観経は大機に被し、最極円頓なり。一生初住を証すべし。位は、善財と竜女と肩を観中に斉うす。仏の授記を蒙るは是れなり。何ぞ判じて機教倶に漸と為すことを得んや。

弁じて曰く

一部の観経は、天台を以て之を見れば、心観《ママ》を宗と為す。善導を以て之を見れば、念仏を宗と為す。善導は古今を楷定して、上来雖説の判を為す。是れ千古の確言なり。夷の撼かすべきに非らざる者なり。

浄土に九品無きを真実報土となす。九品有るを方便化土と為すなり。定散諸行は、本願の行に非ず。本願の行に非ざるを以て、浄土に生ぜんことを願す。必ず九品の往生を得るなり。此の化土従り一転して、真土に往生す。故に観経の往生を判じて機教倶に漸と為すなり。静坐蒿目し、仔細玩索せば、必ず妙味を覚するに津津に尽くること無からん。

（楊文会再駁）

不領仏經之本意、強作一解、以合於自宗、苦心思索而得之、此所以津津有味也。《非但釋迦教中無此道理、即十方三世一切諸佛教中、亦無此道理、用凡夫意想、揑造一法、以駕於仏經之上、罪過彌天。》

（續貂）

按現在彌陀是報佛。極樂是報土。綽導二師既言之。凾丈必知之。然細論之。則能生之因不一。有諸行。有念佛。有純他力者。有帶自力者。因既不一。果亦自別。於是本宗。於報土中。更分眞實報土。方便化土。二種。化土則修諸行。而願往生者生焉。報土則憑他力。專念佛者生焉。是二土之辯也。故經中或説咸同一類。形無異状。或示九品之別。若不分眞假。則此等牟盾。如何會之。本宗此解。乃所以

（楊文会再駁）

仏経の本意を領せず[45]。強いて一解を作し、以て自宗に合せん。苦心思索して之れを得る。此れ津津に味有る所以なり。《但だ釈迦教中に此の道理無きに非らず。即ち十方三世の一切諸仏の教中に、亦た此の道理無し。凡夫の意想を用いて、一法を揑造し、以て仏経の上に駕すに、罪過は天に弥る[46]。》

（續貂）

按ずるに現在の弥陀は是れ報仏なり。極楽は是れ報土なり。綽導二師は既に之を言う。凾丈は必ず之を知る。然に之を細論せば、則ち能く之の因の不一を生ずべし。諸行有り、念仏有り、純他力の者あり、帯自力の者有り、因は既に不一なり。果は亦た自別なり。是れ本宗に於いて、報土の中に於いて、更に真実報土を分かつ。方便化土の二種なり。化土は則ち諸行修し、而も往生を願う者を生ずるや。報土は則ち他力を憑み、専らの念仏者を生ずる。是れ二土の弁なり。故に経中に或は咸同一類を説き形無異状なり。或は九品の別を示す。若し真仮を分けずんば、則ち此等は矛盾せり。如何に之に会するや。本宗に此を解くは、乃ち仏の本意を領す所以なり。

領佛之本意也。

辨曰

大經以本願之行、願生報土、報土也者、一種眞妙、而無九品之差別、往生即成佛、無一轉入報土迂廻也。是機教俱頓也。

（楊文会再駁）

判他力信心者、駕於九品之上、往生即成佛、大經内無此義、猶如空拳誑小児也。

（続貂）

按淨土眞假之別。前節粗言之。観經既開十九願。三輩亦説其成就相。則三輩與九品相同。但開合之異耳。而十九是方便。十八是眞實。則十八之信心。必駕九品之上。理所當然也。經云。「昇道無窮極」。又云。「皆受自然虚無之身。無極之體」。

弁じて曰く

大経は本願の行を以て、報土に生ぜんことを願う。報土なりとは、一種真妙にして九品の差別無し。往生即ち成仏。一転して入報土の迂回無きなり。是れ機教倶に頓なり。

（楊文会再駁）

他力信心を判じて、九品の上に駕す。往生即ち成仏なり。大経の内に此の義無し。猶お空拳の小児を誑かんが如し。

（続貂）

按ずるに浄土の真仮の別は、前節で之を粗言せり。観経既に十九願を開く。三輩は亦た其の成就の相を説く。則ち三輩は九品と相同なり。但だ開合の異なりのみ。而も十九は是れ方便なり。十八は是れ真実なり。則ち十八の信心は、必ず九品の上に駕す。理所は当然なり。経に云く。「道に昇ること窮極無し」[47]と。又云く。「皆な自然虚無の身、無極の体を受けたり」[48]と。唐経に云く。「若し当に生ずべき者は、

唐經云「若當生者。皆悉究竟無上菩提」。此等文明指無上菩提。何得言空拳乎。

第七號

隱顯

大經。係眞實教。無隱顯義。觀經。係方便教。故有隱顯。定散爲顯説。弘願爲隱顯。觀經之觀。以顯見之。爲日想水想之觀。以隱取之。爲觀佛本願之觀。一文兩義。是爲隱顯。小經亦有隱顯。一箇名號。約佛邊爲眞實。約衆生邊爲方便。若但取其隱。則三經歸一。是千古之所未道及。而祖師之所首倡也。

○仁者曰

觀經從第三觀以去、皆是極樂妙境、無一非仏願力所成、不待隱取方爲觀佛本願也。

みな悉く無上菩提を究竟し、（涅槃処に至らん）[49]」と。此等の文は無上菩提を指すことを明かす。何ら空拳の言を得んや。

第七号

隠顕

大経は、真実教に係る。隠顕の義は無し。観経は、方便教に係る。故に隠顕有り。定散を顕説と為す。弘願を隠説と為す。観経の観は、顕を以て之を見る。日想水想の観と為す。隠を以て之を取る。観仏本願の観と為す。一文両義なり。是れ隠顕と為す。小経に亦た隠顕有り。一固は名号なり。仏辺に約して真実と為す。衆生辺に約して方便と為す。若し但だ其の隠を取らば、則ち三経は一に帰すなり。是れ千古の未だ道の及ばざる所なり。而も祖師の首倡せられる所なり。

○仁者曰く

観経は第三観に従り以去、みな是れ極楽の妙境なり。一として仏の願力の成る所に非ざるは無し。隠取を待ちて方に仏の本願を観ずと為さざるなり。

辨曰

善導以觀經爲一體両宗、両宗者、曰觀佛為宗、亦念佛爲宗。一體者、曰一心回願往生淨土為體、觀佛爲宗是顯意、念佛爲宗隱義也。顯説乎要門、隱説乎弘願、觀仏要門而念佛弘願也。

依觀經三昧、見淨土依正、其所見之土非報土、是化土也。此化土亦願力所成懈慢界。可以見依念佛三昧得往生、是報土。非化土也。報土即是願力所成、非定善自力之可得往生焉。

（楊文会再駁）

釋迦佛何故説此懈慢界、教人往生、此眞可謂謗佛謗法矣。

弁じて曰く

善導は観経を以て一体両宗と為す。両宗とは曰く、「観仏を宗と為す、亦た念仏を宗と為す」[50]と。一体とは曰く、「一心に回願して浄土に往生するを体と為す」[51]と。観仏を宗と為すは是れ顕の意なり。念仏を宗と為すは隠の義なり。顕に要門を説き、隠に弘願を説く。観仏は要門にして而も念仏は弘願なり。

観仏三昧に依りて、浄土の依正を見るも、其の所見の土は報土に非ずして、是れ化土なり。此の化土は亦た願力所成なり。懈慢界を以て見るべし。念仏三昧に依りて往生を得る。是の報土は化土に非ざるなり。報土は即ち是れ願力所成なり。定善自力は之れ往生することを得るに非ざるや。

（楊文会再駁）

釈迦仏、何故に此の懈慢界を説くや、人を教えて往生するとは、此れ真に謗仏謗法と謂うべきや。

（続貂）

按解慢界者。諸行之機所生之土也。爲不能直入眞土者。所成就也。與法華化城似矣。貶假褒眞。諸宗皆然。言之謗法。則誣矣。

（続貂）

按ずるに、解慢界とは、諸行の機は所生の土なり。真土に直入すること能わざると為すは、成就せらるる所なり。法華の化城と似たり。仮を貶し真を褒すなり。諸宗は皆な然り。之を謗法と言うは則ち誣なるや。

辨曰

若以隠義会之、觀門所見之淨土、即爲報土。貴君之病、在不知弘願之外、有定散要門也。又在不知念佛往生之外有觀仏往生也。以第十八願爲弘願、以定散爲要門、善導之釋、皎然如日星、定散非本願、單念佛為弘願、善導流通、照人顔色。

弁じて曰く

若し隠の義を以て之を会せば、観門所見の浄土は即ち報土と為す。貴君の病は、弘願の外、定散の要門有ることを知らざるに在るなり。又、念仏往生の外、観仏往生有ることを知らざるに在るなり。第十八願を以て弘願と為す。定散を以て要門と為す。善導の釈、皎然にして日星の如し[52]。定散は本願に非ざれば、単に念仏を弘願と為す。善導流通にして、人の顔色を照す。

（楊文会再駁）

善導落筆時、不料後世人有此等執見也。（善導施之是樂、後人執之成病）

（楊文会再駁）

善導落筆の時、後世の人此等の執見有ることを料らずなり。（善導之を施すを楽[53]、後人は之に執するを病と成す[54]）

（続貂）

按玄義序題曰。「然娑婆化主。因其請故。即開浄土之要門。安樂能人。顯彰別意之弘願。其要門者。即此觀經定散。二門是也。（中略）言弘願者。如大經説。是與散善義結文。來龍過脈。首尾相應。廢定散要門。立弘願念佛之意顯然。何必後人模捉乎。

第八號

本願名號

我等凡夫。欲往生安樂國。須發他力信心。欲發他力信心。須聞本願名號。欲聞本願名號。須見善知識。既見善知識。聞本願名號。發歸命之心。是爲他力信心。方今係末法。難修聖道。居大叢林。稱大和尚。外標賢善。内寔貪客。披綢縀座氍毹。尊大養望。瞞人自欺。豈稱君子。出

（続貂）

按ずるに玄義の序題に曰く。「然るに娑婆の化主は、其の請に因るが故に即ち浄土の要門を開き、安楽の能人は別意の弘願を顕彰す。その要門とは即ち此の観経の定散二門是れなり。（中略）弘願というは大経の説の如し」[55]と。是れ散善義の結文なり。来龍（襲）過脈にして、首尾相応なり。定散を廃する要門。弘願を立つ念仏の意は顕然なり。何ら必ず後人は模捉せんや。

第八号

本願名号

我等凡夫、安楽国に往生せんと欲わば、須く他力信心を発すべし。他力信心を発さんと欲わば、須く本願名号を聞くべし。本願名号を聞かんと欲わば、須く善知識に見えん。既に善知識に見えば、本願名号を聞く。帰命の心を発さば、是れ他力信心と為す。方に今は末法に係る。聖道修し難し。大叢林に居し、大和尚と称すれども、外は賢善を標じ、内は貪客を寔とし、綢縀を披し氍毹に座す。尊大養望にして、人を瞞し自らを欺く。豈に君子と称せんや。出家して既に然り。況や

家既然。況在家哉。飲酒噉肉。何克持戒。愛妻愛子。何克割愛。既富益貪。豈肯布施。不東則西。豈暇靜禪。漁色弋利。何得精進。妬賢罵善。何得忍辱。素無般若。難認眞如。故一時勇進。奮作六度。亦不能勝其久焉。既無才力之修六度。則其不得解脱也必矣。善導曰。自身現是罪惡生死凡夫。曠劫以來。常没常流轉。無有出離之緣。豈可不思量哉。然彼阿彌陀佛。久遠劫前。發大悲心。五劫思惟。永劫修行。成就本願。曰。十方衆生。至心信樂。欲生我國。乃至十念。若不生者不取正覺。十方衆生之語。不問在家出家也。不問破戒無戒也。不問有妻無妻也。不問有子無子也。不問吃酒吃肉也。不簡作農作商也。但發淨心。歸命阿彌陀佛。則佛放光明。攝取其人。臨命終時。往生極樂。證大涅槃。豈非無涯大悲耶。欲報其恩。須稱佛

在家をや。酒を飲み肉を噉い、何ら持戒を克せんや。愛妻愛子。何ら割愛を克せんや。既に富はますます貪す。豈に布施を肯せんや。東ならず、西に則す。豈に仮として静禅せんや。漁色弋利し、何ら精進を得んや。賢を妬み善を罵しる。何ら忍辱を得んや。素より般若無し。真如は認め難し。故に一時に勇進す。奮いて六度を作す。亦た勝すること能わざるはそれ久なるや。既に才力は之れ六度を修すること無し。則ち其れ解脱を得ざるは必なり。善導曰く。「自身は現に是れ罪悪生死凡夫。曠劫より以来。常に没し常に流転す。出離の縁有ること無し」[56]と。豈に思量せざるべしや。然に彼の阿弥陀仏は、久遠劫前に大悲心を発こし、五劫思惟し、永劫修行し、本願を成就せり。曰く。「十方の衆生、至心に信楽し、我が国に生ぜんと欲わば、乃至十念し、若し生ぜざれば正覚を取らじ」[57]と。十方衆生の語は、在家出家を問わざるなり。破戒無戒を問わざるなり。有妻無妻を問わざるなり。有子無子を問わざるなり。吃酒吃肉を問わざるなり。作農作商を簡ばざるなり。但して浄心を発し、阿弥陀仏に帰命せば、則ち仏は光明を放ちて、其の人を摂取す。命終に臨む時、極楽に往生し、大涅槃を証す。豈に無涯の大悲に非ざるや。其の恩に報いんと欲わば、須く仏の名を称すべし。

名。

○仁者曰

不但此等人非正修行、即終生修苦行、衲衣一食、科頭跣足、昼夜不眠、或處禪堂、或居山洞、自負修行、不肯虛心看經學道、但以除妄念為功、日久功深、一念不起、便謂證道、殊不知恰成就一個無想外道、離佛法懸遠矣。功行浅者、命終之後、隨業輪轉、豈不哀哉。

辨曰

貴君之言是也。支那僧大抵不學佛書、多見坐禪或頭陀者、一念不生、誠爲佛果、然至此一念不生之域、難矣。(不至此域。而便謂至此域是爲增上慢。去佛道遠矣。)若誠至此域者、非是無想外道。

功業浅者、命終之後隨業輪轉、貴君之

○仁者曰く

但だ此等の人、正修行に非ざるのみならず、即ち終生苦行を修し、衲衣一食、科頭に足を跣い、昼夜眠らず、或は禅堂に処し、或は山洞に居し、自ら修行を負い、肯て虚心に看経して学道せず、但して妄念を除くを以て功と為す。日久ければ功深なり。一念に起きずして、便ち道を証せんと謂う。殊に知らず、恰も一個無想の外道と成就せりと。仏法を離れ懸かに遠し。功行浅き者、命終の後、業に随いて輪転す。豈に哀からずや。

弁じて曰く

貴君の言は是なり。支那の僧は大抵仏書を学ばず、多くは坐禅し、或は頭陀する者を見るに、一念不生し、誠に仏果と為す。然るに此の一念不生の域に至れば、難なりや。(此の域に至らずして、而も便ち此の域に至ると謂う。是れを増上慢と為す。仏道を去ること遠からんや。)若し誠に此の域に至る者は、是れ無想外道に非ざるなり。

功業浅き者は、命終の後、業に随って輪転す。貴君の言は是れなり。

言是也。自力之行、難得其成就、道綽捨其難而取其易、乗託彌陀佛力而願往生、百即百生、貴君其取之。

（楊文会再駁）

判誠至一念不生者、非是無想外道、何其見之浅也、且不知無想定与滅盡定差之毫厘、謬以千里。外道生無想天、自謂證大涅槃、不知報盡決定墮落也。

（続貂）

按一念不生者。誠證眞理。而一念妄想。永不生起也。無想外道。但以者有漏定力。暫防心心所令不生起耳。其別霄壌。又無想定者。外道以出離想之意所入也。滅盡定者。聖者以止息想之作意所入也。學佛之徒。誰不知之。

自力の行は、其れ成就を得ること難し、道綽其の難を捨てて而も其の易を取る。弥陀の仏力に乗託して往生を願う。百即百生、貴君は其れ之を取れ。

（楊文会再駁）

誠に一念不生者に至らば、是の無想外道に非ざると判ず。何ら其の見の浅なり。且つ無想定は滅尽定と之れ毫厘に差うに、謬するに千里を以てすることを知らず。外道は無想天に生じ、自ら大涅槃を証すと謂う。報尽決定して堕落することを知らざるなり。

（続貂）

按ずるに一念不生とは、誠に真理を証するなり。而も一念妄想は、永く生起せざるなり。無想外道は、但だ有漏の定力を以て、暫く心・心所を防ぎ、生起せざらしめるのみ。其の別は霄壌なり。又無想定とは、外道は出離想の意を以て所入するなり。滅尽定とは、聖者は止息想の作意を以て所入するなり。学仏の徒は誰も之を知らず。

○仁者曰

自他皆是假名、廢假名之自、而立假之他、妙用無方、以亀毛易兎角、幸勿執為實法也。

辨曰

末法凡夫不指方立相、則不能立其信也。有彌陀焉、有淨土焉、在十萬億之西、有七寶樹、有八徳水、因位永劫思惟修行、成就本願名號、而攝取衆生、衆生信之、願生淨土未可從始容易入難言之妙境。

聖道諸教、則以自力進、以一切假名爲亀毛兎角。淨土門不然。五劫思惟非亀毛也。永劫修行非兎角也、本願名號摂取衆生、非亀毛兎角也。信此實法、乘托佛力、而往生淨土、始得詣無生之妙境。貴君勿混聖淨、幸甚。

○仁者曰く

自他皆な是れ仮名なり。仮名の自を廃して、而も仮の他を立つ。妙用にして無方なり。亀毛を以て兎角に易く、幸に執をして実法と為すこと勿かれ。

弁じて曰く

末法の凡夫は方を指し相を立てざれば、則ち其の信を立つること能わざるなり。弥陀有りや。浄土有りや、十万億の西に在り、七宝樹有り、八徳水有り、因位に永劫に思惟修行し、本願の名号を成就して、而も衆生を摂取す。衆生之を信じ、浄土に生ぜんことを願う。未だ始より容易に難言の妙境に入るべからず。

聖道の諸教は、則ち自力を以て進む。一切仮名を以て亀毛兎角と為す。浄土門は然らず。五劫思惟は亀毛に非ざるなり。永劫修行は兎角に非ざるなり。本願名号は衆生を摂取す。亀毛兎角に非ざるなり。此の実法を信じ、仏力に乗託して浄土に往生し、始めて無生の妙境を詣することを得る。貴君聖浄を混すること勿ければ幸甚なり。

第九號

他力信心

雖單稱佛名。然不可往生於眞實報土。由必發信心。而後始得往生焉。雖發信心。然自力之信。不可以往生於眞實報土。由必發他力之信。而後始得往生焉。

信心從他力而發。名他力信心。佛力爲他力。明信佛智爲信心。明信佛智之心。從佛力生。非從我發我心起之。名自力信心。是心不堅牢。倏忽變移。（猶）如畫水。然他力之信。堅牢不退。猶如金剛。

信心也者。成於彌陀本願中矣。曰。至心信樂。欲生我國。此三體一。故釋尊謂之信心。天親謂之一心。佛回此心。施諸衆生。是爲他力信心。

信心也者。成於彌陀名號中矣。善導曰。言南無者。卽是歸命。祖師曰。歸命者。本願招喚之敕命也。歸命之心。非從我生。

第九号

他力信心

単に仏名を称すと雖も、然るに真実報土に往生すべからず。必ず信心を発すに由りて、後に始めて往生を得る。信心を発すと雖も、然るに自力の信なり。以て真実報土に往生すべからず。必ず他力の信を発すに由って、後に始めて往生を得る。

信心は他力に従りて発す。他力信心と名づく。仏力を他力と為す。明らかに仏智を信ずるを信心と為す。明らかに仏智の心を信ずるは、仏力に従り生ず。我に従り発すに非ず。我が心に之を起すを、自力信心と名づく。是の心は堅牢ならず。倏忽として変移す。（猶）お画水の如し。然るに他力の信は、堅牢にして不退なり。猶お金剛の如し。

信心也とは、弥陀本願の中において成ずるや。曰く。「至心信楽。欲生我国[58]」と。此の三体は一なり。故に釈尊は之を信心と謂う。天親は之を一心と謂う。仏は此の心を回し、諸の衆生に施す。是れを他力信心と為す。

信心也とは、弥陀名号の中において成ずるや。善導曰く。「言南無者。即是帰命[59]」と。祖師曰く。「帰命者。本願招喚之勅命也[60]」と。帰命の心は、我に従り生ずるに非ず。仏の勅により生ず。故に他力信

從佛敕生。故名他力信心。因願云。三心。果號云。歸命。因願云。若不生者。不取正覺。果號云。阿彌陀。祖師云。攝取不捨。故名阿彌陀。因願果號。其揆一也。

名號也者。成於第十七願矣。信心也者。成於第十八願矣。經曰。聞其名號。信心歡喜。第十七之名號。入於衆生心中。是爲信心。名號之與信心。體一可知。

凡心如濁水。佛心如淨摩尼珠。摩尼珠之入濁水。水變爲清。佛心之入凡心。心變爲信。

第十七之名號。爲所信之行。第十八之三心。爲能信之心。十七之名號。入衆生心中者為三心。則十八之三心。發於聲者。不得不爲十念。是謂信行體一。在於心者爲信。發於聲者爲行。既有此信。則不能無此行。如火之必有煙。

自力之信。不能安於心。曰。果得往生

心と名づく。因願に云く、三心。果号に云く、帰命。因願に云く。「若不生者。不取正覚」と。果号に云く。「阿弥陀」と、祖師に云く、「摂取不捨」と。故に阿弥陀と名づく。因願果号。其れ揆するところは一なり。

名号也とは、第十七願において成ずるや。信心也とは、第十八願において成ずるや。経に曰く。「聞其名号。信心歓喜[61]」と。第十七の名号は、衆生心の中において入る。是れを信心と為す。名号は之れ信心と体一なるを知るべし。

凡心は濁水の如し。仏心は浄摩尼珠の如し。摩尼珠は之れ濁水に入れば、水変じて清と為す。仏心之れ凡心に入らば、心は変じて信と為る。

第十七の名号は、所信の行と為す。第十八の三心は、能信の心と為す。十七の名号は、衆生心中に入る者は、三心と為す。則ち十八の三心なり。声を発する者は、得ずして十念と為さず。是れ信行体一と謂う。心において在る者は信と為す。声を発する者は、行と為す。既に此の信有り。則ち此の行無きこと能わず。火は之れ必ず煙有るが如し。

自力の信、心において安んずること能わず。曰く、果にして往生を

否。或不得往生否。故名信實疑。龍樹曰。疑則花不開。

得るや否や。或は往生を得ざるや否や。故に信の実疑と名づく。龍樹曰く。「疑へば則ち華開けず[62]」と。

他力之信。安於心焉。曰。乘彼願力。定得往生。毫無狐疑之心。自力之徒。回向念佛。爲往生之業。他力之徒。以念佛爲報恩之事。

他力の信は、心を安んずるや。曰く。「彼の願力に乗じて、定んで往生を得[63]」と。毫として狐疑の心無し。自力の徒は、念仏を廻向して、往生の業と為す。他力の徒は、念仏を以て報恩の事と為す。

從自力而念佛。爲自力念佛。從他力而念佛。爲他力念佛。曇鸞曰。緣佛力故念佛。

自力に従り念仏する者は、自力念仏と為す。他力に従り念仏する者は、他力念仏と為す。曇鸞曰く。「仏力に縁ずるが故の念仏なり[64]」と。

自力之徒。修雜行雜修。他力之徒。不修之。

自力の徒は雑行雑修を修す。他力の徒は之を修せず。

自力之徒。兼信餘佛。他力之徒。唯信一佛。如忠臣之不事二主。

自力の徒は、兼ねて余仏を信ず。他力の徒は、唯だ一仏を信ずるのみ。忠臣は之れ二主を事せざるが如し。

自力之信有九品。所生之土。亦有九品。經曰胎生。他力之信。一相無別。所生之土。亦一無量光明土。經曰化生。

自力の信に九品有り。所生の土にもまた九品有り。経に曰く「胎生」なり。他力の信にして一相無別なり。所生の土は亦た一の無量光明土なり。経に曰く「化生」なり。

○仁者曰

經云。十方衆生至心信樂、欲生我國。發此三心者仍係自力也。若云從他力生、他力普徧平等、而衆生有信不信、豈非各由自力而生信乎。倘不仗自力、全仗他力、則十方衆生皆應一時同生西方、目前何有四生六道流轉受苦哉。

辨曰

貴君膏肓之病、在不知彌陀佛之願力焉。善導曰、乘彼願力、又曰、正由托佛願、又曰、大願業力為增上縁、我等往生、托此願力、不可以自力到焉。劣夫騎驢不能登空、陪輪王輿可飛行乎四天下。凡夫之往生、可乘托彌陀佛力。

本宗釋第十八願之三心、爲他力廻向之信、名號成於第十七願矣。衆生聴而信之、所聞名號爲能聞之信。大師曰、三心以名

○仁者曰く

経に云く。「十方の衆生、心を至し信楽して我が国に生まれんと欲うて」[65]と。此の三心を発すとは、仍ち自力に係るなり。若し他力従り生ずと云わば、他力は普遍平等なるに、而も衆生に信と不信と有り。豈に各おの自力に由りて信を生ずるに非ずや。倘し自力に仗らずして、全く他力に仗らば、則ち十方衆生皆な応に一時に同じく西方に生ずべし。目前に何ぞ四生六道、流転受苦有らんや。

弁じて曰く

貴君は膏肓の病なり。弥陀仏の願力を知らざるに在るや。善導曰く。「彼の願力に乗じて」[66]と。又曰く。「正しく仏願に托するに由る」[67]と。又曰く。「大願業力を増上縁と為す」[68]と。我等の往生は、此の願力に託す。自力を以て到るべからざるや。劣夫は驢を騎るも空に登ること能わず。輪王の輿に陪せば四天下に飛行すべし。凡夫の往生は、弥陀の仏力に乗托すべし[69]。

本宗は第十八願の三心を釈して、他力回向の信と為す。名号は第十七願において成ずるや。衆生聴きてしかも之を信ぜば、所聞の名号を能聞の信と為す。大師曰く、「三心は名号を以て体と為す」[70]と。名

號爲体、名號之入衆生心中、是爲他力信也。

得此信者、據宿善焉。宿善者三恒値佛也、過去修習念佛也。闕此宿善、則不能得信。貴君不知願力之廻向、不知宿善之有無、故妄爲一時同生之難也。

（楊文会再駁）

此言成就我宗。宿善是自力所作、尊意只許前生之自力、不許此生之自力、誠不解其何義也。

（続貂）

按宿善則遇法之縁耳。未要論自他力也。本宗自他力之説。正於得生之因而言之。蓋縁宿善而遇善知識。聞本願。得信心。而成往生之益。此信心者因他力而起。因他力而往生。非由自力而往生也。

号は之れ衆生の心中に入り、是れを他力の信と為すなり。

此の信を得るとは、宿善に拠るなり。宿善とは、三恒の仏に値うなり。過去に念仏を修習するなり。此の宿善を闕けば、則ち信を得ること能わず。貴君は願力の廻向を知らず、宿善の有無を知らず、故に妄りに一時同生の難となすなり。

（楊文会再駁）

此の言は我宗を成就す。宿善は是れ自力の作す所なり。尊意はただ前生の自力を許して、此の生の自力を許さず。誠に其の何の義かを解せざるなり。

（続貂）

按ずれば、宿善は則ち法の縁に遇うのみ。未だ自他の力を論ずるを要とせざるなり。本宗は自ずから他力の説なり。正しく得生の因において之を言う。蓋し宿善を縁じ善知識に遇うは、本願を聞き、信心を得、而も往生の益を成ずるなり。此の信心とは、他力に因りて起こるなり。他力に因りて往生するなり。自力に因るに非ずして往生するなり。

○仁者曰

能領仏敇者、自心也。故仍従自心生。

○仁者曰く

能く仏勅を領する者は、自心なり。故に仍お自心に従り生ずるなり。

（闡教編『評眞宗教旨』）

所云不修者如禪宗之無修無證乎。抑如世俗之隨波遂流乎。

（闡教編『評真宗教旨』）

云う所の修せざる者とは、禅宗の無修無証の如きか。抑も世俗の波に随いて遂流する如きか。

辨曰

凡心如水、佛心如月。凡夫之心、不能生信、如水之不能生月、佛心之入凡心而作信心、如月影之入水而與水一体。

弁じて曰く

凡心は水の如し、仏心は月の如し、凡夫の心は、信を生ずること能わず。水の之れ月を生ずること能わざるが如し。仏心は之れ凡心に入りて信心と作る。月影の水に入りて水と一体なるが如し。

○仁者曰

九品之中、上品上生者、立刻見佛、得忍受記、以下諸品均無胎生之事。大經所說之胎生、以疑惑無智所感、與上品之超

○仁者曰く

九品の中、上品上生は、立刻して仏を見、忍を得て記を受く。以下の諸品均く胎生の事無し。大経の所説の胎生、疑惑無智を以て感ずる所なり。上品の超越、中品の純篤と、大に相懸殊せり。

越、中品之純篤、大相懸殊矣。

辨曰

貴君不知以大經為眞實教、以觀小二經、為帶方便之教、至筆筆哭其窮途也。觀經九品之信、係自力之信、故上上品之信生上上品之淨土、乃至下下之信、生下下之淨土。

觀經之九品、係淨土之化土。彌陀以方便之願、成就此九品之化土、以應九品自力之机（機）、此（機）往生此化土、而後一轉入一種眞妙之報土也。

（楊文会再駁）

經中實無此語、或貴國所傳之本、與支那現行本不同歟。

弁じて曰く

貴君は大経を以て真実教と為し、観小二経を以て、帯方便の教と為すことを知らず。筆々其の窮途に哭するに至るなり。観経九品の信は、自力の信に係る。故に上上品の信は上上品の浄土に生ず。乃至下下の信は、下下の浄土に生ず。

観経の九品は、浄土の化土に係わる。弥陀は方便の願を以て、此の九品の化土を成就す。以て九品自力の機に応ずべし。此の機は此の化土に往生し、而も後に一転して一種真妙の報土に入るなり。

（楊文会再駁）

経中に実に此の語無し。或は貴国所伝の本は、支那現行本と同じからずや。

（續貂）

按九品化土。經中實無此語。然細心翫味。則其義自存。經云。「坐金蓮華。坐已華合」。（上下品）「坐蓮華上。蓮華即合」。（中々品）「蓮華之中。經於六劫」。（下中品）此等諸文皆説蓮華合相。是與大經胎生宮殿之説。眞相何異。故二經相對。則以九品比胎生。誰謂不然。而大經化生胎生並説。則一是眞土。一是化土。亦自然之勢也。於是乎本宗報土中。分眞假二土。以九品屬報中之化焉。但經本則東流本。固與大邦現行本。無異。

（附記） 刻經處新刊淨土十四經。經一柳子乎。購得一本。於中三經通讀一遇。如據紫柏本者。較於東國旧傳本。文字非無少異。近日當校異録呈。録此良縁。東西輔車。以興道風。所欽仰也。

（続貂）

按ずるに九品化土は、経中に実に此の語無し。然るに細心に玩味せば、則ち其の義自ずから存す。経に云く。「金蓮華に坐す。坐し已りて華合す」[71]と。（上下品）「蓮華上に坐す。蓮華即ち合す」[72]と。（中々品）「蓮華の中。六劫を経る」[73]と。（下中品）此等の諸文は皆な蓮華の相に合すと説く。是れ大経の胎生宮殿の説と真相は何が異るや。故に二経相対にして。則ち九品を以て胎生に比す。誰か然らずと謂うや。而して大経の化生胎生と並説せば、則ち一はこれ真土。一はこれ化土なり。亦自然の勢なり。是に於いてや、本宗は報土の中に真仮二土を分かつ。九品を以て報中に化に属せん。但だ経本は則ち東流の本なり。固より大邦の現行本と異なり無し。

（附記） 刻経処新刊は浄土十四経なり。一柳子を経て、購じて一本を得る。中に於いて三経通読して一遇なり。紫柏本に依るとは、東国旧伝本と較せば、文字に少異無きに非ざるが如し。近日に当に校異録呈すべし。此れを録すは良縁なり。東西を輔車し、興を以て道風となす。欽仰せらる所なり。

辨曰

觀經不說胎生、是也。然善導曰、雖得往生、含華未出、或生邊界、或墮宮胎、則與大經胎生一般。本宗以自力之信、為屬疑部。蓋自力之信、知我力生淨土、而不知据佛力生淨土、是疑佛力也、故屬疑。龍樹曰、若人種善根、疑則華不開、信心清淨者、華開則見佛、疑者不了佛智也。信心清淨者、明信佛智也。不了佛智自力信也、明信佛智他力信也。

第十號

俗諦

眞俗之名。有重重之義。本宗假以安心門爲眞諦。以倫常門爲俗諦。

本宗既開許畜妻。不能無五倫。既有五倫。不能不履其道。是爲俗諦。經曰。十方衆生（是）不問其在家出家也。故皇上

弁じて曰く

観経が胎生を説かざるは是なり。然るに善導曰く。「往生を得と雖も、華に含まれて未だ出でず。或いは辺界に生じ、或いは宮胎に堕せん」[74]と。則ち大経の胎生と一般なり。本宗は自力の信を以て、疑の部に属すと為す。蓋し自力の信にして、我が力にて浄土に生ずることを知りて、而も仏力に依りて浄土に生まれることを知らず。是れ仏力を疑うなり。故に疑に属す。龍樹曰く。「若し人、善根を種えるも、疑えば則ち華開けず。信心清浄なれば、華開けて則ち仏を見たてまつる」[75]と。疑とは不了仏智なり。信心清浄とは、明信仏智なり。不了仏智は自力の信なり。明信仏智は他力の信なり。

第十号

俗諦

真俗の名に重重の義有り。本宗は仮に安心門を以て真諦と為す。倫常門を以て俗諦と為す。

本宗は既に畜妻を開許せり。五倫無きこと能わず。既に五倫有り。其の道に履せざること能わず。是れ俗諦と為す。経に曰く。「十方衆生、（是）其れ在家出家を問わざるなり」[76]と。故に皇上立后も御肉

立后御肉。而往生焉。人民畜妻啗肉。而往生焉。是與聖道夐別處。

凡夫之罪雖大。較諸願力。不啻滄海一粟。所以不問啗肉畜妻也。

石之性重。投諸水中必沈。載諸大船必浮。凡夫之罪重。投諸三界必沈。載諸願船必輕。

衆生之善。爲有漏。彌陀之報土。爲無漏。有漏之善。不可以生於無漏土。

本宗雖不立戒律。然必以倫常自處。故出忠臣孝子節婦。義友者最多。

倫常之源。出於大經。曰。臣欺其君。子欺其父。兄弟夫婦。中外知識更相欺誑。是釋尊之呵禁敗倫虧行者。從軍而死於矢石。是忠也。死而往生樂邦。是信也。一擧兩利。各國無不講兵。則不可保其無戰。獲信於今。則爲戰亦可矣。信人之戰。視死如生。

にして而も往生せんや。人民畜妻も啗肉にして而も往生せんや。是れ聖道夐にして別処なり。

凡夫の罪は大なりと雖も、諸の願力と較せば、滄海の一粟の啻ならず、啗肉畜妻を問わざる所以なり。

石の性は重し。諸水の中に投ずれば必ず沈む。諸大船に載せれば必ず浮く。凡夫の罪は重し。諸三界に投ずれば必ず沈む。諸願船に載せれば必ず軽ろし。

衆生の善を有漏と為す。弥陀の報土を無漏と為す。有漏の善。無漏の土に生ずるを以てすべからず。

本宗は戒律を立てずと雖も、然るに必ず倫常を以て自処とす。故に忠臣・孝子・節婦を出し、義友は最多なり。

倫常の源は、大経に出ず。曰く。「臣は其の君を欺き、子は其の父を欺く。兄弟・夫婦・中外知識、更に相欺誑す」[77]と。是れ釈尊の呵禁、敗倫、虧行する者なり。軍に従り而も矢石において死す。是れ忠なり。死して而も楽邦に往生す。是れ信なり。一挙両利なり。各国は兵を講せざること無し。則ち其の無戦を保つべからず。信を獲た今において則ち戦と為すも亦た可なるか。信人の戦は死を視る生の如し。

不航外國。則不知其事情。不知事情。則不便守戰。大海之中。颶風之所發。或危其性命《ママ》。即獲信則死亦可。

念佛之地。必有神明佛陀而護之。經曰。天下和順。日月清明。風雨以時。災勵不起。國豐民安。兵戈無用。豈非報國之良策哉。

念佛之人。報君也必大矣。曰。養我以太平。飽我以念佛。生之與死。無不主恩。

本宗最惡不孝。經曰。父母教誨。嗔目怒應。又曰。不知無子。蓮師曰。不孝爲萬惡之首。

各國以文明自奮。孳孳講學。自明明他。是謂孝子。學成而不養。不如無學。農工商之道。人競精巧。我獨後於氣運哉。究地力。格物理。使造物聽命。亦可以報父母。

外国に航らざれば、則ち其の事情を知らず。事情を知らざれば、則ち守戦を便ぜず。大海の中、颶風の発せられる所、或は其の生命を危ぶむも、既に獲信せば則ち死も亦た可なり。

念仏の地は、必ず神明の仏陀有りて、しかも之を護る。経に曰く。「天下和順し日月清明にして、風雨時を以てし災厲起こらず。国豊かに民安し。兵戈用いること無し[78]」と。豈に報国の良策に非ざるかな。

念仏の人、君に報ずるは也た必ず大なりや。曰く。我れを養うは太平を以てする。我を飽きるは念仏を以てす。生は之れ死とともに。主恩せざること無し。

本宗の最悪は不孝なり。経に曰く。「父母教誨して、目を瞋らし応を怒らして[79]」と。又た曰く。「子なきには如かず[80]」と。蓮師曰く。「不孝は万悪の首と為す」と。

各国は文明を以て自に奮す。孳孳講学す。自らを明し他を明す。是れ孝子と謂う。学を成じ而も養なわず。学無きに如かず。農工商の道は、人が精巧に競う。我れ独り気運後すや。地力を究め、物理格し、物を造り命を聴かしめる。亦た以て父母に報いるべし。

多病爲不孝。可缺攝生之方哉。多淫爲第一害。多酒爲第二害。至嗜鴉片。則與自殺一般。

毀傷身體爲不孝。盛京婦人。不裹其脚。而南人以小脚爲美。勿悖孔子哉。

夫婦之愛。出於自然。然不持之以念佛。則不全其愛。念佛之人。耻乎天。耻乎神。無變更其節操。

大經曰。日月照見。神明記識。顯耻日月。幽耻神明。豈得作奸（好？）哉。

夫愛其婦。故使婦念佛。婦亦然。生也爲善男女。死也聯生樂邦。不亦可哉。兄之愛弟。弟之護兄。亦係天理。然不持之以念佛。則或骨肉相殘。

兄弟之鬩。出於自私。曰収利於己。推禍於他。念佛之人。以身爲在佛菩薩之際。故力芟自私。全其天然。

觀經曰。光明遍照十方世界。念佛衆生。

多病を不孝と為す。摂生の方に欠くべしや。多淫は第一害と為す。多酒は第二害と為す。至りて鴉片を嗜む。則ち自殺一般に与する。

身体を毀傷するを不孝と為す。盛京の婦人は、其の脚を裹とせず。而も南人は小脚を以て美と為す。孔子に悖ること勿かれや。

夫婦の愛は、自然に出ずる。然にこれ念仏を以て持せず。則ち其の愛を全うせず。念仏の人は、天に耻るや。神に耻るや。更に其の節操に変わり無し。

大経に曰く。「日月も照見し神明記識す[81]」と。顯して日月を耻じ、幽して神明に耻ず。豈に奸（好？）を作すを得んや。

夫は其の婦を愛すが故に婦に念仏せしめ、婦はまた然なり。生は也た善男女と為す。死は也た生楽の邦に聯す。亦た可ならずや。兄の弟を愛する、弟の兄を護り、亦た天理に係わり、然に之れ念仏を以て持せず。則ち或は骨肉相残せり。

兄弟の鬩ぐは、自私において出ず。曰く、己の利を収し、他の禍を推す。念仏の人は、身を以て仏菩薩の際に在ると為す。故に力は自私に芟す。全て其れ天然なり。

観経に曰く。「光明遍く十方世界を照らし、念仏の衆生を摂取して

攝取不捨。即在光明攝取中。豈危兄禍弟哉。

祖師曰。四海兄弟。蓋他力之信。出從彌陀。故以彌陀爲父母。以四海爲兄弟。

支那人。目外國爲夷狄外人以支那爲野蠻。想二者皆非。不踐倫常爲夷狄。何問内外。

天之所覆。地之所載。日月之所照。孰爲野蠻。孰爲夷狄。天地其心。日月其論。始得公平。

天地之間。無不可接之人。無不可到之地。往來交際。是爲朋友。二人同心。其氣斷金。一國同心。金甌不缺。萬國同心。始得太平。同心之源。在一念佛。

經曰。觸光柔軟。念佛之人。其心如春風。使人在和氣中矣。何爲事爭競愛逆境。

大之兵爭。小之舌戰。事出於不得已。

捨てたまわず」[82]と。即ち光明摂取の中に在りて、豈に兄を危く弟を禍にせんや。

祖師曰く。「四海兄弟」[83]と。蓋し他力の信は、弥陀従り出る。故に弥陀を以て父母と為す。四海を以て兄弟と為すなり。

支那人は、外国を目して夷狄と為し、外人は支那を以て野蛮と為す。二者を想わば、皆な非なり。倫常を践せざるを夷狄と為し、何ら内外を問わんや。

天の覆せらるる所、地の載せらるる所、日月の照らさるる所、孰れか野蛮と為さんや。孰れか夷狄と為さんや。天地の其の心、日月の其の論が、始めて公平を得るなり。

天地の間は、之れ人の接するべからざること無し。之れ地に到るべからざる無し。往来に交際するを、是れ朋友と為す。二人同心なり。其の気は金を断じ、一国同心にして、金甌は不欠なり。万国同心にして、始めて太平を得る。同心の源は、一念仏に在り。

経（大経）に曰く。「触光柔軟」[84]と。念仏の人の、其の心は春風の如し。人和気中に在らしめて、何ら事と為して争い競い逆境を愛せんや。

大の兵争、小の舌戦。事は已に得ざるにおいて出る。賊は之れ我を

賊之侵我。不可不禦。邪之害正。不可不挫。念佛之法。鑄鎔民族於未賊未邪之前。故無侵害之災。

閑居欺暗。非念佛之人。天地神明。昭布森列。非可欺焉。

白日行淫。大街放便。係無廉耻。廉耻之無。非念佛之人。幽尚不欺况明耶。

○仁者曰

下文俗諦非雜修雜行而何。

辨曰

貴君毫不知雜行雜修爲何物也。雜行正行之名、出善導焉。以諸善萬行廻向之淨土、爲往生之因、始得雜行雜修之名、不廻向之、則不得雜行雜修之名。五倫五常人生之所必由、而寸刻不可缺《ママ》之、本宗不以之爲往生之因也。如吃茶吃飯、豈以之

侵す。不可不禦なり。邪の害は正しく不可不挫なり。念仏の法は、鋳鎔民族は未だ賊せず、未だ邪せざるの前なり。故に侵害の災い無きなり。

閑居欺暗は、念仏の人に非ざるなり。天地神明、昭布森列は、欺くべきに非ざるなりや。

白日に行淫し、大街に放便し、廉恥無きに係わり。廉恥の無きは、念仏の人に非ざるなり。幽にしてなお欺かず。況んや明なりや。

○仁者曰く

下文の俗諦は雑修雑行に非ずして何なりや。

弁じて曰く

貴君は毫も雑行雑修を知らずして何物と為すなり。雑行正行の名は、善導より出ずる[85]。諸善万行を以て之を浄土に廻向して、往生の因と為す。始めて雑行雑修の名を得て、之を廻向せざれば、則ち雑行雑修の名を得ず。五倫五常の人生は之れに必ず由る所なり。而も寸刻も之を欠くべからざるなり。本宗は之を以て往生の因と為さざるなり。吃茶吃飯の如く、豈に之を以て雑行雑修と為さんや。

爲雜行雜修哉。

○仁者曰

倫常門是也。善世善尚不廢、何為偏廢出世善耶。

○仁者曰く

倫常門是れなり。善は世善なれど尚お廃せず。何為れぞ偏へに出世の善を廃するや。

（闡教編『評眞宗教旨』）

一切世善均在菩薩萬行中攝。但能廻向淨土則成往生業。否則人天果報而已。發菩提心者一切世善皆成無漏。不發菩提心雖修五度総屬有漏。

（闡教編『評真宗教旨』）

一切世の善は均しく菩薩万行中の摂に在り。但し能く浄土に廻向せば則ち往生の業を成ず。否な則ち人天に果報し而も已る。菩提心を発すとは、一切世の善に皆無漏を成ず。菩提心を発さざるは、五度を修すると雖も総じて有漏に属すなり。

辨曰

世善之與出世善、廻向之爲往生之業、則違佛願、故可廢。不廻向之、何用廢。

弁じて曰く

世の善は、之れ出世の善を与ふ。之れを廻向して往生の業と為れば、則ち仏願に違するが故に廃すべし。之れを廻向せざれば、何ぞ廃するを用いんや。

○仁者曰

第十號所説盡是雜行雜修、前文何以力掃諸行。豈所掃者是出世行、而不掃者是世間行乎。夫世間行長生死業、而出世行逆生死流、孰正孰反、必有能辨之者。

辨曰

第十八願、不以諸行爲往生之因、單以念佛爲因。契願者爲正、不契願者爲雜、貴君不知其順不順、稱不稱、故妄爲顚倒之説也。聖道門以出世善、廻向菩提、淨土門之他力、出世善尚不廻向、况世善哉。

第十一號

諸式

晨起式　盥漱式　酒掃式
言語式　三飯式　運動式

○仁者曰く

第十号に説く所は尽く是れ雑行雑修なり。前文は何を以て諸行を力掃するや。豈に掃う所の者は是れ出世の行にして、掃わざる者は、是れ世間の行ならんや。夫れ世間の行は生死を長するの業にして、出世の行は生死の流に逆らう。孰れか正か、孰れか反か。必ず能く之れを弁ずる者有り。

弁じて曰く

第十八願は諸行を以て往生の因と為さず。単に念仏を以て因と為す。願に契う者は正と為す。願に契わざる者は雑と為す。貴君は其の順と不順、称と不称を知らざるが故に妄に顚倒の説を為すなり。聖道門は出世の善を以て菩提に廻向す。浄土門の他力は、出世の善すら尚お廻向せず。況んや世の善をや。

第十一号

諸式

晨起式　盃漱式　酒掃式
言語式　三飯式　運動式

夜臥式　拜佛式　念經式
説教式　聽法式　發露式
報恩式　結社式　護法式
婚嫁式　有身式　臨産式
育兒式　教兒式　師弟式
日課式　講經式　聽講式
撿査式　進級式　編集式
譯文式　監正式　擯斥式
賞典式　得度式　法名式
袈裟式　珠子式　堂班式
駐京式　處分式　派出式
分掌式　信施式　度支式
建築式　印刷式　佛名式
佛像式　病中式　看病式
臨終式　葬禮式　中陰式
追遠式　生誕式　祖忌式
奏樂式　伽陁式　念佛式
和讃式

夜臥式　拝仏式　念経式
説教式　聴法式　発露式
報恩式　結社式　護法式
婚嫁式　有身式　臨産式
育児式　教児式　師弟式
日課式　講経式　聴講式
検査式　進級式　編集式
訳文式　監正式　擯斥式
賞典式　得度式　法名式
袈裟式　珠子式　堂班式
駐京式　処分式　派出式
分掌式　信施式　度支式
建築式　印刷式　仏名式
仏像式　病中式　看病式
臨終式　葬礼式　中陰式
追遠式　生誕式　祖忌式
奏楽式　伽陀式　念仏式
和讃式

已上諸式入社之後口授面禀。

〇仁者曰

支那（華地）時有外道邪宗、秘密傳授、不令他人得知。貴宗巻尾有口授面稟之語、令人見而生疑、似宜編輯成書、入社之人各領一冊、以便遵行。

辨曰

此言得矣。餘輩要編輯之。唯此一小冊、示大海之一滴耳。豈得備記日用之行事哉。論註曰。若必須知、亦有方便、必須口授、不得題之筆點、是非外道邪宗秘密傳授也。鸞師之意、皎如明鏡、可知。

〇仁者曰

貴宗所奉者大經第十八願、今、先錄願

已上、諸式入社の後口授面禀す。

〇仁者曰く

支那（華地）時に外道邪宗有り。秘密伝授し、他人をして知ることを得せしめず。貴宗の巻尾に口授面稟の語有り[86]。人をして見し、疑を生ぜしむ。宜しく編輯して書を成じ、入社の人をして各おの一冊を領せしめ、便を以て遵行すべきに似たり。

弁じて曰く

此の言を得る。余輩之れを編輯することを要するは、唯だ此の一小冊は、大海の一滴を示すのみ。豈に日用の行事を備記することを得んや。論註に曰く。「若し必ず須く知るべくば、亦た方便有り。必ず須く口授すべし。之れを筆点に題することを得ざれ[87]」と。是れは外道邪宗の秘密伝授に非ざるなり。鸞師の意、皎として明鏡の如く、知るべきなり。

〇仁者曰く

貴宗の奉する所は、大経の第十八願なり。今、先に願文を録す。随

文、隨後解釋。經曰。設我得佛、十方衆生、至心信樂、欲生我國、乃至十念、若不生者、不取正覺、唯除五逆誹謗正法（文）。此中有乃至二字、可見從七日持名、減至一日、又從一日、減至十念、是最少最促之行也。向下更無可減矣。大經下輩生者、正是此機。其上輩者、是十九願所被之機。

て後に解釈せん。経に曰く。「設ひ我れ仏を得んに、十方衆生、心を至し信楽して、我国に生まれんと欲うて、乃至十念せん。若し生まれずんば正覚を取らじ。唯だ五逆と正法を誹謗せんことを除く」（文）。此の中、「乃至」の二字有り。見るべし。七日の持名従り減して一日に至る。又た一日従り減して十念に至る。是れ最少最促の行なり。下に向て更に減すべきこと無し。大経の下輩生とは、正しく是れ此の機なり。其の上輩とは、是れ十九願所被の機なり。

辨曰

從七日持名、減至一日、從一日減至十念、是可也。是最少最促之行也。相下更無可減矣、是貴君之知一不知二也。乃至者一多包容之言也。善導曰、上盡一形、下至十声一声等、非上盡七日下至十念也。上盡一形、下至十声一念、亦得往生也。又曰。若七日及一日、下至十声一声一念等、必得往生、以是觀之、上盡一形、亦

弁じて曰く

七日の持名従り減して一日に至り、一日従り減して十念に至る。是れ可なり。是れ最少最促の行なり。下に向いて更に減すべきこと無し。是れ貴君の一を知りて二を知らざるなり。乃至とは、一多包容の言なり。善導曰く、「上一形を尽くし」と、「下は十声一声等に至る[88]」（取意）と。上は七日を尽くし下は十念に至るに非ざるなり。上に一形を尽くし、下に十声一念に至るまで、亦た往生を得るなり。又曰く。「若七日、一日下至十声乃至一声の一念等に及ぶまで、必ず往生を得るなり[89]」と。是れを以て之れを観ずれば、上は一形を尽くすも、亦

可往生、下至十声一念、亦可往生。何得言十念之外無可滅乎。

　大經下輩生者、正是此機、貴君之眼、未徹紙背也。第十八願、有十念之言、下輩亦有十念之言、然不可輙以此爲下輩十念、即十八十念也。

　十八之十念、單取念佛、下輩十念、傍取餘行。曰發菩提心、廢此餘行、而單行念佛、始可得与十八念佛同也。

　本宗釋三輩菩提心有二門。一者以爲聖道自力之菩提心、是可廢也。第十八不許自力菩提心故也。二者以爲他力之菩提心。第十八之三心是也。三輩之菩提心、即至心信樂欲生也。


（楊文会再駁）

　四弘誓如錠子金、三心如葉子金、乃諄諄誨人曰、錠子金不可用、必須用叶子金、

た往生すべし。下に十声一念に至るも、亦た往生すべし。何ぞ十念の外、滅すべきこと無しと言うを得んや。

　大経の下輩生とは、正に是れ此の機なり。貴君の眼は、未だ紙背に徹せざるなり。第十八願に十念の言有り。下輩も亦た十念の言有り。然に輙ち此れを以て下輩の十念と為すべからず。即ち十八の十念なり。

　十八の十念は、単に念仏を取るのみ。下輩の十念は、傍に余行を取り、発菩提心と曰う。此の余行を廃して単に念仏を行じて、始めて十八の念仏と同じことを得べきなり。

　本宗は三輩の菩提心を釈するに二門有り、一には以て聖道自力の菩提心と為す、是れ廃すべきなり。第十八は自力の菩提心を許さざるが故なり。二には以て他力の菩提心と為す。第十八の三心是れなり。三輩の菩提心、即ち至心信楽欲生なり。


（楊文会再駁）

　四弘誓は錠子金の如し、三心は葉子金の如し。乃ち諄々として人に誨えて曰く、錠子金を用いるべからず、必ず須く葉子金を用いるべし。

豈知錠子金與叶子金、體本無二、用亦無二也。

（續貂）

按高見以四宏誓三心為一。故有斯譬。四弘誓是自力。三心是從他力而起。體元不同。喩況恐不合也。菩提心廢立。幸於念佛圓通辯知之。

辨曰

既以下輩菩提心為三心、則下輩十念、即十八之十念。而可以下輩生、爲十八之機也。本宗以第十八願爲眞實願、以十九願爲方便願、十八不許諸行、是爲眞實、十九願許諸行、是爲方便。三輩明十九願之成就也、故説諸行、諸行中之念佛（他）、不免帶自力也。已帶自力、則不可輒判為十八之念佛。

豈に錠子金と葉子金とは、体は本と無二にして、用も亦た無二なることを知らんや。

（続貂）

按ずれば、高見は四弘誓を以て三心を一と為す。故に斯の譬有り。四弘誓は是れ自力なり。三心は是れ他力に従って起るなり。体はもと不同なり。喩は況や恐れて不合なり。菩提心は廃立なり。幸に念仏円通に於いて弁じて之を知るべし。

弁じて曰く

既に下輩の菩提心を以て三心と為す。則ち下輩の十念は、即ち十八の十念なり。而して下輩の生を以て、十八の機と為すべきなり。本宗は第十八願を以て真実の願と為し、十九の願を以て方便の願と為す。十八は諸行を許さず。是れを真実と為す。十九の願は諸行を許す。是れを方便と為す。三輩は十九願の成就を明かすなり。故に諸行を説き、諸行中の念仏（他）ならん。自力を帯するを免れざるなり。已に自力を帯せば、則ち輒ち判じて十八の念仏と為すべからず。

（楊文会再駁）

第十八願既爲眞實、仏又何故要説十九願之方便、令人捨易而行難、既往生而更須轉進、方入十八之眞實也。若方便易而眞實難、佛則令人從易進難、豈有從難進易以爲方便乎。総之、以立異爲高、不立異不足以動人也。

（続貂）

按高見欲以難易判方便眞實。無乃拘於一乎。方便者入眞之楷梯也。故眞實方便、其次不一。如來成道。爲普賢、文殊等。先説華厳本經。後爲聾唖者、遂説餘經。乃眞實方便次第也。法華以前、先説三乘。調熟機根、後演一乘妙法。乃方便眞實次第也。今阿彌陀佛本願、第十八眞實爲先。第十九方便爲後。是爲難直入眞實者、別

（楊文会再駁）

第十八願は既に真実為れば、仏又た何故にして十九願の方便を説かん。人をして易を捨て難を行ぜしむるや。既に往生して更に転進を須ちて、方に十八の真実に入るなり。若し方便は易く真実は難なれば、仏は則ち人をして易に従い難に進めしめ、豈に難に従り易に進み、以て方便と為すこと有らんや。之れを総じて、異を立てるを以て高と為す。異を立てざれば、以て人を動かすに足らざるなり。

（続貂）

按ずるに高見は難易を以て方便真実を判然ぜんと欲するなり。無は乃ち一を拘するや。方便は真の楷梯に入るなり。故に真実方便は、其れ次じ不一なり。如来の成道は普賢、文殊等と為す。先ず華厳本経に説く。後に聾唖と為す者は、遂に余経を説く。乃ち真実方便の次第なり。法華以前は、先に三乗を説く。機根調熟し、後に一乗の妙法を演ずる。乃ち方便真実の次第なり。今、阿弥陀仏の本願は、第十八の真実を先と為す。第十九の方便を後と為す。是れ直入真実を難と為す者は、別に方便門を開くなり。何ら易を捨て難を行ずる者か。且つ高見

開方便門也。何捨易行難者乎。且高見所謂難易。專執修行言之。然大經云。「易往而無人」。又云。「若聞斯經。信樂受持。難中之難」。小經云。「爲諸衆生。説是一切世間難信之法」。抑易往而無人者。何。乃以是法難信也。於是乎彌陀不可不開十九於十八之後焉。釋迦不可不説觀經於大本之後。即眞實方便之次第也。夫聖道淨土二門相對。則聖道難行而易信也。淨土易行而難信也。十八十九相對。則十九易信也。十八難信也。賢首曰。「既超三乘。恐難信受。故擧三乘對比決之」。彌陀於十八之後。別開十九願。庶幾焉哉。

辨曰

本宗以輩品爲開合之異、三輩已説諸行、九品亦説諸行、以三輩爲十九成就、則九品亦不能免爲十九之相也。要之觀經序正、

は所謂難易を専ら修行に執して之を言う。然に大経に云く。「易往而無人[90]」と。又云く。「若聞斯経。信楽受持。難中之難[91]」と。小経に云く。「為諸衆生。説是一切世間難信之法[92]」と。易往而無人を抑するとは何ん。乃ち是の法難を以て信ずるなり。是れに於いてか弥陀は十八の後に於いて十九を開かざるべからず。釈迦は大本の後に観経を説かざるべからず。即ち真実と方便の次第なり。夫れ聖道浄土の二門は相対す。則ち聖道は難行にして而も易信なり。浄土は易行にして而も難信なり。十八、十九は相対す。則ち十九は易信なり。十八は難信なり。賢首曰く。「既に三乗を超え、恐く信受し難きが故に三乗を挙げて対比して之を決す[93]」と。弥陀は十八の後に別して十九願を開く。焉か庶幾せんや。

弁じて曰く

本宗は輩品を以て開合の異と為す、三輩は已に諸行を説く、九品も亦た諸行を説く、三輩を以て十九成就と為す、則ち九品は亦た十九の相と為るを免がる能わざるなり。之を要するに観経の序は正しく、

開十九願也。至流通而廢諸行單屬念佛、始與第十八同其歸也。貴君之眼、未能徹其紙背、一片婆心、促君反省。

其上輩者、是十九願所被之機、是亦未徹紙背也。擧上中下、皆是十九願所被也。十九願許諸行。非彌陀本意也。觀經付屬之釋、瞭然明矣。三輩皆許諸行、何單以上輩屬十九哉。

十九願を開くなり。流通に至りて而も諸行を廃し単に念仏に属し、始めて第十八と其の帰を同じうすなり。貴君の眼は、未だ其の紙背に徹することを能わず、一片の婆心、君が反省を促すなり。

其の上輩は、是れ十九の願の所被の機、是れ亦た未だ紙背に徹せざるなり。上中下を挙げて、皆な是れ十九の願の所被なり。十九の願は諸行を許す。弥陀の本意に非ざるなり。観経付属の釈、瞭然として明なりや。三輩は皆な諸行を許す、何ぞ単えに上輩を以て十九に属せんや。

（楊文会再駁）

尊目力徹紙背。所以能作反語。拙目不徹紙背、故祇能作正語。古人云、依文解義、三世佛冤。離經一字、即同魔説。彼此各坐一邊病、若二邊不著、則無病。

（楊文会再駁）

尊目の力は紙背に徹す。能く反語を作す所以なり。拙目は紙背に徹せず、故に祇かに能く正語を作す。古人云く、文に依り義を解すは、三世の仏を冤すなり。経を離れた一字は、即ち魔説に同じなり。彼此各一辺に坐すれば病むなり、若し二辺に著せざれば、則ち病無きなり。

（続貂）

按觀經正宗、併設觀佛念佛。而流通則曰。「汝好持是語。持是語者。即是持無

（続貂）

按ずるに観経の正宗は、併して観仏と念仏を説けり。而も流通して則ち曰く。「汝好く是の語を持て。是の語を持てとは、即ち是れ無量

量壽佛名」。苟使釋尊其意在念觀併存、則不可不更付觀佛焉。而其語如此。佛意非既廢諸行。而立念佛者而何。故善導釋之曰。「上來雖説定散両門之益、意在衆生。一向専稱彌陀佛名。」經釋炳焉、謂離經談義。則誣矣。

（闡教編『評小栗栖陽駁陰資弁』）

（既非本意何得發此一願。豈非違心之願乎。此等判斷實屬膽大有識者、決不敢出此悟）

《謹案此條評本末錄茲依手稿增入編者識》

○仁者曰

今曰、十八願爲正定聚、十九願爲邪定

寿仏の名を持てとなり」[94]と。苟にも釈尊の其の意の念と観を併存して在しめれば、則ち観仏を付すは、不可にして不更なりや。而も其の語は此の如し。仏の意は既に諸行を廃せるに非ざるなり。而も念仏を立つるとは何なりや。故に善導之を釈して曰く。「上来定散両門の益を説くと雖も、意、衆生をして一向に専ら弥陀仏の名を称するに在り」[95]と。経釈に炳なり、謂く経を離れて義を談ずるは、則ち誣ふなりや。

（闡教編『評小栗栖陽駁陰資弁』）

（既に本意に非ざるに何ら此の一願を発すを得るや。豈に違心の願に非ざるや。此等は実に膽大の有識者に属すると判断し、敢えて此の悟を出さざると決すなり）

《謹んで案ずるに、此の条の本末を評して茲れを録して、手稿に依りて増入す。編者識す[96]》

○仁者曰く

今、曰く、十八願を正定聚と為し、十九の願を邪定聚と為す、此れ即ち大に経意に違す。十八願の末に五逆謗法、往生を得ずと言う。凡

聚、此即大違經意。十八願末言五逆謗法、不得往生。凡與經意相違者、均是謗法。觀經下品下生、十悪五逆廻心即生、未収謗法。蓋謗法者、與彌陀願光相背也。今判十八願所被之機、生眞實報土、十九之機、止至化土、此等抑揚、未知何所依据、請将經文確証、一一指出、以釋群疑。

辨曰

各宗祖師之開一宗、出於其法眼之所照。豈尋常膚浅之所窺知哉。慈恩之立法相宗、以有空二教、爲不了義教、以深密等爲中道了義教。他宗豈許之哉。然以慈恩之見、則不得不然也。

天台之立一宗、以爾前之經爲方便教、単以法華涅槃爲眞實教、他宗豈許之。然以四十餘年未顯眞實、則不得不然也。密教祖師弘法大師、開眞言宗、以顯經爲妄

そ経意と相違するとは、均く是れ謗法なり。観経の下品下生、十悪五逆は、廻心して即ち生ずるなり。未だ謗法を収めず。蓋し謗法とは、弥陀の願光と相背するなり。今、十八願の所被の機を判じて、真実報土に生ずるとす。十九の機は、化土に至るに止む、此等の抑揚は、未だ何ぞ依拠する所なるを知らざるなり。請して経文の確証を将ち、一々指出して、以て群疑を釈さんことを。

弁じて曰く

各宗の祖師の一宗を開くは、其の法眼の照される所に出ず。豈に尋常膚浅の窺知せられる所ならんや。慈恩之れ法相宗を立つる、有空二教を以て不了義の教と為す、深密等を以て中道了義の教と為す。他宗は豈に之を許さんや。然れども慈恩の見を以てすれば、則ち然らざるを得ざるなり。

天台之れ一宗を立つる。爾前の経を以て方便教と為す、単に法華涅槃を以て真実教と為す、他宗は豈に之を許さんや。然れば四十余年、未だ真実を顕さざるを以てすれば、則ち然らざるを得ざるなり。密教の祖師弘法大師は、真言宗を開く。顕経[97]を以て妄言と為す、単に金

言、單以金胎両部爲眞實語、他宗豈許之哉。然以密眼判之、不得不然也。

見眞大師之開淨土眞宗、以法然上人爲師、法然依善導立一宗。善導作觀經疏、楷定古今之誤。法然之眼、深知其意之所在。斷斷乎立念佛一宗、使末代衆生入念佛往生之門。嗚呼、深仁厚澤、擧天下後世、可不謝其恩乎。善導五部九巻並明觀佛念佛、使初心不知其所帰、法然探其意所在、筆之於文章、使天下萬世知唯念佛之可依焉。

胎両部を以て真実語と為す。他宗は豈に之を許さんや。然れば密眼を以て之れを判ぜば、然らざるを得ざるなり。

見真大師は之れ浄土真宗を開く、法然上人を以て師と為す、法然は善導に依り一宗を立つる。善導は観経の疏を作り、古今の誤を楷定す。法然の眼は、深く其意の所在を知る。断々乎して念仏の一宗を立つる、末代の衆生をして念仏往生の門に入らしむ。嗚呼、深仁厚沢なり、天下後世を挙げ、其の恩を謝せざるべけんや。善導の五部九巻[98]は念仏観仏を並べ明かし、初心をして其の帰する所を知らざらしめ、法然は其の意の在る所を探り、之の文章に筆して、天下万世をして唯念仏の依るべきを知らしむなり。

（楊文会再駁）

此是不満善導之處、證知法然併非全宗善導、乃取善導之片言而文餝之耳。

（楊文会再駁）

此れは是れ善導の満たされざるの処なり、証知するは法然は併に全て善導を宗とするに非ず、乃ち善導の片言を取りて而も之を文飾するのみなり。

（続貂）

按善導廢觀佛取念佛之意。躍然於散善義付属之釋矣。其科曰。「已下正明付属彌陀名號。流通遐代」。其釋曰。「上來雖説云々」。一正一反。本意躍然。法然所祖述、蓋在于此。孰謂片言不可折獄乎。

辨曰

善導曰。「一心専念佛陀名號、是名正定之業、順彼仏願故」。又曰、「雜行雜修、千中無一、專修專念、百即百生」。又曰。「上來雖説定散両門之益、望佛本願、意在衆生一向專稱彌陀佛名」。第十八願、不許諸行、唯以念佛爲正因。順此願者、百即百生。知此善導之意、我法然而已。微法然、則念仏成仏之法門落地。

第十八願之十念、諸師誤爲觀念、意念、

（続貂）

按ずるに善導は観仏を廃して念仏の意を取るなり。躍然として散善義に付属の釈なりや。其の科に曰く。「已下は正しく弥陀の名号を付属して、遐代に流通することを明かす[99]」と。其れを釈して曰く。「上来説くと雖も云々[100]」と。一は正、一は反にして。本意は躍然なり。法然の祖述せられる所は、蓋し此に在り。孰して片言と謂うは不可折の獄なりや。

弁じて曰く

善導曰く。「一心に弥陀名号を専念し、是れを正定之業と名づく、彼の仏願に順ずるが故に[101]」と。又た曰く。「雑行雑修、千中に一無し。専修専念、百即百生なり[102]」と。又た曰く。「上来定散両門の益を説くと雖も、仏の本願を望むれば、意、衆生をして一向に専ら弥陀仏の名を称するに在り[103]」と。第十八願は、諸行を許さず、唯だ念仏を以て正因と為す。此の願に順ずるとは、百即百生なり。此の善導の意を知るは、我が法然のみ。法然微かりせば、則ち念仏成仏の法門は地に落ちるなり。

第十八願の十念を、諸師誤りて観念意念と為す。善導は之を楷定し

善導楷定之為口稱稱名。彌陀本意皎然於天地之間。法然依之、見眞依之、膚浅之学、偏見之徒、豈得此至妙之道理哉。

（楊文会再駁）

小彌陀經専主持名、唐以前已盛行矣。《豈至二千年後、法然始指出哉》

（続貂）

按大經十念淨影嘉祥皆以觀念釋之。善導以十声釋之。栖師唯言之耳。非直指小經者也。

辨曰

本宗順本願爲正、不順本願爲邪也。非三悪爲邪也。以三願配三機、如前已説。群疑論二（二紙左）曰。「金剛般若經曰、若以色見我、以音聲求我、是人行邪道不

て口称称名と為す。弥陀の本意は天地の間に於いて皎然なり。法然之れに依り、見真之れに依り、膚浅の学、偏見の徒、豈に此の至妙の道理を得んや。

（楊文会再駁）

小弥陀経は専ら持名を主とする、唐以前已に盛んに行ずるや。《豈に二千年後に至り、法然始めて指出するや[104]》

（続貂）

按ずるに大経は十念、浄影嘉祥皆な観念を以て之を釈す。善導十声を以て之を釈す。栖師は唯だ之を言うのみ。直に小経を指す者に非ざるなり。

弁じて曰く

本宗は本願に順ずるを正と為し、本願に順ぜざるを邪となすなり。三悪を邪と為るに非ざるなり。三願を以て三機に配すること、前に已に説くが如し。群疑論二（二紙左）に曰く。「金剛般若経に曰く、若し色を以て我を見、音声を以て我を求めば、是の人は邪道を行じて、

能見如來。如何今日作有相觀佛、行於邪道而願往生。釋曰、般若、觀經俱是聖教、相無相併非凡言、互説是邪、深有旨趣、不可依其般若毀彼觀經。（文）今、以十九願爲邪、依其行諸行也。善導散善、以別解別行、喩之群賊、據其以諸行障往生之行也。別解別行、是係聖道門、豈是賊耶。今以妨害念佛、貶之爲賊耳。君其思之。

如来を見ること能わず。如何ぞ今日有相の観仏を作し、邪道を行じて往生を願ずるや。釈に曰く、般若と観経とは倶に是れ聖教なり、相と無相は併に凡の言に非ず、互に是の邪を説くこと、深く旨趣有り。其の般若に依って彼の観経を毀るべからず」[105]（文）と。今、十九の願を以て邪と為することは、其の諸行を行ずるに依るなり。善導の散善は、別解別行を以て、之の群賊に喩えるは[106]、其の諸行を以て、往生の行を障るを拠とするなり。別解別行は、是れ聖道門に係わり、豈に是れ賊にや。今、念仏を妨害するを以て、これを貶して賊と為すのみ。君其れ之を思え。

（楊文会再駁）

經中以諸行資助往生、斷無障往生之理。善導所説別解別行、退失往生之業者、喩之群賊。若以菩提心及諸功徳喩之群賊、則本疏中自語相違矣。

（楊文会再駁）

経中に諸行を以て往生を資助す、断じて往生を障ぐるの理無し。善導の説く所の別解別行は、往生の業を退失するとは、之を群賊に喩う。若し菩提心及び諸の功徳を以て之を群賊に喩えれば、則ち本疏の中の自語相違なりや。

（続貂）

按以諸行資助往生。在化土則爲然。至

（続貂）

按ずるに諸行資助の往生を以て。化土ありて則ち然りと為す。真土

眞土則不熟。經云。「不可以少善根福徳因縁。得生彼國」。石經云。「専持名號。以稱名故。諸罪消滅。即是多善根福徳因縁」。善導曰。「極樂無為涅槃界。隨縁雜善恐難生」。由是觀之。諸行不足資往生也。栖師所言。是耳。幸審思焉。

に至らば則ち熟せざるなり。経に云く。「少善根福徳の因縁を以て、彼の国に生まれんことを得べからず[107]」と。石経に云く。「専ら名号を持し。称名を以ての故に、諸罪消滅す。即ち是れ多善根福徳因縁なり[108]」と。善導曰く。「極楽は無為涅槃界なり。随縁の雑善恐らくは生じ難し[109]」と。是れに由り之れを観ず。諸行の往生は足資せざるなり。栖師の言う所は是れのみ。幸に審思せんや。

（楊文会再駁）

善導所説、別解所行、退失往生之業者、喩之群賊。若以菩提心及諸功徳、喩之群賊、則本疏中自語相違矣。

（楊文会再駁）

善導の説かれる所の別解別行が、往生の業を退失するとは、これを群賊に喩う。もし菩提心及び諸の功徳を以て、これを群賊に喩えれば、則ち本疏の中の自語相違なりや[110]。

（続貂）

選擇集釋善導此語曰。「此中言一切別解別行異學異見者、是指聖道門解行学見也。其餘淨土門意」。栖師之説基於此。乃非直指其体而為賊者。但以其不利往生、貶而言之耳。

（続貂）

選択集は善導の此の語を釈して曰く。「此の中に一切の別解別行異学異見と言うは、是れ聖道門の解行学見を指す。其の余は浄土門の意なり[111]」と。栖師の説は此に基づくなり。乃ち其の体を直指して而も賊者と為すには非ず。但だ其の往生を利せざるを以て、貶して而も之を言うのみなり。

《楊氏附記》

嘗憶十年前、上海傳教西人、引我至講堂、有本國演教者大聲宣言曰、基督教如杲日之光。儒釋道等教、或如星月之光。或如流螢之光。杲日一出、諸光皆隱。君何不捨佛教而帰我基督教乎。予笑而不答。知其不可與言也。孔子云。可與言而不與之言、失人。不可與言而與之言、失言。

嘗見貴宗諸君子靄然可親、謂其可與言也。今閱辨答之辭、祇樹自宗之門庭、不顧佛經之意旨、前此一番狼藉、豈非墮失言之過乎。

《仁山居士固執入骨。不可教訓。其返駁往往發粗悪語。已至此極、則不必再三答辨而可也。　憲白。》

《楊氏附記》

嘗て憶う、十年前、上海伝教の西人、我を引きて講堂に至らしむ。本国の演教者有りて大声に宣言して曰く、基督教は杲日の光の如し。儒釈道等教は、或は星月の光の如し。或は流蛍の光の如し。杲日一に出でれば、諸光皆な隠る。君何ぞ仏教を捨てずして我が基督教に帰せんや。予笑して答えず。其れ与に言うべからざるを知るなり。孔子云く。「与に言うべし。而も之を言わざるは、人を失う。与に言うべからざれば而も之を言えば、言を失う[112]」と。

嘗て貴宗の諸の君子の靄然として親しむべきを見、其れ与に言うべきと謂えるなり。今、弁答の辞を閲するに、祇だ自宗の門庭を樹て、仏経の意旨を顧みず、此の前に一番の狼藉、豈に失言の過に堕するに非ざるや。

《仁山居士固執して骨に入る。教訓すべからず。其れ返駁往々にして粗悪の語を発す。已に此の極に至れば、則ち必ずしも再三答弁せずも可なり　憲白。》

補足

1　妙正寺本では「居士曰」となっている。

2　妙正寺本には「楊文会再験」を収録していない。

3　妙正寺本には「楊氏附記」を収録していない。

4　憲とは小栗憲一で、小栗栖香頂の実弟である。この部分の内容は妙正寺本には収録していない。

註

（1）この文はト書きにあるが、『評小栗栖陽駁陰資弁』（『楊仁山全集』五三五頁）にある文と同じである。

（2）西洋諸国を意味する。

（3）この文は大谷大学本にはないが、闡教編『評真宗教旨』（『楊仁山全集』五二八頁）により附加した。以下同じく闡教編『評真宗教旨』の文は大谷大学本にはないが、いますべて附加した。

（4）『大経』巻上（真聖全一・一五）（大正蔵一二・二六九下）

（5）『観経』（真聖全一・六一）（大正蔵一二・三四五上）

(6)《 》文は、闡教編『評小栗栖陽駁陰資弁』にはない。
(7)黄衣派…身分の高い天子・僧侶。
(8)青衣……身分の低い庶民・僧分。
(9)越の人は遠く離れている秦の人の肥瘠を見ても何とも思わない。つまり、関係のない者は、何とも意に介しないことの譬え。韓愈『浄臣論』(若越人人之視秦人之肥瘠)。
(10)《 》文は、闡教編『評小栗栖陽駁陰資弁』にはない。
(11)謙遜の意。
(12)顕露は吐露の間違いか。
(13)浄土真宗では、親鸞聖人と称するので、上人を聖人と改めた。
(14)この文は大谷大学本にはないが、闡教編『評真宗教旨』により附加した。
(15)前掲に同じ。
(16)『十住毘婆沙論』「易行品」(真聖全一・二五三〜二五四)(大正蔵二六・四一中)
(17)『安楽集』「第三大文」(真聖全一・四一〇)(大正蔵四七・一三下)
(18)玄忠の間違いか。あるいは玄の一と読むべきか。そうすると玄中寺の一に曇鸞・二に道綽・三に善導とすれば、玄中寺の第一曇鸞のことと見ることができる。
(19)この引用文はそのまま『浄土論註』にはないが、その巻下「解義分」に、「略して一法句に入ることを説くが故なり。上の国土の荘厳十七句と、如来の荘厳八句と、菩薩の荘厳四句とを広となす。一法句に入るを略となす。なんがゆゑぞ広略相入を示現するとなれば、諸仏・菩薩に二種の法身まします。一には法性法身、二には方便法身なり。法性法身によりて方便法身を生ず。方便法身によりて法性法身を出す。この二の法身は異にして分つべからず。一にして同ずべからず。このゆゑに広略相入して、統ぶるに法の名をもつてす。菩薩もし広略相入を知らざれば、すなはち自利利他することあたはざればなり。」(真聖全一・三三六)とある。これは広略相入を述べるところで、浄土の二十九種荘厳を広とし、一法句に入るを略としている。今、龍舟はこの『往生論註』により、真如と一法句について広略相入として述べるのである。
(20)この文は大谷本には( )書きで挿入されているが、今、闡教編『評小栗栖陽駁陰資弁』により附加した。
(21)《 》文は、闡教編『評小栗栖陽駁陰資弁』にはない。
(22)剰の字、著作集では賸とある。

(23)（　）文は、闡教編『評小栗栖陽駁陰資弁』にはない。
(24)事を曖昧にして是否を決しないこと。
(25)《　》文は、大谷大学本にはないが、闡教編『評小栗栖陽駁陰資弁』により附加した。
(26)この闡教編の文は、大谷大学本にはないが、闡教編『評小栗栖陽駁陰資弁』により附加した。
(27)『観経疏』「散善義」（真聖全一・三三九）（大正蔵三七・二七二下）
(28)『往生礼讃』「前序」（真聖全一・六五一）（大正蔵四七・三九中）
(29)『大経』（真聖全一・四六）（大正蔵一二・二七九上）
(30)『安楽集』「第二大門」（真聖全一・三九五）（大正蔵四七・九中）
(31)『安楽集』「第三大門」の取意文（真聖全一・四一〇）（大正蔵四七・一三下）
(32)善導は「流通分」において、「上来定散両門の益を説くと雖も、仏の本願の意を望まんには衆生をして一向に専ら弥陀の仏名を称するに在り」と述べ、称名念仏一行に帰すことを記している。（真聖全一・五五八）（大正蔵三七・二七八上）
(33)『大経』巻上（真聖全一・七）（大正蔵一二・二六七中）
(34)『大経』巻上（真聖全一・一五）（大正蔵一二・二六九下）
(35)『楊仁山全集』の『評小栗栖陽駁陰資弁』には、弥陀報土とあるが、今、大谷大学本には弥陀浄土とあるので訂正した。
(36)浄土真宗では、四法は教・行・信・証、三願は十七・十八・十一願を意味する。山辺習学・赤沼智善『教行信証講義　信証巻』（法藏館）一〇〇五～一〇〇六を参照。
(37)元照（一〇四八～一一一六）は、南山律宗の復興者であると同時に中国宋代を代表する浄土教思想家でもある。
(38)大谷大学本では三輪とあるが、三論に訂正する。
(39)『大経』巻上（真聖全一・四）（大正蔵一二・二六六下）
(40)以上の三願は（真聖全一・九）（大正蔵一二・二六八上）
(41)『大経』巻下（真聖全一・二四）（大正蔵一二・二七二中）
(42)『大乗起信論義記』巻下に、「今此の文の中に、直ちに菩薩十住已上決定不退を正定聚と名づく。未だ十信に入らざれば因果を信ぜずを邪定聚と名づく。此の二中間の十信位の人大果を求めんと欲して心に未だ決せず。あるいは進あるいは退すが故に本業経中に、十信菩薩空中の毛の如くなるを不定聚と名づく」（大正蔵四四・二七八中）とある。
(43)『観経疏』「散善義」（真聖全一・五三八）（大正蔵三七・二七二中）の取意文。

(44)『十住毘婆沙論』「易行品」(真聖全一・二六〇)(大正蔵二六・四三上)
(45)『楊仁山全集』(五三九頁)では、領の字が顧とある。
(46)《 》の文は、大谷大学本にはないが、闡教編『評小栗栖陽駁陰資弁』により附加した。
(47)『大経』巻下(真聖全一・三一)(大正蔵一二・二七四中)
(48)『大経』巻下(真聖全一・二二)(大正蔵一二・二七一下)
(49)『無量寿如来会』巻下(『大宝積経』)(真聖全一・二〇三)(大正蔵一一・九七下)。(涅槃処に至らん)の文は『続貂』には無い。
(50)『観経疏』「玄義分」(真聖全一・四四六)の取意文。原本では「観仏三昧・念仏三昧」とあり、ここでは三昧の語が省略されている。(大正蔵三七・二四七上)
(51)『観経疏』「玄義分」(真聖全一・四四六)(大正蔵三七・二四七上)
(52)『観経疏』「玄義分」(真聖全一・四四三)(大正蔵三七・二四六中)に、「然るに娑婆の化主はその請に因るが故に、即ち広く浄土の要門を開き、安楽の能人は別意の弘願を顕彰す。その要門とは即ち此の観経の定散二門これなり。定は即ち慮りを息めて以て心を凝らす。散は即ち悪を廃して以て善を修す。その二行を回して往生を求願す。弘願というは大経に説きたまうが如し」とある。
(53)楽は薬の間違いか。
(54)《 》の文は、大谷大学本にはないが、闡教編『評小栗栖陽駁陰資弁』により附加した。
(55)『観経疏』「玄義分」(真聖全一・四四三)(大正蔵三七・二四六中)
(56)『観経疏』「散善義」(真聖全一・五三四)(大正蔵三七・二七一中)
(57)『大経』第十八願文(真聖全一・九)(大正蔵一二・二六八上)
(58)前掲に同じ。
(59)『観経疏』「玄義分」(真聖全一・四五七)(大正蔵三七・二五〇上)
(60)『教行信証』「行巻」(真聖全一・二二)
(61)『大経』下巻(真聖全一・二四)(大正蔵一二・二七二中)
(62)『十住毘婆沙論』(真聖全一・二六〇)(大正蔵二六・四三中)
(63)『教行信証』「信巻」(真聖全二・五二)

(64) これは取意文で、『浄土論註』には、「ただ信仏の因縁を以て浄土に生ぜんと願ずれば、仏願力に乗じて、すなはちかの清浄の土に往生を得、仏力住持して、即ち大乗正定の聚に入る。」（真聖全一・二七九）（大正蔵四〇・八二六中）とある。
(65) 『大経』第十八願文（真聖全一・九）（大正蔵一二・二六八上）
(66) 『観経疏』「散善義」（真聖全一・五三四）（大正蔵三七・二七一中）
(67) 『観経疏』「玄義分」（真聖全一・四五九）（大正蔵三七・二五一上）
(68) 『観経疏』「玄義分」（真聖全一・四四三）（大正蔵三七・二四六中）
(69) ここは『浄土論註』の、「又劣夫の驢に跨りて上らざれども、転輪王の行に従ひぬれば、便ち虚空に乗じて四天下に遊ぶこと、障礙するところなきが如し。是の如き等を名づけて他力と為す」の意訳である。（真聖全一・三四八）（大正蔵四〇・八四四上）
(70) 七祖の中に全く同様の文を見ることはできない。ただ、曇鸞『浄土論註』上巻に「仏の名号を以て経の体と為す」とあり、この取意文と推察される。（真聖全一・二七九）（大正蔵四〇・八二六中）
(71) 『観経』（真聖全一・六二）（大正蔵一二・三四五上）
(72) 『観経』（真聖全一・六三）（大正蔵一二・三四五中）
(73) 『観経』には、「一念の頃の如くに七宝の池の中の蓮華の内に往生することを得る。六劫を経て……蓮華の内……」とある（真聖全一・六五）（大正蔵一二・三四六上）。
(74) 『観経疏』「定善義」地相観（真聖全一・五〇八）（大正蔵三七・二六四上）
(75) 『十住毘婆沙論』「易行品」（真聖全一・二六〇〜二六一）（大正蔵二六・四三中）
(76) 経典は不明。ただ蓮如「御文」に、「在家・出家・男子・女人をえらばざるこころなり」とある。また『唯信鈔』に「在家・出家、若男・若女・老小、善悪の人おもわかずなに人がこれにもれむ」（真聖全二・七四三）とある。
(77) 『大経』下巻（真聖全一・三六）（大正蔵一二・二七六上）
(78) 『大経』下巻（真聖全一・四一）（大正蔵一二・二七七下）
(79) 『大経』下巻（真聖全一・三九）（大正蔵一二・二七七上）
(80) 『大経』下巻（真聖全一・三九）（大正蔵一二・二七七上）
(81) 『大経』下巻（真聖全一・三八）（大正蔵一二・二七六中〜下）
(82) 『観経』（真聖全一・五七）（大正蔵一二・三四三中）

(83)『教行信証』「証巻」に、「四海之内皆爲兄弟也」(真聖全二・一〇五)とある。その原典は『浄土論註』(真聖全一・三二五)にある。
(84)『観経』に、「其の光柔軟にして普く一切を照らす。此の宝手を以て衆生を接引す」(真聖全一・五八)(大正蔵一二・三四四上)とある。
(85)『観経疏』「散善義」(真聖全一・五三八)(大正蔵三七・二七二中)
(86)『浄土論註』上巻の末尾に「必ず口授すべし」とある。(真聖全一・三一一)(大正蔵四〇・八三四下)
(87)『浄土論註』(真聖全一・三一一)(大正蔵四〇・八三四下)
(88)以下の文『往生礼讃』「前序」の取意文。(真聖全一・六五一)(大正蔵四七・四三九中)
(89)『往生礼讃』(真聖全一・六五一・六八三)(大正蔵四七・四四八上)
(90)『大経』下巻(真聖全一・三一)(大正蔵一二・二七四中)
(91)『大経』下巻(真聖全一・四)(大正蔵一二・二七九上)
(92)『小経』(真聖全一・七二)(大正蔵一二・三四八上)
(93)『華厳五教章』(大正蔵四五・四七八中)
(94)『観経』(真聖全一・六六)(大正蔵一二・三四六中)
(95)『観経疏』「散善義」(真聖全一・五五八)(大正蔵三七・二七八上)。なお原典には「意」について、「仏の本願の意を望まんには」とある。
(96)( )《 》の文は大谷大学本にはないが、闡教編『評小栗栖陽駁陰資弁』(『楊仁山全集』五四一頁)にあるので附加した。
(97)顕教の間違いか。
(98)五部九巻とは、善導の著作の総称で、『観経疏』一部四巻・『法事讃』一部二巻・『往生礼讃』・『観念法門』・『般舟讃』を合わせて五部九巻というが、近年、至極当然というわけではない。
(99)善導『観経疏』「散善義」(真聖全一・五五八)(大正蔵三七・二七八上)
(100)前掲に同じ。
(101)『観経疏』「散善義」(真聖全一・五三八)(大正蔵三七・二七二中)
(102)『往生礼讃』「前序」に、「ただ意を専にして作さしむれば、十は即ち十ながら生ず。雑を修するは至心ならざれば、千が中に一も無し」とある。(真聖全一・六五二)(大正蔵四七・四三九中)。さらに法然は、善導の文を受けて『選択集』「二行章」の末尾に、「雑を捨てて専を修すべく、あに百即百生の専修正行を捨てて、堅く千中無一の雑修雑行を執せんや」と明かす。（真聖全一・九四〇）（大正蔵八三・四中）

(103)『観経疏』「散善義」（真聖全一・五五八）（大正蔵三七・二七八上）

(104)《　》の文は、大谷大学本にはないが、闡教編『評小栗栖陽駁陰資弁』（『楊仁山全集』五四二頁）にあるので附加した。

(105)『釈浄土群疑論』（大正蔵四七・三七中）の取意文。

(106)『観経疏』「散善義」二河譬喩（真聖全一・五四一）（大正蔵三七・二七三上）

(107)『小経』（真聖全一・六九）（大正蔵一二・三四七中）

(108)『阿弥陀経』の異訳、『元照述』『阿弥陀経義疏』（大正蔵三七・三六一下）

(109)『法事讃』巻下（真聖全一・五九七）（大正蔵四七・四三三中）

(110)この楊文会再駁の文はト書きにも記されている。

(111)『選択集』「三心章」（真聖全一・九六七）（大正蔵八三・一二中）とある。

(112)孔子『論語』に、「子曰、可與言、而不與言、失人、不可與言、而與之言、失言、知者不失人、亦不失言」とある（中国古典文学大系三　木村英一・鈴木喜一訳『論語』）八四頁。

あとがき

本書は、『日中浄土教論争』（二〇〇九年上梓）の続編である。
もとより『日中浄土教論争』では、法然の『選択集』に端を発して、日中の教学の異なりが明確になってきた。今回の『楊仁山の「日本浄土教」批判』は、小栗栖香頂の『真宗教旨』における論争を明らかにした。前著は、日本浄土教、就中、法然の教学批判が中心になっていた。それは何も楊仁山に限ったことではなく、日本の明恵、貞慶等の批判にも通じるものであった。そこでは菩提心、聖道・浄土、自力・他力、選択・円融などが課題になった。それに対して、この『真宗教旨』は真宗大谷派の中国開教のために説かれたものであるので、浄土真宗に対する批判が繰り広げられている。

これまでに明らかになったように、小栗栖香頂の教学は、真宗七高僧のなかで、龍樹・天親・曇鸞・道綽・善導の本願念仏の教学が中心になっている。それに対して、楊仁山は、華厳思想を中心に延寿・袾宏・彭際、清の儒仏融合・禅浄一致の立場に立っている。そこでは中国浄土教と日本の浄土真宗の教学の対立が生じている。故に七高僧の一人ひとりについても捉え方が異なっている。教学的には、三時、四法、三願、隠顕、本願名号、他力信心、真諦俗諦などが課題になっている。これらの真宗教学の伝統の教えを中国の人に如何に伝えていったら良いか新たな課題が提示された。

さらに『真宗教旨』では、七高僧について次のごとく取捨選択している。

龍樹についていえば、『十住毘婆沙論』を中心にして、中論等の思想は排除。天親についても『浄土論』のみで、倶舎・唯識等は排除。曇鸞については、『浄土論註』のみで、四論等は排除。道綽は『安楽集』のみで、『涅槃経』は排除。善導は『観経疏』を中心とした一向専称の念仏のみで、持戒・禅定を排除。源信は『往生要集』を中心とした念仏を先とし、天台等は排除。法然は『選択集』を中心とした念仏為本のみで、円頓戒を排除している。

小栗栖香頂は、この排除の部分をもって真宗の祖とはしないという。それに対して楊仁山は「このように一方を取捨選択したら、聖道門を排斥することを免れない」と批判するのである。その批判に答えるには親鸞の「浄土真宗は大乗の至極なり」（親鸞聖人御消息）の立場を明らかにするしかない。

我々は本願念仏を明らかにするために、七高僧の教えを学び、大乗仏教を学ぶのである。その一点において中国浄土教と日本浄土真宗との対話がさらに深化するものと確信する。

ただ本書において新たに感じたことは、小栗栖香頂『真宗教旨』に説かれている真宗の教えもあくまでも小栗栖香頂の受け止めている真宗教学であり、全面的に親鸞の教えを継承したものではないことである。特に神祇の問題、俗諦の問題である。親鸞は『化身土巻』において、論語をはじめとして外典とされている経論も多く引用している。しかし、それは神祇あるいは儒教思想を受容したものではなかった。親鸞はあくまでも神祇不拝の立場に立っている。もちろん小栗栖香頂は、第一章で述べた如く明治という時代背景をもっている。自力・他力の論争を楊仁山と繰り返しているが、決して親鸞の如来他力の廻向に全面的に帰依しているとは言いがたい。

筆者も二〇〇七年より二〇一四年にわたり、北京大学、中国民族大学外国語学院日本語学科、中国人民大学、中国社会科学学院世界宗教研究所、北京居士林などで中国浄土教と日本浄土真宗について研究発表や講演をする機会を頂いた。そこでは理解してもらえる部分と、まったく視点が異なり通じないこともあった。理解してくださる人、反論する人それぞれであった。

特にどのような立ち位置によって他力・自力を主張するのか。聖道門と浄土門、仏教学と真宗学の接点はどこにあるのか。筆者が浄土他力を主張すれば、中国仏教者の多くは聖道自力を力説する。どこまでも賢善精進を強調するのである。互いの執着を打ち破るような論争もあった。

今さらながら、日中の異なりを受容しつつ、中国布教を志ざした小栗栖香頂の志願の大きさと深い洞察力には頭が下がる。また楊仁山の自力・他力の一方を排除すべきでないという真摯な仏教との関わりに対して改めて敬意を表さざるを得ない。向後、両氏の願いの万分の一でも答えられるよう精進したいと思う。

なお本書の各章は、大幅に書き換えたものもあるが、初出は次の如くである。

第一章は、同朋大学論叢九十六号（二〇一二年三月）

第二章は、同朋仏教四十六号（二〇一二年七月）

第三章　第一節、二節は、同朋仏教三十八号（二〇〇二年一〇月）

三節は、東海仏教五十八輯（二〇一三年三月）

四節、五節は、閲蔵九号　同朋大学大学院文学研究科研究紀要（二〇一三年十二月）

六節、七節、八節、九節は、同朋仏教四十九号（二〇一五年七月）

十節、十一節は、書き下ろし。

附篇は、同朋大学佛教文化研究所紀要三十一号（二〇一二年三月）

特に附篇の訳註、翻刻に関しては、同朋大学講師の藤村潔、飯田真宏、市野智行、松山大、花栄の各氏を始めとする浄真洞同人に多大な協力を頂いた。また校正には同朋大学常勤講師の伊東恵深氏にお世話になった。記して謝意を表したい。

また、それを附篇として掲載することを快く許可頂いた大谷大学の図書館に対して甚深の謝意を表したいと思う。

ところで本書が出来るまでに、法藏館編集部の上山靖子、長朗文庫の長谷川小四郎の両氏には、編集、校正、索引などの労を煩わせたことを厚くお礼申し上げたい。

さらに本書の出版を快くお引き受け頂いた法藏館社長の西村明高氏のご厚意に対して心よりお礼申し上げる次第である。

なお、本書は、同朋大学より特別研究として、出版助成金を頂いたことを申し添え謝意を表す。

一宮菩提道場　中村　薫

二〇一六年三月

索　引

■ Ⅰ．事項，Ⅱ．人名，Ⅲ．書名の三部門に分ける。
■「註」に関しての索引は省略を原則としたが，適宜、示している場合もある。
■ 配列は電話番号帳方式による。
■ 頻出する語（小栗栖香頂・楊仁山・内記龍舟・南條文雄・真宗教旨・真宗教旨陽駁陰資弁・陽駁陰資弁続貂）は，悉皆的には示していない。

Ⅰ．事項

あ

か

さ

Ⅱ. 人名

Ⅲ. 書 名

中村　薫（なかむら　かおる）

1948年愛知県に生まれる。大谷大学文学部仏教学科（華厳学）卒業。同大学院人文科学研究科博士課程仏教学専攻修了。同朋大学大学院教授。同朋大学学長を経て現在、同朋大学大学院特任教授。同大学名誉教授。博士（文学）。真宗大谷派養蓮寺住職。

著書に『中国華厳浄土思想の研究』『華厳の浄土』『親鸞の華厳』『正信偈62講―現代人のための親鸞入門―』『日本浄土教批判―小栗栖香頂『念佛圓通』と楊仁山―』（法藏館）『華厳経に学ぶ』（東本願寺）など多数。

現住所　愛知県一宮市千秋町佐野2935

楊仁山《ようじんさん》の「日本浄土教」批判
小栗栖《おぐりす》香頂《こうちょう》『真宗教旨《しんしゅうきょうし》』をめぐる日中論争

二〇一六年三月三一日　初版第一刷発行

著　者　中村　薫
発行者　西村明高
発行所　株式会社　法藏館
京都市下京区正面通烏丸東入
郵便番号　六〇〇-八一五三
電話　〇七五-三四三-〇〇三〇（編集）
〇七五-三四三-五六五六（営業）

装幀者　井上二三夫
印刷・製本　亜細亜印刷株式会社
©K. Nakamura 2016 *printed in Japan*
ISBN978-4-8318-7447-4 C3015
乱丁・落丁本はお取替え致します

日中浄土教論争　小栗栖香頂『念佛圓通』と楊仁山　中村薫著　八、六〇〇円

ブッダの変貌　交錯する近代仏教　末木文美士他編著　八、〇〇〇円

近代日本思想としての仏教史学　オリオン・クラウタウ著　五、八〇〇円

近代仏教のなかの真宗　近松常観と求道者たち　碧海寿広著　三、〇〇〇円

近代仏教スタディーズ　仏教からみたもうひとつの近代　大谷栄一他編著　二、三〇〇円

新装版　講座　近代仏教　上・下　法藏館編集部編　一六、〇〇〇円

価格税別

法　藏　館